le dico de l'info

LES AUTEURS

Journalistes de France Info
Matthieu Aron
Jean-Michel Blier
Jérôme Colombain
Marc Crépin
Michel Cymes
Nathalie Fontrel
Jean-Louis Gombeaud
Florence Leroy
Marie-Odile Monchicourt
Franck Noblesse
Danièle Ohayon

Journalistes spécialisés
Sophie Blanchat
Pascale Boyen
Céline Carez
Marina Carrère d'Encausse
Véronique Cohen
Philippe de la Cotardière
Emmanuelle Fillion
Fabien Jobard
Pascale Leroy
Emmanuelle Lévy-Klotz
Céline de Quéral
Marc Zaffran

Conception et réalisation : HUBERT DEVEAUX & Co

Direction d'ouvrage : Hubert Deveaux et Marie Garagnoux
avec la collaboration de Jean-Michel Coblence

Direction artistique : Giampiero Caiti
Mise en pages : Célia Carrera Schmidt
avec la collaboration de Nicolas Gilson

Iconographie : Françoise Arnault

Secrétariat d'édition : Béatrice Leroy

Révision : Françoise Paicher
Correction : Christine Jost

© HUBERT DEVEAUX & CO, 1997
© Casterman, pour la présente édition, 1997
Art © Casterman. Philippe Geluck

ISBN : 2-203-23401-6

le dico de l'info

300 mots-clés
pour comprendre l'actualité

Dessins de Philippe Geluck

casterman

France Info
rapproche
le monde

FRANCE *info* **105.5**

Avant-propos

Guerre au Zaïre, élection présidentielle américaine, variations des taux d'intérêt, attribution du prix Nobel, affrontement israélo-palestinien, mise en examen... le monde bouge et chaque jour apporte son lot d'informations que, citoyens attentifs et curieux, nous consommons avec avidité, parfois jusqu'à l'overdose. Mais prises dans le feu du direct, les nouvelles se succèdent, l'une chassant l'autre sans qu'on ait toujours le temps d'en saisir le sens et les enjeux.

Pionniers de l'info en continu, les journalistes de France Info ont à cœur de restituer cette actualité bouillonnante en temps réel. Mais notre vocation ne s'arrête pas là. Si le devoir du journaliste est d'informer, il est aussi de donner des éléments de réflexion objectifs. Pour connaître, il faut comprendre : il n'y a pas de bonne photo sans légende ! C'est pourquoi, délaissant quelques instants le direct, il nous a semblé nécessaire de prendre le temps de revenir sur tous les mots qui font la une des médias afin de les décrypter.

De A comme « abstention » à V comme « virus », *Le Dico de l'Info* rassemble tous les noms, expressions, sigles que nous lisons ou entendons quotidiennement sans toujours en comprendre la signification. Partant des événements concrets, nous avons choisi d'aller au-delà des faits pour en éclairer la portée, les implications et les conséquences. Afin que chacun puisse se forger une opinion, se gardant de tout jugement hâtif et trop partial.

Si, avec cet ouvrage, nous contribuons à rendre le monde plus accessible et à faire de chacun un acteur plus concerné par ce qui se joue dans ce village qu'est devenue notre planète, nous aurons atteint notre objectif.

Pascal DELANNOY
Directeur de la Rédaction de France Info

abstention
action
affaires
Afrique du Sud *voir* **apartheid**
Airbus
Alcootest
Algérie *voir* **FIS, GIA**
Amnesty International
   voir **droits de l'homme**
amnistie
ANPE *voir* **chômage**
anticyclone
antisémitisme
apartheid
Apple *voir* **ordinateurs**
armée
ASSEDIC *voir* **chômage**
Audimat
autodéfense
automédication
autoroutes de l'information
avortement *voir* **IVG**
AZT *voir* **sida**

abstention

L'abstention désigne le fait de ne pas voter lors d'élections. Les voix de ceux qui ne prennent pas part au scrutin ne sont donc pas comptabilisées dans les résultats.

Voir aussi : Constitution, démocratie, élections

• Lors de l'élection présidentielle de 1992, on a pu voir à la télévision américaine Madonna encourager les jeunes à voter.
• Dans certains pays, comme la Belgique et la Grèce par exemple, la participation au vote est obligatoire.

• Référendum du général de Gaulle en 1958 : 15,1 % d'abstention seulement.
• Record d'abstention en France pour les élections européennes : 44,9 % en 1994, et 51,1 % en 1989.
• Élections présidentielles de 1995 : 21,6 % d'abstention.

La participation (le contraire de l'abstention) rend compte, d'une certaine façon, de l'adhésion des citoyens au régime : s'ils ne votent pas, c'est qu'ils ne considèrent pas la consultation en question ou le régime lui-même comme importants.

UN CRITÈRE DE CONFIANCE DANS LES INSTITUTIONS DU PAYS

Dans les dictatures, comme autrefois l'URSS, qui organisaient des élections de façade, l'abstention était un moyen de contester le régime dans son ensemble. Dans les nouvelles démocraties représentatives, l'abstention mesure la désaffection vis-à-vis des récentes institutions. Ainsi, lors des élections législatives de 1991 en Pologne, le taux d'abstention a été de 57 %, ce qui ne laisse pas auguurer d'une grande foi dans les institutions nouvelles. Dans les démocraties plus anciennes, l'abstention mesure souvent le peu de conviction des électeurs dans la portée réelle des scrutins. Ainsi, aux États-Unis, les élections présidentielles mobilisent rarement plus de 60 % des électeurs potentiels.

ABSTENTION ET EXCLUSION

L'abstention a pour effet de renforcer l'exclusion par rapport au système politique. Ceux qui s'abstiennent de voter sont souvent les exclus du marché du travail, ou ceux qui possèdent un maigre bagage scolaire : leur non-participation accroît leur mise à l'écart et laisse toujours aux plus privilégiés le soin de décider pour eux.

Airbus

Airbus Industrie regroupe le savoir-faire de quatre pays en matière d'aéronautique : la France (Aérospatiale), l'Allemagne (Deutsche Airbus), le Royaume-Uni (British Aerospace) et l'Espagne (Casa).

Airbus est le nom du premier gros porteur européen, construit par le groupement d'intérêt économique Airbus Industrie.

DU NATIONALISME À LA COLLABORATION EUROPÉENNE

En Europe, l'histoire de l'aviation commerciale est marquée par de belles réussites techniques, comme la Caravelle française ou le Concorde franco-britannique.
Cependant, les Européens sont restés longtemps très nationalistes en matière d'aviation. Il fallut attendre 1974 pour que vole le premier Airbus destiné à concurrencer le Boeing 747 qui, dès 1970, avait ouvert l'ère du transport aérien de masse.

LE SUCCÈS D'AIRBUS

En 1995, 70 pays et 130 compagnies aériennes ont choisi Airbus pour sa grande fiabilité et sa rentabilité. Plus de 2 300 appareils ont été commandés, et 1 500 livrés à ce jour. Ces avions intègrent de nombreux progrès technologiques (commandes de vol automatique, géométrie des ailes, utilisation de matériaux composites) qui permettent de diminuer le poids de l'avion,

la consommation de carburant et le prix de la maintenance, et donc de baisser le coût de l'heure de vol. Le pilote de l'Airbus A-330 est aujourd'hui entièrement assisté par un ordinateur de bord. Il n'utilise plus de « manche à balai », mais une manette comparable à celle des jeux vidéo.

INQUIÉTUDES À TOULOUSE

En 1994, le moral était au beau fixe à l'Aérospatiale : pour la première fois de son histoire, le consortium français avait enregistré plus de commandes pour ses Airbus (125), que le géant américain Boeing. La tendance s'était inversée en 1995 et Aérospatiale avait envisagé des restructurations se traduisant par la suppression de 4 000 emplois, dont un millier dans la seule région de Toulouse. Heureusement, en novembre 1996, USAir a passé une commande importante (400 avions dont 120 fermes).

- **Le prix moyen d'un Airbus A-320 est de 300 millions de francs, soit 5 000 Renault Twingo !**
- **20 % de la structure des Airbus A-320 est faite de matériaux composites.**
- **Sur Paris-Londres, un Airbus utilise 7 tonnes de carburant pour 230 passagers.**
- **Une tonne de peinture est nécessaire pour peindre un Airbus (après séchage, elle ne pèse plus que 200 kilos).**

Alcootest

C'est le nom courant de l'éthylotest, un appareil destiné à rechercher la présence d'alcool dans le sang d'un individu.

Combien ?

• **0,5 gramme d'alcool par litre de sang, c'est deux verres de vin ou un verre de whisky.**

• **En France, 40 % des accidents mortels de la circulation seraient dus à l'alcool, ainsi directement responsable de 3 600 morts par an.**

• **En 1994, 8 millions de contrôles d'alcoolémie ont été effectués en France. 130 000 étaient positifs.**

Cet éthylotest se présente sous deux formes : le célèbre « ballon », dans lequel on souffle, et un boîtier électronique pourvu d'un embout rechargeable.

EN PRATIQUE

Les contrôles éthyliques sont exécutés par des gendarmes ou des policiers sur la voie publique. Pour subir ce genre de contrôle, nul besoin d'être en infraction.

Le ballon contient un mélange chimique jaune, qui vire au vert au bout de trois minutes si l'haleine de la personne contrôlée contient de l'alcool. Si le test est positif, on dirige le conducteur vers un poste de police pour effectuer un deuxième test avec un appareil électronique qui permet de mesurer très précisément la concentration d'alcool par une analyse de l'air expiré.

S'il y a incapacité physique à souffler correctement, un médecin est appelé pour pratiquer une prise de sang permettant de mesurer le taux d'alcoolémie (concentration d'alcool dans le sang).

QUE RISQUE-T-ON ?

La loi n'est pas la même dans tous les pays. L'Autriche, le Danemark, l'Irlande, l'Italie et le Royaume-Uni autorisent un taux maximal de 0,8 gramme d'alcool par litre de sang. D'autres comme la Belgique, la Finlande, la France, les Pays-Bas, le Portugal ont fixé la limite à 0,5 gramme. D'autres, enfin, comme la Suède mettent la barre encore plus bas : 0,2 gramme. Les peines varient également : immobilisation du véhicule, retrait de permis (ou de points depuis l'instauration du permis « à points »), amende, voire peine de prison.

BOIRE OU CONDUIRE, IL FAUT CHOISIR !

Les dangers de l'alcool au volant sont indéniables : à partir de 0,5 gramme par litre de sang, l'alcool diminue le champ visuel et la qualité des réflexes, altère l'appréciation des distances, perturbe l'évaluation des risques et modifie le comportement (agressivité, euphorie, somnolence, etc.). Dans des conditions normales, le temps de réaction face à un obstacle imprévu est d'environ une seconde. À 0,5 gramme par litre, ce délai passe à 1,5 seconde : un véhicule lancé à 90 km/h aura besoin de 12 mètres de plus pour s'arrêter, ce qui est largement suffisant pour provoquer un accident !

HIER SOIR, J'ÉTAIS TELLEMENT BOURRÉ, QU'À UN CONTRÔLE ROUTIER,

J'AI SOUFFLÉ DANS LE GENDARME AU LIEU DE SOUFFLER DANS LE BALLON.

IL EST DEVENU TOUT ROUGE

amnistie

Votée par les députés, l'amnistie est une loi qui consiste à effacer certaines infractions ou délits.

L'amnistie est une très ancienne tradition qui remonte à l'Antiquité grecque. De nos jours, il existe deux types d'amnistie : l'une, dite politique, est destinée à apaiser les passions après une époque troublée, l'autre, dite présidentielle, qui efface après chaque élection les amendes et les contraventions. Elle permet également de libérer des détenus condamnés à des peines légères.

Bien que généreuse dans son principe, l'amnistie est de plus en plus contestée.

L'AMNISTIE POLITIQUE

Au sortir de la Seconde Guerre mondiale, six lois d'amnistie ont été votées en France. Elles bénéficièrent à des milliers de personnes accusées d'avoir collaboré avec l'ennemi ou d'avoir tiré profit des années d'Occupation (grâce au marché noir, par exemple). De même, des lois d'amnistie furent adoptées après la guerre d'Algérie (1962), au lendemain des événements de Mai 68 et à la suite de violences commises en Nouvelle-Calédonie ou en Corse.

En 1990, les députés ont voté une nouvelle loi sur le financement des partis politiques qui entraînait l'amnistie des délits commis précédemment. Cette loi a été très critiquée :

les hommes politiques, principaux bénéficiaires, se virent accusés de s'être ainsi autoamnistiés de délits majeurs (abus de biens sociaux, détournements de fonds, fausses factures...).

L'AMNISTIE PRÉSIDENTIELLE

Juste après l'élection du président de la République, le Parlement est invité par le nouvel élu à « effacer l'ardoise ».

Des millions d'automobilistes et d'usagers des transports en commun voient leurs contraventions annulées et un certain nombre de délits mineurs sont amnistiés. Toutefois, en 1995 l'amnistie a été plus restrictive : les infractions pour conduite en état d'ivresse, les délits liés à la corruption, au travail clandestin ou aux atteintes à l'environnement en ont été exclus. Les peines inférieures ou égales à trois mois de prison ferme ont été amnistiées, ce qui a permis la libération de 4 500 détenus.

* **L'amnistie politique est une pratique répandue dans toute l'Europe, à l'exception de l'Espagne et de la Grande-Bretagne.**
* **Seules la France et la Hongrie pratiquent une amnistie présidentielle.**

Ne pas confondre l'amnistie avec la prescription pénale, qui est le délai au terme duquel les poursuites contre un individu sont abandonnées.

> **"L'amnistie est une très ancienne tradition qui remonte à l'Antiquité grecque"**

anticyclone

Un anticyclone est une zone géographique où la pression atmosphérique est plus élevée que dans les régions environnantes.

Voir aussi : cyclone, météo

- **Le pascal (Pa) est l'unité de mesure de la pression de l'air. 1 hectopascal (hPa) = 100 pascals, soit 760 mm de mercure.**
- **La pression d'un anticyclone est toujours supérieure à la moyenne de 1 015 hPa.**
- **Le maximum de pression mesurée à ce jour est de 1 083,8 hPa en Sibérie, en hiver.**
- **Le minimum de pression mesurée a été relevé dans un cyclone tropical de l'océan Pacifique. La pression n'y était que de 867 hPa.**

Zone de haute pression atmosphérique, l'anticyclone coupe généralement la route aux perturbations pluvieuses. Le contraire d'un anticyclone est une dépression. Le front entre un anticyclone et une dépression est une zone où se frôlent des masses d'air, de températures et de degrés d'humidité différents.

AIR CHAUD, AIR FROID ?

Les différences de température à la surface de la terre entraînent des différences de pression atmosphérique. Plus léger que l'air froid, l'air chaud a tendance à s'élever en laissant un vide au niveau du sol, zone de basse pression ou cyclone. L'air froid, plus dense, tend à rester au sol, créant une région de forte pression ou anticyclone.

Dans chaque hémisphère, la répartition de la pression est caractérisée, de l'Équateur vers le pôle, par : une zone de basse pression, une ceinture d'anticyclones, des dépressions et enfin des pressions hautes près des pôles.

COMMENT LES REPRÉSENTER ?

On peut reporter sur une carte la pression atmosphérique mesurée en différents points du globe. Elle apparaît alors sous forme de lignes, les isobares, reliant tous les points où la pression est identique. Ces lignes dessinent des ellipses qui indiquent, par exemple, les emplacements des anticyclones, c'est-à-dire les zones où la pression atmosphérique est supérieure à 1 015 hectopascals.

L'ANTICYCLONE DES AÇORES

Pourquoi entend-on toujours parler de l'anticyclone des Açores dans les prévisions météorologiques ? C'est parce qu'il a une grande influence sur le temps qu'il fait en Europe. En hiver, l'anticyclone des Açores reste centré sur les îles portugaises et repousse vers la France les perturbations nées dans l'océan Atlantique. En été, il se déplace vers le nord. Quand cette migration ne s'effectue pas comme prévu, les conséquences peuvent être graves. En Europe, cela se traduit par un été gris et pluvieux, mais en Afrique tropicale, cela est souvent synonyme de sécheresse et donc de risques de famine.

antisémitisme

L'antisémitisme désigne les réactions de rejet et de haine, parfois meurtrières, à l'encontre du peuple juif.

Voir aussi : judaïsme, néonazisme, racisme, révisionnisme, skinheads

L'antisémitisme va au-delà du rejet d'une religion : il vise non seulement une communauté de croyants, mais l'ensemble d'un peuple où l'on rencontre aussi des athées.

UNE HAINE DIRIGÉE CONTRE L'ENSEMBLE D'UNE COMMUNAUTÉ

Le fait d'être juif ne se limite pas à une foi et à une pratique religieuse, il désigne l'appartenance à une communauté avec sa culture, sa pensée et sa philosophie qui ne renvoient pas nécessairement à Dieu.
Jusqu'à la création d'Israël en 1948, le peuple juif n'avait pas de patrie. Il se dissémina donc partout dans le monde (on appela cette dispersion la diaspora), tout en conservant ses rituels religieux et ses règles de vie propres. Les particularismes de vie des Juifs au sein de diverses nations suscitèrent méfiance et fantasmes, qui s'exprimèrent parfois par des mesures vexatoires, parfois par des meurtres collectifs organisés : les pogroms.

"L'antisémitisme est sans frontière et sans âge"

DEUX MILLE ANS DE DISCRIMINATION

L'antisémitisme est sans frontière et sans âge : depuis l'Antiquité, il a notamment touché tous les pays occidentaux en atteignant un sommet dans l'Allemagne hitlérienne (1933-1945). Celle-ci mit en effet en place une politique de « solution finale » qui visait à éliminer tous les Juifs (femmes et enfants compris). Mais jamais l'Allemagne n'aurait pu exterminer 6 millions de Juifs sans l'existence d'une solide tradition antisémite dans l'ensemble de l'Europe : une multitude d'interdictions (exercer certains métiers, par exemple), de mesures d'exclusion (refus d'accorder le statut de citoyen), de brimades séculaires (des impôts spéciaux) avaient préparé les mentalités à ce génocide.
Dès le Ier siècle av. J.-C., des mouvements populaires, souvent soutenus par les autorités, donnèrent lieu à des pillages et à des massacres systématiques. Les chrétiens prirent ensuite le relais et firent porter au peuple juif la responsabilité de la mort du Christ. C'est seulement dans les années 1960 que l'Église catholique renonça officiellement à cette accusation.
L'antisémitisme n'est pas encore mort et se manifeste régulièrement, même s'il est aujourd'hui condamné par presque tous les pays de la planète.

- **Le premier ghetto fut créé à Venise au XVIe siècle : les Juifs y étaient enfermés, ce qui facilita grandement les pogroms.**
- **En 1943, on put compter sur les doigts d'une main les survivants des 440 000 prisonniers du ghetto de Varsovie.**

- **En 1492, les Juifs d'Espagne furent contraints de choisir entre la conversion au christianisme et l'exil. 75 % d'entre eux émigrèrent.**
- **Entre 1894 et 1906, la France connut lors de l'affaire Dreyfus une vive poussée d'antisémitisme, alimentée par certains partis politiques et de nombreux journaux.**

apartheid

L'apartheid désigne la politique de ségrégation raciale mise en œuvre à partir de 1948 en Afrique du Sud. Cette politique qui prônait le « développement séparé » des Blancs et des gens de couleur a pris fin en 1991.

Voir aussi : boycott, droits de l'homme, prix Nobel, racisme

• **En 1993, Nelson Mandela et Frederik De Klerk ont reçu conjointement le prix Nobel de la paix.**
• **En 1994, Nelson Mandela a été élu président d'Afrique du Sud.**

Les Noirs (68 %), les métis (11 %) et les Indiens (3 %) forment l'immense majorité de la population d'Afrique du Sud.

Pendant toutes ces années, la politique d'apartheid a été dénoncée par la communauté internationale, qui avait décidé de boycotter l'Afrique du Sud tant sur les plans économique que diplomatique. Le pays était donc très isolé.

DEUX MONDES SÉPARÉS

La politique d'apartheid s'est traduite par un ensemble de lois assurant la domination de la population blanche sur les Noirs et les métis. Les gens de couleur étaient privés de leurs libertés politiques : le droit de se syndiquer ou de faire grève, par exemple. L'apartheid s'étendait à l'ensemble de la vie quotidienne. Les mariages entre Blancs et Noirs étaient interdits. Il existait des quartiers d'habitation réservés à chaque race. Partout, dans les autobus, dans les bars, sur les plages, on trouvait des pancartes indiquant : « Réservé aux Noirs » ou « Réservé aux Blancs ».

"La population noire s'est toujours révoltée contre l'apartheid"

UNE LUTTE SANGLANTE

La population noire s'est toujours révoltée contre l'apartheid. La lutte s'est organisée au sein du principal parti d'opposition : l'ANC (le Congrès national africain, créé dès 1912).

Le leader de l'ANC, Nelson Mandela, est rapidement devenu le symbole de cette révolte. Arrêté en 1962, il est resté en prison plus de 27 ans ! Pendant toutes ces années, de nombreuses rébellions ont été réprimées dans le sang. Ainsi, en 1976, des émeutes avaient éclaté à Soweto et dans d'autres townships (les townships sont les quartiers pauvres, habités par les Noirs). Ces émeutes ont été violemment écrasées, faisant 700 morts.

L'année 1989 a constitué un tournant avec l'élection du président Frederik De Klerk. En 1990, il décide de libérer Nelson Mandela. Devant les caméras de télévision, le président blanc et l'ancien prisonnier noir se serrent la main. L'image fera le tour du monde.

À partir de 1991, les lois d'apartheid sont progressivement abolies. C'est la fin du régime de discrimination raciale et de l'isolement international de l'Afrique du Sud.

Constituée pour garantir la sécurité des routes contre les brigands, celle des frontières contre les invasions étrangères, celle des institutions contre les sécessions ou les rébellions, l'armée permet à l'État de se faire respecter soit en utilisant les armes, soit en menaçant de s'en servir (la dissuasion).

L'armée est un corps chargé d'assurer militairement la défense des institutions de la nation et de son territoire.

Voir aussi : non-prolifération, nucléaire

ARMÉE ET DICTATURE

Dans les dictatures militaires, l'armée se confond avec l'État. Elle réprime les mouvements contestataires et permet la survie de la junte au pouvoir. Son influence croît aux dépens de celle des politiques élus : il en est ainsi en Algérie aujourd'hui. Parfois, l'armée choisit le camp des insurgés : ce fut le cas en Espagne lors de la conquête du pouvoir par Franco de 1936 à 1939 ou, au Chili en 1973, contre le président Salvador Allende.

Aujourd'hui, l'armée joue un rôle majeur dans la conduite des affaires politiques des deux tiers des États africains. En Amérique latine, par contre, son influence est moindre que dans les années 70.

COÛT ET RÔLE DE L'ARMÉE

Afin de rester crédible, l'armée doit faire appel aux technologies de pointe pour entretenir et moderniser son armement. Les budgets qui lui sont consacrés sont parfois considérables : aujourd'hui 2,54 % du PIB en France, 8 % en Russie et 25 % en Corée du Nord !

Depuis la fin de la guerre froide, les pays occidentaux ont tendance à vouloir remplacer l'armée de conscription (les appelés) par une armée de métier constituée de spécialistes hautement qualifiés. Souhaitée par certains, la fin du service national pose toutefois le problème de la diminution du sentiment d'appartenance à une nation que l'on est prêt à défendre en répandant son sang. Entreprise à l'initiative du président Chirac, une réforme profonde de l'armée française doit être effective à partir de 1998.

- **40 % du prix d'un avion de combat correspond au prix de l'équipement électronique embarqué à bord.**
- **Un missile Condor qui coûte 200 000 dollars peut couler un croiseur qui coûte 100 000 000 de dollars. Les chances de réussite d'un tel tir sont de 90 %.**
- **Pendant la guerre du Viêt-nam, Hanoi a reçu 40 000 tonnes de bombes.**

Audimat

L'Audimat est un système de mesure d'audience de la télévision qui permet de savoir à la seconde près qui regarde quoi.

Voir aussi : prime time, publicité, télévision

Répartition de l'audience en France en 1995 :

• **TF1** : 37,3 %.
• **France 2** : 23,8 %.
• **France 3** : 17,6 %.
• **M6** : 11,5 %.
• **Canal +** : 4,4 %.
• **Arte** : 1,2 %.
• **La Cinquième** : 1,3 %.
Mais fin 1996, TF1 accuse une baisse d'audience spectaculaire : 5 points de baisse et une semaine noire fin novembre, avec 32,4 % de part d'audience.

Pour engranger les ressources publicitaires qui les font vivre, les chaînes de télévision privées doivent pouvoir indiquer l'âge, le sexe et le milieu social de leurs téléspectateurs. Par exemple, on programmera des spots pour les lessives avant et après *Dallas*, feuilleton regardé par un public plutôt féminin, et pour une marque de voiture quand une émission sportive est à l'antenne.

LE BOUTON POUSSOIR

La société de sondage, spécialisée dans l'audimétrie, sélectionne un panel témoin représentatif de la population. Ces foyers sont équipés d'une boîte noire à plusieurs boutons, un pour chaque membre de la famille, sur lequel chacun doit appuyer pour signaler qu'il est devant le poste. La boîte noire, reliée à la télévision ainsi qu'à l'ordi-nateur central de l'institut de sondage, note alors la chaîne qui est regardée. À chaque fois que quelqu'un zappe, c'est enregistré. Chaque personne qui quitte la pièce, ne serait-ce que quelques secondes, doit signaler ses mouvements à la boîte noire. Selon les pays, la mesure d'audience commence à 2, 4 ou 6 ans. Avant même que l'on mesure leur rapport à la télévision, les bébés du panel ont un bouton qui leur est réservé pour qu'ils s'habituent à appuyer dessus !

L'ANGOISSE DU LENDEMAIN MATIN

Programmateurs ou animateurs savent dès le lendemain matin combien de personnes ont regardé leur émission, et qui sont ces téléspectateurs. Pour eux, c'est l'heure de vérité. Une analyse fine de ces chiffres va les amener à constater qu'à telle ou telle minute, l'audience a baissé. Ce qu'ils vont tenter d'éviter la fois suivante. Le résultat est une conception d'émissions ou de fictions où il doit toujours se passer quelque chose. Pour garder le téléspectateur, on produit des émissions à l'écriture nerveuse, aux dialogues courts, aux rebondissements incessants.
Des sociologues analysent de manière critique cette « dictature de l'Audimat » qui bouscule le

LES CHAÎNES PAYANTES OU LES LIMITES D'UN RÈGNE

Les chaînes payantes obéissent à une logique d'abonnement. Peu dépendantes de la publicité, elles visent à satisfaire le téléspectateur pour qu'il ait envie de renouveler son abonnement à la fin de l'année. Elles sont la première brèche dans la dictature de l'Audimat car elles n'espèrent pas capter en permanence le téléspectateur, mais préfèrent se définir comme des chaînes de complément.

LES RECORDS D'AUDIENCE DE L'ANNÉE 1995

Les événements sportifs représentent le tiers des records d'audience de l'année. On trouve aussi en bonne place des programmes exceptionnels comme la cérémonie des oscars aux États-Unis et au Canada, l'Eurovision en Irlande, le mariage princier en Espagne, l'interview de la princesse Diana en Angleterre... et les « reality-shows » qui livrent au public les problèmes personnels, familiaux ou professionnels de citoyens ordinaires.

Audience de l'Euro 96 (8 juin - 30 juin) :
• **Le plus gros score dans un pays : 44 %** des Danois étaient devant leur poste pour la rencontre Danemark-Portugal, contre 22,7 % de Portugais.
• **La demi-finale a été suivie par 1 Européen sur 4 (85 millions de personnes).**
• **La finale a été regardée par 88 millions d'Européens.**

temps en permanence, entrave la réflexion et conduit à privilégier des programmes d'accès facile, censés plaire au plus grand nombre.

LE ZAPPING

Aujourd'hui, l'Audimat permet de dire quand les téléspectateurs zappent. Un changement de chaîne toutes les quatre minutes, c'est le rythme de zapping des Américains ! Cauchemar des programmateurs de télévision, le zapping débouchera

sur l'écran mosaïque où l'on pourra regarder un programme tout en en surveillant un ou plusieurs autres dans des petites lucarnes.

AUDIMAT EN TEMPS RÉEL

Au Brésil et au Chili, on teste un système de calcul de l'audience en temps réel. Minute par minute, l'audience d'une émission s'affiche au moment même où elle se déroule. On pourrait ainsi immédiatement réagir, raccourcir ou prolonger une séquence. Une vraie folie !

autodéfense

L'autodéfense consiste pour une personne à se défendre elle-même contre son agresseur, sans faire appel à la police.

voir aussi : lobby

Les polices privées ne sont régies par aucun texte législatif et n'ont pas qualité pour agir à la place de la force publique. Ainsi, un policier privé ne peut exiger la présentation de pièce d'identité, procéder à une fouille ou arrêter un suspect.

L'autodéfense est tolérée lorsqu'une personne attaquée riposte en proportion de l'agression dont elle est victime. Par exemple, un coup de feu tiré en l'air pour éloigner un cambrioleur. On parle alors de légitime défense. Cependant, les dérives sont fréquentes. La détention d'armes par des particuliers est à l'origine de nombreuses bavures. Aux États-Unis, et dans une moindre mesure en Europe, des personnes qui se sentent menacées se regroupent pour constituer des milices d'autodéfense.

L'AUTODÉFENSE EN PROCÈS

Le procès dit de « la boulangère de Reims » est l'affaire d'autodéfense la plus célèbre de ces dix dernières années. En 1990, cette commerçante tua d'un coup de carabine un jeune homme qui lui avait volé quelques croissants. Son acquittement par la cour d'assises devait susciter de vives réactions dans l'opinion publique, symptomatiques des passions que déclenche

cette question. Il existe, en effet, des partisans comme des opposants farouches de l'autodéfense. Lors des procès, les jurés populaires interprètent la loi selon leurs convictions, mais aussi selon les tensions « sécuritaires » qui règnent ou non au moment des débats.

LES MILICES D'AUTODÉFENSE

À la fin de l'année 1995, dans plusieurs cités de banlieue, des jeunes se sont regroupés en milices pour chasser les trafiquants de drogue. Même si le but poursuivi est légitime, le gouvernement s'inquiète d'éventuelles dérives « à l'américaine ». Aux États-Unis, il existe des milliers de groupes d'autodéfense : on en compte plus de 250 dans la seule ville de Chicago. Dans ce pays, la législation sur les armes à feu est très souple. Mais les associations qui militent pour une restriction des ventes d'armes au public se heurtent à la fois aux partisans de l'autodéfense et au lobby de l'industrie des armes.

automédication

En France, le consommateur cultive sa liberté de choix, y compris en matière de consommation de médicaments. Un Français sur quatre adopte l'automédication. Pour être très courante, cette pratique n'en est pas moins dangereuse.

L'automédication consiste à prendre des médicaments sans prescription médicale.

LE CONDITIONNEMENT EN QUESTION

Il y a plusieurs manières de « s'autosoigner ». La première consiste à acheter des médicaments chez le pharmacien qui vous délivrera les seuls produits vendus sans ordonnance. La deuxième consiste à continuer le traitement au-delà de la prescription du médecin. C'est souvent le fait de personnes âgées qui n'aiment pas « gaspiller ». La troisième, enfin, concerne les personnes qui, ayant conservé les boîtes entamées, pensent bien faire en s'autodiagnostiquant et en reprenant un traitement prescrit précédemment par leur médecin. Ces deux derniers exemples montrent bien les problèmes liés au conditionnement « à la française », débat qui a resurgi lors des discussions sur l'avenir de la Sécurité sociale. Aux États-Unis ou en Grande-Bretagne, on ne délivre que la quantité de médicaments prévue par l'ordonnance du médecin.

UNE PRATIQUE À RISQUES

Rien ne vaut un médecin pour diagnostiquer une maladie. Attention aux conseils d'amis ou de voisins qui reconnaissent les symptômes de leur maladie de l'hiver dernier et vous donnent le reste de la boîte. Un exemple : des médicaments prescrits pour une infection urinaire peuvent être inadaptés à un germe différent. En cas d'aggravation, la prise d'un médicament peut rendre le diagnostic plus délicat. Dans le cas ci-dessus, non seulement le remède n'est pas efficace, mais il empêche de déceler le bon germe lors de l'analyse d'urines.

L'automédication peut corriger des symptômes externes, alors qu'un vrai diagnostic médical, accompagné des investigations appropriées, aurait permis de déceler l'origine de l'affection. Il peut arriver que l'on passe ainsi à côté d'une maladie grave, au risque de la soigner trop tard.

Un médicament peut ne présenter aucun danger s'il est pris seul, mais devenir nocif s'il est associé à d'autres produits. Il peut également être bon pour un individu, mais très dangereux pour quelqu'un qui souffrirait d'un problème cardiaque, par exemple.

Règles d'or :
• **Demander conseil à son pharmacien.**
• **Lire attentivement la notice explicative et vérifier la date de validité.**
• **Jamais d'automédication pour un bébé, une femme enceinte ou une personne âgée.**

• **34 000 tonnes d'aspirine (soit 100 milliards de comprimés) sont consommées chaque année dans le monde (1 500 en France).**

L'AUTOMÉDICATION ET LES MÉDIAS

L'automédication n'est pas recommandée, mais elle est tellement pratiquée qu'elle suscite un véritable marché. Ainsi, l'édition et la presse se sont emparées de ce domaine pour donner toutes sortes de conseils sur la santé, le mieux-vivre, etc. On trouve dans le commerce des dictionnaires des médicaments vendus sans ordonnance. Même *le Vidal*, la bible des médicaments, que l'on a l'habitude de trouver en bonne place sur le bureau de son médecin, existe à présent dans une version destinée au grand public : *le Vidal du particulier.*

autoroutes
de l'information

L'expression « autoroutes de l'information » sert à désigner les réseaux sur lesquels peuvent circuler à la fois la télévision, l'informatique et le téléphone.

Voir aussi : câble, Internet, multimédia

• Le langage numérique pour calculer les débits :

Bit = bp

Milliers de bits par seconde = Kbps

Millions de bits par seconde (mégabits) = Mbps

Milliards de bits par seconde (gigabits) = Gbps

• Les débits de référence :

Minitel = 1,2 Kbps

Téléphone classique = 28,8 Kbps

Image de télévision = 25 Mbps

Télévision numérique haute définition = 216 Mbps

Les autoroutes de l'information doivent transporter à double sens – de l'usager vers la banque de données et vice versa – plusieurs millions d'informations à la seconde.

INTERACTIVES EN TEMPS RÉEL

Le terme d'« autoroutes » a été employé pour la première fois en 1992 par le vice-président des États-Unis, Al Gore. Elles vont permettre de relier, « en temps réel », c'est-à-dire sans attente, et de manière interactive, tous les terminaux informatiques. Le téléphone, par exemple, est interactif en temps réel : on compose le numéro et le dialogue est immédiat. Les autoroutes doivent offrir la même immédiateté pour toutes les données, y compris celle qui demande le plus de débit pour son transport : l'image vidéo.

LA FUSION DES NOUVELLES TECHNIQUES DE COMMUNICATION

Pour construire ces autoroutes, on compte en milliers de milliards de

dollars ! Les industriels des télécommunications, de l'informatique et de la communication concluent des alliances. De gigantesques groupes multimédias sont en train de se constituer. Mais personne ne sait encore comment réagira le public et certains parlent des autoroutes de l'information comme du mythe de la fin du millénaire.

LE SONT DES BRETELLES D'AUTOROUTE

DES INFO-PAUVRES ?

Il existe deux théories concernant les utilisateurs de ces autoroutes. Les optimistes pensent qu'il s'agit là d'une chance pour les pays pauvres qui se trouveront reliés à l'ensemble du savoir de la planète. D'autres estiment que l'écart va se creuser entre ceux qui auront les moyens d'utiliser le réseau et ceux qui n'y auront pas accès. Une nouvelle sorte d'analphabètes apparaîtra alors : les info-pauvres.

TÉLÉVISION, TÉLÉACHAT ET TÉLÉTRAVAIL

Les autoroutes devraient modifier la vie de la population puisqu'elles permettront téléachat ou locations diverses, services bancaires, enseignement à distance et télétravail ainsi que les loisirs comme la vidéo à la demande ou les jeux en réseaux.

Balkans

Cette région du sud de l'Europe, en forme de péninsule, s'étend de la Turquie à l'ex-Yougoslavie. De nombreux peuples d'origines diverses l'occupent, y cohabitent ou s'y combattent depuis le Moyen Âge.

Voir aussi : crime contre l'humanité, génocide, minorités

La région des Balkans s'étend au sud-est de l'Europe, du Bosphore à la frontière autrichienne et de la Roumanie à la mer Adriatique. Elle est composée par la Slovénie, la Croatie, la Serbie, le Monténégro, la Macédoine, la Bulgarie, l'Albanie, la Roumanie, la Grèce et la partie européenne de la Turquie.

• On estime à 3,5 millions le nombre d'ex-Yougoslaves ayant dû quitter le lieu où ils vivaient avant le début du conflit (sur un total de 23 millions en 1991).

La région des Balkans se trouve au carrefour de plusieurs civilisations (européenne, orientale, slave et méditerranéenne). Ses habitants y pratiquent trois religions différentes : orthodoxe, catholique et musulmane. Le mot *balkan* (« montagne » en turc) a donné le terme « balkanisation », qui désigne à présent tout pays ou empire morcelé, divisé ou éclaté.

UNE HISTOIRE AGITÉE

Depuis les invasions slaves du VIe siècle, cette région assez riche et bien située, entre l'Europe, le Moyen-Orient et l'Asie, a été l'objet de convoitises. Pendant très longtemps, les États des Balkans ont subi la domination turque. Au déclin de l'Empire ottoman, à partir du XIXe siècle, de nombreuses puissances se disputent le contrôle de cette région.

DES GUERRES INCESSANTES

Envahis à de multiples reprises, les pays balkaniques ont gardé des traces profondes de toutes les influences qui les ont marqués, religieuses et culturelles. Pour défendre leurs territoires nationaux, parfois minuscules, ces peuples se sont opposés entre eux. Ainsi, de 1991 à 1995, trois républiques de l'ex-Yougoslavie se sont combattues au nom du nationalisme (Serbie, Croatie, Bosnie). Ce conflit fut très meurtrier.

LA PURIFICATION ETHNIQUE

Jusqu'en 1991, la Yougoslavie était une fédération de six républiques et de deux provinces où étaient reconnues six « nations » et une foule de « nationalités ». Chaque république était plus ou moins « pluriethnique ». En 1991, les proclamations d'indépendance de la Croatie et de la Slovénie ouvrirent la voie à la désintégration de la fédération. À Belgrade, capitale de l'ex-Yougoslavie, le président Slobodan Milosevic, ancien communiste reconverti au nationalisme, disposant de l'armée la plus puissante et du soutien des Russes, déclara « le droit des Serbes à vivre dans un seul État ». Dès la fin de 1991, un plan de « purification ethnique » se mit en place en Croatie, avec le relogement de réfugiés serbes dans des régions vidées de leurs habitants croates. En Bosnie-Herzégovine, le conflit s'enlisa et les déplacements de population se poursuivirent, accompagnés de massacres, de viols et d'exactions de tous ordres. Jusqu'au plan Owen, qui permit d'arrêter le conflit en 1996 et d'organiser des élections « libres » en Bosnie-Herzégovine.

banlieue

Les banlieues ne se ressemblent pas, et pourtant, quand on utilise ce terme, tout le monde pense aux banlieues défavorisées qui se sont développées dans les années 60 en dehors des grands centres urbains.

UN PHÉNOMÈNE ASSEZ RÉCENT

C'est durant tout le XXᵉ siècle, et particulièrement après la Seconde Guerre mondiale, que les banlieues se sont développées. À l'échelle mondiale, l'économie s'est tournée vers l'industrie et les services. Les campagnes se sont alors dépeuplées au profit des grandes agglomérations où les gens venaient, de plus en plus nombreux, chercher du travail. Les villes se sont trouvées trop petites, et trop chères, pour accueillir ces arrivants. La campagne qui les bordait s'est donc construite chaque année davantage : c'était l'urbanisation. Le marché de la construction était alors florissant, et le béton s'est imposé au détriment de l'esthétique et de la réflexion sur les conditions de vie des futurs habitants.

C'est ainsi que d'immenses « cités-dortoirs » ont été créées sans que les infrastructures minimales soient prévues : habitations mal desservies par les transports en commun, dépourvues de commerces, de centres administratifs et d'activités culturelles. Ceux qui ont pu quitter ces quartiers difficiles l'ont fait. Les autres, fragilisés par la crise économique, sont restés dans ces grands ensembles aux allures de ghettos.

BANLIEUE CHIC, BANLIEUE PAUVRE

Le développement des banlieues s'est fait de manière différente selon

La banlieue est la zone urbaine qui s'étend à la périphérie d'une grande ville.

Voir aussi : fracture sociale

Démolition à l'explosif de dix tours du quartier des Minguettes en 1994.

les pays. Aux États-Unis, des zones résidentielles pavillonnaires ont accueilli essentiellement les classes moyennes aisées et blanches, laissant les centres-ville (*down town*) aux bureaux et aux grands immeubles, investis par les classes modestes, et en particulier les Noirs.

Le mouvement est inverse en Europe : les centres-ville historiques ont été réhabilités et sont devenus inabordables pour les gens simples qui ont dû s'expatrier vers la périphérie. De ce fait, les populations sont de moins en moins mêlées et chaque quartier correspond à une classe sociale : centres-ville et banlieues chic pour les uns, banlieues défavorisées pour les autres. Les travailleurs immigrés et leurs familles se sont ainsi retrouvés logés dans ces banlieues tristes où la ségrégation raciale vient aggraver l'exclusion sociale.

• **La politique de la ville :** elle a pour mission de revitaliser les banlieues.

• **Le PNIU, Programme national d'intégration urbaine,** prévoit la création, dans certains quartiers défavorisés, de « zones franches » destinées à faciliter l'installation d'entreprises en leur octroyant des exonérations diverses à condition qu'elles créent des emplois de proximité. Il en est prévu 43 en France.

banque

Les banques sont des établissements qui collectent les dépôts d'argent et distribuent des crédits. Elles gèrent les moyens de paiement que sont les chèques et les cartes bancaires.

Voir aussi : Bourse, crédit, spéculation

• **Les banques directes connaissent actuellement un immense succès. Plutôt que de se rendre à un guichet, le client téléphone à son agence. Cela arrange tout le monde : les banques, puisqu'elles payent moins de locaux et d'agents, et les clients qui peuvent appeler tous les jours 24h sur 24h.**

Les banques sont souvent critiquées parce qu'elles n'investissent pas assez d'argent dans l'économie. Dans les années 90, elles ont connu, notamment en France, une grave crise qui rend leur situation difficile.

DES INTERMÉDIAIRES

La banque joue un rôle d'intermédiaire entre, d'une part, des particuliers et des entreprises voulant investir ou se financer et, d'autre part, les marchés boursiers et financiers auxquels, jusqu'à une époque récente, leurs clients n'avaient pas accès. Le mouvement de libéralisation de ces marchés que connaît le monde, et la France en particulier depuis la fin des années 80, semble

être sur le point de priver les banques de ce privilège et de cette confortable source de revenus.

UN SECTEUR EN DIFFICULTÉ

Les banques sont concurrencées sur leur propre terrain. Les entreprises se financent maintenant directement en Bourse ou auprès des grandes compagnies d'assurances, et les particuliers bénéficient des offres de prêt des organismes de crédit ou des services financiers de la Poste.

Les banques sont tributaires de la santé des secteurs dans lesquels elles investissent. Beaucoup d'entre elles ont englouti des milliards de francs dans l'immobilier ou en octroyant des prêts à certains pays du tiers-monde non solvables.

LES BANQUES SUR LA SELLETTE

Devant cette situation à laquelle s'ajoute la crise économique, les banques sont devenues méfiantes et il leur est souvent reproché de ne pas assez prêter d'argent aux entreprises et aux particuliers.

Pour être rentables, elles préféreraient ne garder que leur bons clients. Elles peuvent aussi être tentées de faire payer leurs services (gestion des comptes, délivrance de chéquiers, retraits d'argent), mais ces mesures sont très impopulaires.

Déformation en verlan du mot « arabe », apparu dans les années 80, le mot « beur » désigne un jeune d'origine maghrébine, né en France de parents immigrés. Les beurs constituent ce que l'on appelle la deuxième génération de l'immigration.

"Les beurs constituent ce que l'on appelle la deuxième génération de l'immigration"

Voir aussi : banlieue, code de la nationalité, immigration, intégrisme, islam, racisme

Pris entre les racines arabes de leurs parents et la culture de la France, pays où ils sont nés et ont grandi, les beurs sont souvent à la recherche de leur identité et tentent, malgré les obstacles, de réussir leur intégration.

DES JEUNES EN VOIE DE MARGINALISATION

Ils sont plus d'un million et 90 % d'entre eux vivent dans les banlieues, souvent confrontés aux difficultés des cités-dortoirs : manque de qualification, chômage, drogue, violence. Exclus d'une société en crise qui ne parvient ni à les insérer ni à favoriser leur accès au travail, les beurs sont aussi les premières victimes du racisme. Jouant sur la peur de l'étranger, le discours de l'extrême-droite tend à les désigner comme boucs émissaires, responsables de tous les maux de la société actuelle.

LA TENTATION DE L'INTÉGRISME

Pour affirmer et défendre leur identité, le repli sur la communauté maghrébine peut apparaître comme la seule planche de salut, ce qui risque d'engendrer de véritables ghettos, comme ceux dans lesquels vivent les Noirs aux États-Unis. Repli aussi sur la religion, l'islam, valeur refuge dans un monde qui n'offre plus de repères stables. En arrivant voilées à l'école (ce qu'on a appelé « l'affaire du voile »), des jeunes filles beurs ont ainsi affirmé leur volonté de faire passer la loi du Coran avant le règlement de l'école républicaine. Enfin, des mouvements intégristes, encore très minoritaires, infiltrent la communauté beur, se présentant comme un recours pour reconquérir une identité bafouée. Mais ils soulignent, s'il en est besoin, qu'il est grand temps d'agir. Car l'exclusion pourrait bien finir en explosion.

• **Jusqu'en 1992, les beurs avaient automatiquement la nationalité française. Depuis la mise en application des lois Pasqua, ils doivent remplir les conditions prévues par le nouveau code de la nationalité pour l'obtenir.**

UN ÉVÉNEMENT

Le 15 octobre 1983, une dizaine de jeunes beurs partent des Minguettes à Marseille. À leur arrivée à Paris, le 3 décembre, ils sont des centaines de milliers. « La marche pour l'égalité et contre le racisme » fut la première grande mobilisation beur. Elle souleva beaucoup d'espoir mais engendra par la suite nombre de désillusions.

big bang

« Big bang » désigne de façon imagée la colossale explosion, d'une puissance inimaginable, qui aurait donné naissance, voici 10 à 20 milliards d'années, à l'univers tel que nous l'observons.

Dès 1931, un mathématicien belge, l'abbé Georges Lemaître, a envisagé que l'univers ait pu naître d'une explosion. Les bases de la théorie du big bang ont été jetées en 1948 par l'astrophysicien américain d'origine russe George Gamow. C'est un adversaire farouche de cette théorie, l'astrophysicien britannique Fred Hoyle, qui, pour s'en moquer, a inventé à son propos l'expression « big bang » sans se douter du succès qu'elle allait connaître !

L'univers n'a pas toujours existé sous son aspect actuel. On parvient aujourd'hui à retracer les principales étapes de son histoire.

UNE FORMIDABLE EXPLOSION

Depuis les années 20, les astronomes savent que l'univers est peuplé d'immenses agglomérations d'étoiles, les galaxies. En étudiant leur lumière, l'Américain Edwin Hubble a constaté en 1929 que les galaxies s'écartent les unes des autres, d'autant plus vite qu'elles sont plus distantes. Cela indique que l'univers se dilate, que sa matière tend à se disperser.

À l'origine de ce phénomène, il y aurait eu une formidable explosion. Celle-ci n'a pas eu lieu en un point, ni dans un tout petit volume qui se serait ensuite développé dans un plus grand volume ; elle représente, en fait, l'origine de l'espace, du temps et de la matière que nous observons.

DE L'ÉNERGIE À LA MATIÈRE

Aux premiers instants, la température atteignait des milliards de milliards de milliards de degrés et la densité était telle que la pointe d'une aiguille aurait pesé aussi lourd que tout l'univers observable aujourd'hui. Mais il n'y avait que de l'énergie. Peu à peu, l'univers s'est refroidi, en se dilatant, et la matière s'est organisée. Depuis 1965, on a identifié un flux d'ondes radio qui représente le vestige de la toute première lumière qui a commencé à se propager dans l'espace, 300 000 ou 400 000 ans après le big bang.

QUEL AVENIR POUR L'UNIVERS ?

L'univers actuel est en expansion, c'est-à-dire que sa matière tend à se disperser. Mais, de même que la Terre et la Lune s'attirent mutuellement sous l'effet de la gravitation, les galaxies s'attirent les unes les autres. Cette force d'attraction parviendra-t-elle un jour à vaincre la force d'expansion ? Cela dépend de la quantité de matière que renferme l'univers par unité de volume. S'il contient moins de 3 protons par m^3, il se dilatera indéfiniment, de plus en plus vite. Avec à peu près 3 protons par m^3, il continuera de se dilater, mais de moins en moins vite. Enfin, avec plus de 3 protons par m^3, la force d'attraction finira par l'emporter : toute la matière existante cessera de se disperser pour converger vers un même point et produire, finalement, l'inverse du big bang, un « big Crunch ». Actuellement, on ne connaît pas de façon assez précise la quantité de matière de l'univers pour dire quel scénario se réalisera.

bouddhisme

Religion fondée par un homme, le Bouddha, au VIᵉ siècle av. J.-C. et pratiquée par 300 millions d'adeptes dans toute l'Asie.

Siddharta Gautama est né en Inde dans une famille princière. Un jour, au cours d'une promenade, il vit un malade, un vieillard et un corbillard. Il découvrit ainsi la douleur et décida de quitter luxe et plaisirs pour trouver le chemin du bonheur. Il devint Bouddha, l'« Éveillé » l'« Illuminé » après une longue période de recueillement. L'histoire raconte qu'il est resté immobile sous un arbre pendant sept semaines avant de délivrer son enseignement.

LES 4 VÉRITÉS DE LA SAGESSE

Plus qu'une religion, le bouddhisme propose une voie vers la sagesse, une philosophie de l'existence. L'enseignement du Bouddha est fondé sur quatre vérités :

1. La douleur fait partie de la vie.
2. Nous souffrons parce que nous ne pouvons pas obtenir tout ce que nous désirons.
3. Si l'on supprime le désir, on peut donc accéder au bonheur.
4. Pour y parvenir, le Bouddha propose une règle de vie fondée sur la discipline et la méditation. Le bouddhisme prône la tolérance, la non-violence, le don et la compassion.

LE BOUDDHISME AUJOURD'HUI

Le bouddhisme n'est presque plus pratiqué en Inde, où il est né. Mais dans de nombreux pays d'Asie, il s'est adapté aux coutumes et a pris des formes variées. Certaines formes suscitent l'intérêt des Occidentaux. C'est le cas du bouddhisme japonais et du bouddhisme tibétain.

Au Japon, le bouddhisme zen constitue un véritable mode de vie, que l'on peut appliquer au quotidien. Il implique une grande attention à chaque tâche que l'on effectue. Les entreprises américaines l'ont bien compris et certaines proposent à leurs employés de s'initier au zen pour améliorer leur rendement.

Au Tibet, le chef spirituel des bouddhistes est le dalaï-lama. Il vit en exil en Inde depuis que la révolte nationale tibétaine a été écrasée par la Chine en 1959. Dans le monde entier, les moines tibétains créent des colonies d'exilés. En Occident, de nombreuses personnalités, comme l'acteur américain Richard Gere par exemple, ont décidé de suivre les préceptes du dalaï-lama.

Le nirvana est un mot couramment employé aujourd'hui pour parler du bonheur. Dans la philosophie bouddhiste, le nirvana a une signification précise : « extinction du souffle ». C'est l'état de béatitude éternelle que l'on atteint lorsque l'on est libéré du désir et de tout attachement terrestre.

Les principaux foyers du bouddhisme se situent en Asie méridionale (Sri Lanka, Birmanie, Laos, Thaïlande) ainsi qu'au Tibet, en Corée et au Japon.

"Plus qu'une religion, le bouddhisme propose une voie vers la sagesse, une philosophie de l'existence"

Bourse

La Bourse est le lieu où se négocient les actions et obligations. Marché financier, elle organise la rencontre d'une offre et d'une demande de capitaux : d'un côté, les épargnants qui cherchent un placement lucratif, de l'autre, les entreprises et l'État qui ont besoin d'argent.

Voir aussi : actions, délit d'initié, spéculation

• **Deux types de valeurs sont cotées : les actions, titres de propriété, qui sont rémunérées par le versement d'un dividende, et les obligations, titres de créance correspondant à un emprunt. En attendant le remboursement, le détenteur de l'obligation touche un intérêt.**
• **Sicav (sociétés d'investissement à capital variable) et FCP (fonds communs de placement) sont des placements collectifs. L'investisseur achète des parts d'une société qui gère un portefeuille de valeurs. L'assortiment est diversifié, pour limiter les risques.**

Souvent perçue comme le temple de la spéculation, la Bourse joue, avant tout, un rôle majeur dans le financement de l'économie.

UN OUTIL DE FINANCEMENT

La Bourse se décompose en deux marchés. Le marché primaire est celui où l'État et les entreprises émettent des actions et des obligations. C'est l'un des deux grands outils de financement de l'économie, l'autre étant les emprunts bancaires. L'État est le premier emprunteur sur le marché des obligations, c'est ainsi qu'il finance son déficit budgétaire. Pour les entreprises, si émettre des actions ou des obligations permet de collecter des fonds et de se développer, c'est aussi une manière de se faire connaître. Mais seule une minorité de sociétés sont cotées. La cotation prend du temps, comporte des

frais et oblige à publier beaucoup d'informations, ce qui rebute de nombreux patrons.

Une fois qu'il a acheté des titres, l'épargnant doit pouvoir les vendre quand il veut. Le marché secondaire, dit marché de l'occasion, est là pour ça. C'est celui dont on parle dans les médias. Les cours varient en fonction de l'offre et de la demande, au fil de la séance boursière.

L'ANTICIPATION

Spéculer, c'est acheter ou vendre des titres dans l'espoir de réaliser une plus-value, c'est-à-dire de gagner plus tard de l'argent grâce à la variation des cours. C'est la base du fonctionnement des marchés financiers.

Périlleuse pour les particuliers, souvent mal informés, la spéculation est l'activité quotidienne de milliers de professionnels, chargés de placer des fonds pour des compagnies d'assurances ou des sicav, à la Bourse de Paris (le palais Brongniart), Wall Street (Bourse américaine), au Stock Exchange de Londres ou au Kabuto Cho de Tokyo. Leur règle d'or : l'anticipation. Leur métier consiste à prévoir l'évolution des taux d'intérêts, des grands équilibres publics, de l'infla-

RIEN À CIRER

La mauvaise santé de la Bourse agace les dirigeants. Et pour cause : elle exprime souvent un désaveu de leur politique. « Si la Bourse est mauvaise, fermez-la », s'exclame déjà Napoléon en 1813. Sous la IIIe République, Vincent Auriol surenchérit : « La Bourse, je la ferme, les boursiers, je les enferme », lance le ministre. Il y a aussi la célèbre phrase de De Gaulle, pour qui « la politique de la France ne se fait pas à la corbeille ». Ce que résume, plus crûment, le Premier ministre Édith Cresson, lorsqu'elle affirme en 1991 n'avoir « rien à cirer » de la Bourse.

DOW JONES, NIKKEI, CAC 40...

Les indices sont les baromètres du marché. En France, le Cac 40, composé de 40 actions françaises représentatives, est calculé toutes les 30 secondes pendant la séance boursière (Cac signifie cotation assurée en continu). Il y a de même l'indice Nikkei à Tokyo, le Dax à Francfort, le Footsie à Londres ou le Dow Jones à New York. Depuis le krach de 1987, les indices sont protégés par des " coupe-circuits " afin d'éviter les mouvements de panique : si le Dow Jones varie de 50 points, les programmes informatisés sont suspendus.

• **La Commission des opérations de Bourse (Cob) est une autorité administrative indépendante chargée de veiller au bon fonctionnement des marchés. Ce « gendarme de la Bourse » surveille la qualité de l'information délivrée par les entreprises aux investisseurs, donne son agrément aux sicav et FCP, mène des enquêtes et peut infliger des amendes.**

tion et des performances des entreprises cotées. Ces anticipations peuvent être perturbées par des accidents, comme la mise en examen du patron d'une firme ou l'annulation d'un gros contrat.

QUAND LA BULLE ÉCLATE

La spéculation devient très dangereuse lorsqu'elle n'est plus fondée sur des critères économiques mais sur le « mimétisme » des boursiers. Un cycle infernal s'enclenche : le cours d'une action·monte, tout le monde en achète en pensant qu'elle va continuer à grimper, elle devient donc plus rare et plus chère. « La hausse appelle la hausse », disent les financiers. On parle alors de bulle spéculative : elle gonfle, gonfle et finit par éclater. Les cours s'effondrent. C'est le krach. Le plus célèbre, ou Jeudi noir, eut lieu à New York le 24 octobre 1929. Le plus récent remonte au 19 octobre 1987. En quelques jours, l'équivalent de 2 000 milliards de dollars se sont alors évaporés sur l'ensemble des marchés mondiaux.

DE BRUGES À BRUXELLES

Au XIVᵉ siècle, les négociants de Bruges avaient l'habitude de se réunir pour traiter leurs affaires devant la résidence des Van der Buerse. Les armes de la famille, composées de trois bourses, étaient sculptées sur la façade. « Nous allons aux bourses », disaient ainsi les marchands. Aujourd'hui, sous l'influence des directives de la Commission de Bruxelles, le mot Bourse tend à disparaître du vocabulaire officiel, au profit de « marchés financiers ».

boycott

Lorsqu'un État décide de cesser toutes relations économiques et diplomatiques avec un autre État, on dit qu'il le boycotte. Le boycott est une manière d'exercer des représailles.

Voir aussi : apartheid, embargo

Voir aussi : apartheid, embargo

Manifestations dans Londres organisée par Greenpeace pour protester contre la reprise des essais nucléaires français en juillet 1996

C'est un propriétaire irlandais du XIXe siècle, **Charles Cunningham Boycott**, qui est à l'origine de ce mot. Sa dureté envers les petits fermiers avait conduit la ligue agraire à le mettre à l'index.

En 1980, 63 États (dont les USA) boycottent les JO de Moscou pour protester contre l'intervention soviétique en Afghanistan. En 1984, ce sont les pays de l'ex-bloc soviétique qui refusent de se rendre aux Jeux de Los Angeles.

Le boycott vise à paralyser l'activité économique de celui contre qui il s'exerce, cherchant à l'isoler. En ne lui achetant plus rien, en ne lui vendant plus rien, on lui inflige une sanction non violente.

Le boycott s'exerce contre un État, contre une entreprise ou n'importe quel groupe de personnes. Il est décidé par les gouvernements, par des associations ou même par des individus.

CONTRE LA SÉGRÉGATION RACIALE

L'ONU peut décider de boycotter tout État coupable d'une agression ou d'une menace contre la paix. Cette possibilité est prévue dans la charte des Nations unies. En 1966, par exemple, l'ONU avait demandé à tous ses membres de boycotter la Rhodésie (devenue le Zimbabwe), parce qu'elle avait mis en place un régime de ségrégation raciale, comme l'avait fait avant elle l'Afrique du Sud. Dans ce cas, le boycott obéit aux règles précises d'une organisation internationale. Mais il peut aussi être décidé par un État, souvent pour des raisons politiques, dans le cadre d'un conflit.

D'AUTRES FORMES DE BOYCOTT

Le boycott est avant tout une forme de protestation. Les syndicats peuvent y recourir pour protester contre la politique d'une entreprise. C'est aussi une arme que les associations utilisent parfois. Lorsque le président de la République française Jacques Chirac a décidé de reprendre les essais nucléaires, de nombreuses associations de protection de l'environnement ont appelé à boycotter tous les produits français. Enfin, un individu, s'il a un peu de notoriété, peut lancer un appel au boycott, même si cela risque d'être peu efficace. Les artistes prennent parfois ce type de position. Sur la pochette de son dernier album, le chanteur français Jean-Patrick Capdevielle appelle ainsi à boycotter tous les produits venus de Chine parce que, écrit-il, « la Chine se livre à un véritable génocide au Tibet ».

"Le boycott est avant tout une forme de protestation"

budget

Ensemble des ressources et des dépenses pour un particulier, une entreprise ou un État.

Voir aussi : crédit, épargne, impôts

Quand il n'a pas suffisamment de ressources pour faire face à ses dépenses, un particulier peut emprunter à un organisme l'argent qui lui manque. De la même façon, pour combler son déficit budgétaire (appelé déficit public), l'État fait appel à l'emprunt.

LE BUDGET DE L'ÉTAT

Chaque année, l'État adopte son budget pour l'année suivante. En 1995, le budget de l'État français a atteint 1 402,98 milliards de francs. Depuis 1959, le gouvernement élabore chaque année un « projet de loi de finances ». Le Parlement modifie (amende), complète et adopte (vote) ce texte à la session d'automne. La loi de finances présente la liste des dépenses programmées et autorise l'État à percevoir des recettes (impôts, taxes et autres mesures fiscales) et à lever des emprunts pour financer le déficit budgétaire (au moins 270 milliards en 1997).

RESSOURCES ET DÉPENSES DE L'ÉTAT

La TVA (taxe sur la valeur ajoutée) et l'ensemble des impôts payés par les contribuables sont les principales ressources de l'État. Dans la colonne dépenses, l'État rémunère les fonctionnaires et agents du service public, paye les intérêts de sa dette et finance dépenses d'équipement et interventions sociales.

LE BUDGET FAMILIAL

Comme les États, les particuliers doivent savoir équilibrer ressources et dépenses. Certaines familles gèrent leur budget avec la rigueur d'un comptable, parfois même à l'aide d'un logiciel informatique. D'autres raisonnent par « grandes masses ». La « famille cigale » cherche à maintenir et à augmenter son train de vie. Elle n'épargne que ce qui lui reste à la fin du mois. Au contraire, la « famille fourmi » cherche avant tout à se constituer un patrimoine. Elle ne consomme que ce qui lui reste après avoir épargné.

UN PHÉNOMÈNE EN AUGMENTATION

L'accès au crédit est réglementé : en principe, on ne peut emprunter plus que ce que l'on pourra rembourser, certains le font cependant et l'on trouve de plus en plus de ménages surendettés. Depuis 1990 en France, la loi Neiertz protège l'emprunteur comme le prêteur. Contrairement à une idée reçue, les plus surendettés ne sont pas les plus démunis. De nombreux ménages contractent des crédits supérieurs à leurs ressources. Dans chaque département, une commission spéciale aide les « surendettés » à gérer leurs dettes. En 1990, ces commissions ont pris en charge près de 300 000 familles.

Quelques chiffres du budget français 1995 :
• **Rémunération des 2,1 millions de fonctionnaires : plus de 415 milliards pour les actifs, plus de 150 milliards pour les retraités.**
• **Intérêts de la dette : 210 milliards.**
• **Financement des interventions sociales : 200 milliards.**

Bundestag

Chambre des députés allemande, le Bundestag siège à Bonn, capitale de l'Allemagne fédérale (dite de l'Ouest de 1947 à 1990). D'ici l'an 2000, elle siégera à Berlin, nouvelle capitale de l'Allemagne unie.

Voir aussi : fédéralisme, réunification

• **50 milliards de marks (plus de 150 milliards de francs), c'est le prix estimé du déménagement du Bundestag et du gouvernement de Bonn à Berlin d'ici la fin du siècle.**

• **En 1995, après des années de vif débat, l'artiste Christo est autorisé à emballer dans du plastique le Reichstag (ancêtre du Bundestag... et son futur bâtiment d'accueil) à Berlin. Les opposants au projet refusaient que l'on touche à ce bâtiment chargé d'histoire : en 1933, à l'arrivée des nazis au pouvoir, le Reichstag avait été incendié.**

En 1945, l'Allemagne nazie vaincue est occupée par les Alliés.

Dans la zone orientale, les Soviétiques imposent rapidement un régime communiste. Dans la zone ouest, Américains, Anglais et Français favorisent l'installation d'un régime démocratique, avec une assemblée élue par le peuple : le Bundestag.

UN MUR QUI TOMBE

Le mur de Berlin qui séparait la zone ouest de la zone est tombe le 9 novembre 1989. Un an plus tard, les députés du Bundestag de RFA siègent pour la première fois à Berlin avec ceux de la Chambre du peuple de RDA.

L'Allemagne réunifiée n'a plus qu'une seule assemblée : le Bundestag. Le nombre de députés passe de 520 à 662. En juin 1990, un vote du Bundestag fait de Berlin la capitale de l'Allemagne réunifiée.

Pour l'instant, le Bundestag siège toujours à Bonn, l'ancienne capitale de la RFA. À Berlin, on construit le bâtiment qui devra l'accueillir d'ici l'an 2000.

LE LIEU DU POUVOIR

Les députés du Bundestag élisent le chef du gouvernement, le chancelier. Depuis 1982, le Bundestag est dominé par le parti des chrétiens-démocrates (droite allemande), le CDU dirigé par Helmut Kohl.

Selon la Constitution, le chancelier a besoin de l'accord du Bundestag pour de nombreuses décisions d'ordre intérieur ou diplomatique. Par exemple, pour que des soldats allemands puissent participer à des interventions militaires au sein de l'ONU.

LE BUNDESRAT

Le parlement allemand est constitué par deux chambres : le Bundestag et le Bundesrat.

Les membres du Bundestag sont élus pour quatre ans au suffrage universel direct, alors que les membres du Bundesrat sont des parlementaires désignés par les gouvernements des différents Länder. Les Länder sont les seize États de la République fédérale allemande. Issues du suffrage universel, les décisions du Bundestag ont prééminence sur celles du Bundesrat.

câble

Le câble est un moyen d'acheminer les programmes de télévision par le biais de lignes spécialisées comparables à des lignes de téléphone d'une qualité supérieure.

Voir aussi : autoroutes de l'information, Internet, satellite

Foyers européens abonnés au câble et au satellite :

- **Allemagne :** 48 % et 29 %.
- **Bénélux :** 92 % et 3 %.
- **Danemark :** 27 % et 29 %.
- **Espagne :** 3 % et 7 %.
- **France :** 8 % et 8 %.
- **Grande-Bretagne :** 5 % et 15 %.
- **Italie :** 0 et 2 %.
- **Portugal :** 0 et 8,2 %.
- **Norvège :** 34 % et 19 %.
- **Suède :** 48 % et 19 %.
- **Suisse :** 78 % et 5 %.

Le câble permet de proposer un nombre vertigineux de programmes de télévision et ensuite, en fonction de sa qualité technique, de divers autres services. Pour s'abonner au câble, il faut qu'une ramification du réseau arrive jusque chez soi. En France et en Belgique, les câbles sont enterrés, en Allemagne, ils courent d'un poteau à l'autre comme le téléphone.

DES TRONÇONS D'AUTOROUTE

Par le biais du câble peuvent aussi passer des communications téléphoniques ou des « voix de retour » interactives grâce auxquelles le téléspectateur a la possibilité d'envoyer des messages vers sa télévision, pour répondre à un jeu ou acheter quelque chose. Dans ce cas-là, on est sur un tronçon des futures autoroutes de l'information.

CÂBLE ET SATELLITE

L'installation du câble est coûteuse, mais relativement facile à amortir dans les grandes villes où le nombre d'abonnés promet d'être important. Un foyer qui ne dispose pas d'un réseau câblé dans sa ville ou son village peut faire l'achat d'une antenne parabolique et recevoir les programmes de son choix par le satellite. Dans certains cas, notamment pour les communautés étrangères, le satellite peut proposer une chaîne du pays d'origine que l'on ne trouve pas sur le câble.

C'EST LE PROGRAMME QUI COMPTE

Aujourd'hui, entre le câble et le satellite, chacun peut recevoir plusieurs dizaines de chaînes de télévision. L'offre devient de plus en plus précise : il existe aux États-Unis le *military channel* uniquement consacré à la guerre, ou le *court channel* qui ne parle que des affaires judiciaires.

UNE AUTRE MANIÈRE DE REGARDER LA TÉLÉVISION

Certains pays où le câble est présent de manière importante et depuis longtemps, comme les Pays-Bas (1960) ou la Belgique, ont une perception bien différente de celle que l'on trouve en France, où moins de 10 % des foyers sont abonnés au câble. Le câble permet en effet de regarder une trentaine de chaînes. Bientôt, la technique de numérisation permettra de réduire encore la place que prennent les programmes pour circuler, et les réseaux câblés achemineront quatre à huit fois plus de chaînes de télévision.

BIEN PLUS DE PROGRAMMES

Le public s'est ainsi habitué à une offre de programmes en trois volets : les grandes chaînes généra-

"Le câble permet en effet de regarder une trentaine de chaînes"

listes dans la langue du pays, les chaînes étrangères et les chaînes thématiques. Partout, des réseaux destinés aux enfants, des chaînes musicales ou des programmes spécialisés dans le documentaire sont disponibles à travers le câble. Mais même dans le cas de cette offre généreuse, on remarque que le public est avant tout attaché à ses grandes chaînes généralistes. Aux États-Unis, où le câble et le satellite sont bien installés, ces grandes chaînes (NBC, CBS, ABC, Fox), les « networks », rassemblent encore 60 % de l'audience.

VERS LA TÉLÉVISION INTERACTIVE

Le câble n'a pas seulement la capacité de transporter des images et du son, il véhicule aussi d'autres informations. Les pionniers du câble ont rêvé d'un réseau reliant les foyers à divers services publics. Par le câble, si le réseau est de bonne qualité, on peut proposer du téléenseignement, organiser des débats municipaux, acheter à distance. Enfin, on peut brancher son ordinateur sur le réseau, se raccorder à Internet par son intermédiaire avec une qualité et une vitesse de circulation des informations bien supérieures au téléphone.

QUESTION DE VOLONTÉ

Les capacités techniques ne sont pas seules en cause. La politique des gouvernements joue un grand rôle. Le développement important du câble en Allemagne comparé à sa faible place en France le montre. La fin du monopole des télécommunications dans l'Union européenne en 1998 va aussi ouvrir de nouvelles possibilités.

Les chaînes les mieux distribuées en Europe par le câble (nombre, en millions, de foyers européens où l'on peut regarder ces chaînes si on le souhaite) :
• Eurosport : 43.
• ZDF et ARD (chaînes allemandes) : 34.
• MTV : 34.
• TV5 Europe : 33.
• NBC Superchannel : 33.
• RTL : 32.
• CNN International : 30.
• Arte : 28.

calorie

Scientifiquement, la calorie est à l'origine une unité de mesure de l'énergie thermique. On utilise également le terme de « calorie » dans le domaine de l'alimentation.

- 1 pomme : 50 calories
- 100 g de riz : 350 calories
- 100 g de chocolat au lait : 600 calories
- 1 Big Mac de chez MacDonald's : 552 calories

Une calorie est une unité de mesure des quantités de chaleur ou d'énergie que l'on trouve dans un aliment. La nourriture étant le « carburant » de l'organisme, les calories qu'elle contient apportent l'énergie dont le corps a besoin pour fonctionner correctement.

CALORIES MODE D'EMPLOI

C'est grâce au processus complexe de la digestion que l'homme tire les calories qui sont stockées et utilisées en fonction de ses besoins. On distingue trois éléments nutritifs indispensables qui fournissent inégalement les calories : les protéines (viande, poisson, œufs, légumes secs), les glucides (pain, céréales, farine, sucre) et les lipides (huile, beurre).

DES BESOINS DIFFÉRENTS

Un être humain doit normalement tirer de son alimentation une moyenne de 2 500 calories par jour, selon l'âge, le poids, la température extérieure et l'effort fourni. Un enfant de 9 ans doit recevoir par jour environ 2 200 calories, tandis qu'il en faut 4 000 à un sportif de haut niveau et 8 000 à 9 000 à un bûcheron du Grand Nord canadien !

CALORIES DE RICHES

L'Occident riche, qui bénéficie d'une alimentation variée, est obsédé par les régimes et la minceur. Ici, on se bat contre l'excès de calories qui fait grossir. En 1992, sur un échantillon de 800 adolescentes françaises, 49 % avouaient avoir « fait quelque chose » pour maigrir. Les industriels en ont profité pour créer un nouveau marché de produits allégés (boissons *light*, bonbons sans sucre, yaourts à 0 % de matières grasses, produits surgelés individuels faibles en calories, etc.).

CALORIES DE PAUVRES

Pendant ce temps, le reste de l'humanité (les deux tiers) souffre d'une nourriture qualitativement et quantitativement insuffisante. Dans les pays en voie de développement, près de 174 millions d'enfants sont atteints de malnutrition. Les plus chanceux se contentent de 1 500 calories par jour. Ils ont alors juste assez pour entretenir leur métabolisme de base (la vie des cellules), le travail du cœur et des poumons, et la thermorégulation, mais ne peuvent se livrer à aucun exercice physique. Tous les ans, dans ces pays, près de 7 millions d'enfants meurent de faim.

censure

Un gouvernement peut être amené à pratiquer la censure pour protéger des individus, les enfants par exemple. Au nom de ce principe, des revues racistes ou pédophiles sont interdites. Mais la censure permet également à un pouvoir totalitaire de proscrire toute forme d'opposition.

La censure consiste à interdire tout ou partie d'une communication quelconque destinée au public.

Voir aussi : médias, politiquement correct

LA CENSURE POLITIQUE

Dans certains pays, l'État contrôle totalement les médias. C'est le cas en Algérie, où toutes les informations concernant la guérilla et le terrorisme doivent être visées par un comité de contrôle. Situation similaire en Indonésie où les pouvoirs publics téléphonent directement aux journaux les informations qu'ils doivent obligatoirement publier. Ou encore au Zaïre, où la presse est considérée comme « libre dans le cadre du Parti ». La censure s'exerce aussi, mais plus rarement, dans des pays démocratiques. En 1995, la France a interdit la diffusion de deux ouvrages pro-islamistes.

LA CENSURE ARTISTIQUE

Romans, pamphlets, tableaux ou films : les œuvres d'art manifestent une liberté qui fut longtemps surveillée. Depuis le XVIIIe siècle, les ouvrages jugés licencieux font l'objet d'un traitement réservé. 2 500 de ces livres, signés Apollinaire, Aragon, Sade ou Cocteau, sont toujours enfermés dans une salle de la Bibliothèque nationale surnommée l'enfer. La France est considérée comme un pays très libéral, contrairement aux États-Unis où même *Le Petit Chaperon rouge* (à cause de sa bouteille de vin) a été interdit.

• **Entre 1940 et 1944, 9 quotidiens, 5 hebdomadaires et 30 périodiques ont accepté de se soumettre à la censure du gouvernement de Vichy.**
• **En 1913, Georges Clemenceau fonde le journal *L'Homme libre*. En 1914, le début de la guerre et l'instauration de la censure le poussent à le rebaptiser *L'Homme enchaîné*.**

ETIT VOCABULAIRE

nastasie : surnom ravissant donné à censure depuis la guerre de 14-18.

dex : jusqu'en 1965, la congrégation clésiastique de l'Index interdisait certins livres à ses fidèles en raison des ngers qu'ils auraient pu représenter ur la foi et les mœurs. Ont ainsi été nis à l'index » des ouvrages de Pascal, derot, Sartre, Gide et Simone de Beauvoir.

viarder : raturer le passage d'un re ou d'un article de journal. De caviar », nom donné à l'enduit noir nt on recouvrait les articles censurés ns la Russie des tsars.

binet noir : nom du bureau secret la censure sous Louis XIII.

todafé : action de jeter les ouvrages erdits dans le feu. Dans les années , les nazis détruisirent ainsi les livres rits par des juifs.

twa : censure extrême prononcée par extrémistes islamistes sous la forme ne sentence de mort prononcée à ncontre d'écrivains jugés sacrilèges lman Rushdie, écrivain anglais d'orie indienne, ou Taslima Nasreen, romanre du Bangladesh, par exemple).

IL EST INTERDIT DE LIRE CETTE INSCRIPTION

chômage

Période d'inactivité forcée due à un manque de travail, le chômage est l'un des grands maux de cette fin de siècle.

Voir aussi : fracture sociale, mondialisation, pensée unique, RMI

Les aides à l'emploi pour lutter contre le chômage :
• **contrats de qualification pour les moins de 26 ans ;**
• **Contrats emploi-solidarité réservés aux administrations (CES) ;**
• **CIE : l'employeur est exonéré de charges sociales quand il emploie un chômeur de longue durée.**
Mais ces dispositifs, qui coûtent cher à l'État, ne réussissent pas à freiner le chômage et donnent lieu à des abus que

De nombreux facteurs ont entraîné l'aggravation du chômage en Europe depuis la crise pétrolière de 1975. Les entreprises doivent affronter une concurrence mondiale, qui produit à moindre coût. Certaines usines ferment pour s'installer dans des pays où les salaires sont plus faibles. Des métiers disparaissent à la suite d'avancées techniques qui permettent l'automatisation d'un certain nombre de tâches…

Diplômes et chômage

En France, les sans-diplômes et les femmes sont davantage touchés par le chômage que les hommes et les diplômés. En 1994, 6,7 % des chômeurs étaient des diplômés supérieurs, alors que 19 % n'avaient pas le certificat d'études. Cependant, la crise de l'emploi est telle que les lauréats des grandes écoles eux-

mêmes ont parfois du mal à trouver une première embauche. Ainsi en Italie, un diplômé sur trois était au chômage en 1996, trois ans après avoir terminé avec succès ses études universitaires.

Comment vivre pendant le chômage ?

Qu'elles travaillent ou non, les familles doivent se nourrir, se loger, assurer l'éducation des enfants, rembourser des emprunts, etc. Pour venir en aide à ceux qui ont perdu leur travail, la France, comme les autres pays développés, a mis en place un dispositif qui assure un minimum de ressources aux chômeurs.
Pour prétendre à une indemnisation, il faut avoir perdu involontairement son emploi, être inscrit à l'ANPE et justifier d'une durée minimale d'activité professionnelle

LE GOUVERNEMENT PROPOSE AUX PATRONS

D'ENGAGER DES JEUNES DE LONGUE DURÉE

C'EST PAS CON !

ALLONS-NOUS VERS LA FLEXIBILITÉ ?

Face à la persistance du chômage, les pouvoirs publics et le patronat souhaitent pouvoir assouplir les conditions d'embauche, de travail et de licenciement : c'est la recherche de la flexibilité. Moduler la durée du travail, multiplier les temps partiels et les horaires « individualisés », développer le télétravail et les stages diplômants, allonger la durée maximale du contrat à durée déterminée (CDD), simplifier les procédures de licenciement... telles sont les principales mesures envisagées. Très réticents, les syndicats voient pour leur part dans la flexibilité une accentuation de l'insécurité qui pèse sur les salariés, en particulier les jeunes.

au cours de laquelle on aura cotisé. L'allocation perçue sera comprise entre 57,4 % et 75 % du salaire journalier de référence, en fonction de la durée de cotisation. Depuis 1992, l'allocation-chômage est réduite tous les quatre mois jusqu'à atteindre un montant plancher (85 F par jour en 1995).

QUI PAYE LES CHÔMEURS ?
Les salariés actifs, les entreprises et l'État assurent le financement du dispositif. Depuis juillet 1993, les salariés du secteur privé versent 6,6 % de leur salaire brut. L'employeur ajoute 0,35 % au Fonds national de garantie des salaires et l'État assure le complément, notamment pour les chômeurs qui n'ont pas cotisé. Les fonctionnaires, peu exposés au risque du chômage, ne versent que 1 % de leur traitement brut.

QUI FAIT QUOI ?
• L'Agence nationale pour l'emploi (ANPE) a été créée le 13 juillet 1967 par une ordonnance du gouvernement Pompidou. Aujourd'hui, les 800 agences locales aident les salariés à retrouver un emploi et les entreprises à chercher de nouveaux collaborateurs.
• L'Union nationale pour l'emploi dans l'industrie et le commerce

(UNEDIC) définit les règles d'indemnisation, contrôle les ASSEDIC et gère un fonds de garantie.
En 1997, le régime d'assurance chômage devrait dégager un excédent de 12 milliards (comme en 1996). Au conseil d'administration de l'UNEDIC, le patronat dispose de 25 sièges et les 5 syndicats de 5 sièges chacun.
En novembre 1996, les syndicats et les patrons discutent de l'utilisation de cet excédent : les premiers souhaiteraient revaloriser les indemnités versées aux chômeurs tandis que les seconds préféreraient alléger les charges patronales.
• Les ASSEDIC sont les Associations pour l'emploi dans l'industrie et le commerce qui gèrent le dispositif d'indemnisation.

DEUX EXEMPLES EUROPÉENS
En Allemagne, en contrepartie d'une cotisation de 6,3 %, les chômeurs touchent 60 à 65 % de leur rémunération antérieure, pendant une durée de 6 mois à 3 ans.
Au Royaume-Uni, les salariés versent entre 2 et 9 % de leur salaire à un fonds national d'assurance. Cette contribution donne droit à une indemnité fixe d'environ 450 F par semaine, pendant un an. Ce régime est donc particulièrement sévère.

• En 1996, on compte en France 3 451 000 chômeurs (12,7 % de la population active), contre 631 700 (2,8 % de la population active) en 1974.
• De plus en plus d'actifs doivent se contenter d'un travail à temps partiel ou de « petits boulots » irréguliers. On compte en France près de 2 millions d'emplois instables : CDD (contrats à durée déterminée), intérim, stages…
• En 1996, le taux de chômage en Europe (11,2 %) était deux fois plus important qu'aux États-Unis (5,4 %).
• L'Espagne et l'Irlande sont les deux pays qui comptent le plus grand nombre de chômeurs en Europe.
• Au total, l'Union européenne compte 18 millions de chômeurs.

christianisme

C'est l'ensemble des religions fondées sur la personne et l'enseignement de Jésus-Christ.

Voir aussi : intégrisme

• **En France, on compte 45 millions de catholiques pour 58 millions d'habitants.**
• **Les protestants sont environ 900 000, et les orthodoxes 200 000.**
• **La pratique religieuse est en baisse. Les familles privilégient les grandes fêtes chrétiennes, comme Noël et Pâques, ou fréquentent l'église pour les grandes étapes de la vie : baptême, mariage, obsèques.**

Le christianisme est l'une des trois grandes religions monothéistes, avec le judaïsme (la plus ancienne) et l'islam (la plus récente). Il est fondé sur la révélation de l'Ancien Testament et de la « Bonne Nouvelle » de Jésus-Christ retranscrite dans les Évangiles. Après la mort du Christ et sa résurrection, ses disciples obéirent à son précepte « d'enseigner à toutes les nations » et donnèrent ainsi naissance à une nouvelle religion dont les fidèles sont présents sur les cinq continents.

L'ÉGLISE ORTHODOXE

En 1054, le pape Léon IX excommunie Michel Cérulaire qui, en Orient, prenait son autonomie par rapport à l'Église romaine, sans reconnaître l'autorité universelle du pape. Depuis le XIe siècle, catholiques romains et orthodoxes orientaux sont divisés : c'est le schisme. En 1965, ces deux Églises ont levé réciproquement les excommunications du XIe siècle et enfin rétabli le dialogue.

LA RÉFORME

Au XVIe siècle, le moine allemand Martin Luther s'insurge contre la pratique des indulgences : la hiérarchie de l'Église romaine propose aux fidèles de racheter leurs fautes contre de l'argent. Martin Luther affirme la gratuité de l'amour de Dieu.

En 1996, l'Allemagne est encore majoritairement protestante, avec 27 millions de chrétiens issus de la Réforme. Les pays scandinaves sont également à majorité protestante.

LES ANGLICANS

En 1530, le pape Clément VII refuse d'annuler le mariage de Henri VIII d'Angleterre. Celui-ci fait alors adopter par le Parlement des lois privant le pape de toute juridiction sur l'Église d'Angleterre. Le roi devient chef suprême de l'Église d'Angleterre. C'est encore le cas aujourd'hui.

L'ŒCUMÉNISME

Ce mot désigne l'ensemble des efforts et des manifestations qui visent à promouvoir l'unité entre chrétiens et, dans la mesure du possible, entre toutes les Églises chrétiennes. Le concile Vatican II (en 1962) a manifesté cette volonté de rapprochement.

CNN

CNN (Cable News Network) est une télévision d'information continue. Fondée par l'Américain Ted Turner en 1980, elle a rejoint avec lui le premier groupe mondial de communication : Time Warner.

Grâce à la diffusion directe par satellite ou via le câble, CNN est reçue dans le monde entier où elle fait figure de référence pour présenter l'actualité immédiate.

UNE INFORMATION CONTINUE

Pour être en permanence sur l'événement, CNN a utilisé une nouvelle technique : des antennes paraboliques portables dirigées vers un satellite permettent d'envoyer des images à Atlanta où se trouve le siège de la chaîne. La chaîne s'est imposée lors d'événements d'actualité forts. Le premier fut l'échec dramatique du lancement de la navette américaine Challenger le 28 janvier 1986. CNN a suivi l'action pendant treize heures d'affilée et vendu ses images dans le monde entier.

UNE AUDIENCE MONDIALE EN DIRECT

En 1991, une tentative de coup d'État menace la Russie. CNN est sur place. Le directeur de la chaîne apprend que sa concurrente ABC va organiser une émission en direct avec Mikhaïl Gorbatchev et Boris

" La chaîne s'est imposée lors d'événements d'actualité forts"

RESTEZ SUR CNN

Chaîne privée, CNN doit garder en haleine ses téléspectateurs. C'est ainsi qu'elle a été la première à renforcer visuellement la sensation de rapidité de l'information en présentant ses journaux avec en arrière-fond la salle de rédaction. La recherche du spectaculaire et la multiplication des directs donnent l'illusion d'informations nouvelles, même quand il n'y en a pas.

Eltsine. Aussitôt, faisant valoir la puissance internationale de CNN et la couverture qu'il peut donner des événements, il obtient pour CNN l'exclusivité de l'interview.

SCANDALE

Lors de la guerre du Golfe (janvier 1991), c'est sur CNN seule que Saddam Hussein choisit de se montrer. Une partie de l'opinion américaine, qui voit sur l'écran le président irakien à côté d'un enfant britannique qu'il retient en otage, est scandalisée. Mais pour Ted Turner, CNN doit être partout, même dans les pays qui lui imposent une censure, car le téléspectateur est à même de comprendre ce que la censure empêche de montrer.

• **Le réseau de CNN compte 2 500 journalistes, répartis dans 29 bureaux de par le monde.**
• **Plus de 155 millions de foyers peuvent recevoir CNN - CNNI (CNN International), où les informations qui intéressent les seuls Américains sont remplacées par des nouvelles économiques locales.**
• **Aux États-Unis, CNN compte 60 millions d'abonnés.**

Les ressources de CNN ont une triple origine :
• **la publicité ;**
• **la vente d'images ;**
• **la redevance des câblo-opérateurs.**

code
de la nationalité

Le code de la nationalité est un ensemble de lois qui fixent les règles permettant à une personne d'avoir, d'obtenir ou de perdre la nationalité française.

Voir aussi : immigration

Combien ?

• **Un an après l'entrée en vigueur du nouveau code, 41 000 jeunes étrangers ont manifesté leur volonté de devenir français. Les refus ont été peu nombreux (moins de 2 %).**

• **Ces nouveaux Français sont 6 fois sur 10 d'origine européenne et 4 fois sur 10 originaires d'Afrique du Nord. Les origines portugaise (37 %) et marocaine (30 %) sont les plus fréquentes.**

Un nouveau code de la nationalité, désigné couramment sous le terme de « lois Pasqua », a été adopté en 1993. L'ancien texte, rédigé sous Napoléon, remontait à 1804 et n'était plus adapté. Ce nouveau code modifie en particulier les conditions selon lesquelles un enfant né en France de parents étrangers peut devenir français.

LA MANIFESTATION DE LA VOLONTÉ

Jusqu'en 1993, les enfants étrangers nés en France devenaient automatiquement français à 18 ans. C'est ce que l'on appelle « le droit du sol ». Dorénavant, le nouveau code exige qu'ils en manifestent la volonté entre 16 et 21 ans. Ces jeunes, s'ils résident depuis au moins cinq ans sur le territoire, peuvent déposer une demande à la mairie, à la préfecture, à la gendarmerie ou auprès d'un juge. Ils obtiennent alors sans difficulté la nationalité française sauf si,

entre 18 et 21 ans, ils ont commis un crime, un acte de terrorisme ou s'ils ont été condamnés à plus de six mois de prison ferme pour trafic de stupéfiants ou pour proxénétisme. Contrairement à ce qui se passe aux États-Unis, l'obtention de la nationalité ne donne lieu à aucune cérémonie particulière.

LUTTER CONTRE LES MARIAGES DE COMPLAISANCE

Les étrangers peuvent également obtenir la nationalité française en se mariant avec un(e) Français(e). Cette possibilité a parfois entraîné des abus. Certaines personnes organisent, moyennant 30 à 50 000 francs, de faux mariages. On parle alors de « mariage blanc ». Pour lutter contre cette pratique, le nouveau code est plus restrictif. Un étranger n'obtient la nationalité française qu'après deux ans de vie commune. Cette mesure est cependant contestée. Il est en effet délicat de vérifier si des gens vivent ensemble et ce contrôle peut être considéré comme une atteinte à la vie privée.

communication

La communication est l'ensemble des techniques employées par les entreprises ou les institutions pour se faire connaître du public.

Voir aussi : médias, publicité, sponsor

Aujourd'hui, les entreprises investissent une part importante de leur budget en communication. Il s'agit pour elles de faire connaître ce qu'elles vendent, par de la « communication produit », ou de faire connaître leur société, c'est alors de la « communication institutionnelle ».

DE LA PUBLICITÉ AU HORS-MÉDIA

L'entreprise dispose de plusieurs moyens pour communiquer. Le plus connu est la publicité dans les médias. Mais chaque année davantage se développe une communication « hors média » : la promotion sur le lieu de vente (PLV), le marketing direct (courriers avec des offres promotionnelles), mécénat, sponsoring et relations publiques. L'image de l'entreprise est un acquis qui ne se traduit pas forcément par un achat immédiat. Ainsi, un site Levi's sur Internet, où l'on trouve poèmes, mangas et jeux à côté des modèles de jeans, vise à faire apprécier la marque par sa première clientèle, les 17-24 ans.

COMMUNICATION : UN MOT FOURRE-TOUT

Un nouveau sens apparaît pour le mot communication : tout ce qui concerne l'industrie des télécommunications, de l'audiovisuel et de l'informatique. On parle indistinctement de l'avènement du monde de la communication ou du monde de l'information.

JUST DO IT !

De plus en plus, le marché sur lequel évoluent les entreprises s'élargit. Les frontières nationales s'effacent, les marques doivent donc s'imposer au niveau planétaire. Seules les plus fortes vont survivre. Pour compléter leur puissance d'impact, ces firmes s'accompagnent d'accroches très efficaces, comme : *Nike, just do it*, ou *Vous en rêviez, Sony l'a fait !*, qui visent à ancrer la marque dans l'esprit du public et ainsi le rendre consommateur du produit.

En 1995, dans les 8 principaux pays d'Europe, les investissements en communication se partagent ainsi :
* **Parts de :**
Presse : 20 %
TV : 14,9 %
Radio : 2,3 %
Affichage : 2,7 %
Cinéma : 0,4 %
Total : 40,3 %, soit 50 605 millions de dollars
* **Parts du hors-média :**
Marketing direct : 18,9 %
Annuaires : 3,3 %
Promotion : 18,5 %
Parrainage : 3 %
Expositions : 9,3 %
Autres : 6,2 %
Total : 59,7 %, soit 74 928 millions de dollars. (Source : Europub)

DISTANCE INTIME ET DISTANCE SOCIALE

L'anthropologue américain Edward T. Hall a conçu une échelle de distances qui permet de caractériser la communication entre deux personnes dans le monde occidental. La « distance sociale » est au minimum de 1,20 m. C'est la distance que deux individus adoptent instinctivement pour se parler dans un cadre de travail. On voit très bien son interlocuteur, on l'entend parfaitement, mais on ne sent pas son odeur et on ne le touche pas. Qui s'approche plus peut gêner l'interlocuteur. Celui-ci va alors tenter de reculer.

communisme

Le communisme est une doctrine économique et sociale, dont l'idéal est la mise en commun des biens de production et une répartition égalitaire des biens de consommation. Le premier pays à avoir expérimenté cette doctrine est l'URSS, à partir des années 1920.

LE SECRÉTAIRE GÉNÉRAL DU COMITÉ CENTRAL DU PARTI COMMUNISTE DE L'UNION DES RÉPUBLIQUES SOCIALISTES SOVIÉTIQUES EST MORT

UN AUTRE SECRÉTAIRE GÉNÉRAL DU COMITÉ CENTRAL DU PARTI COMMUNISTE DE L'UNION DES RÉPUBLIQUES SOCIALISTES SOVIÉTIQUES EST APPELÉ À RÉGNER

ARAIGNÉE? QUEL DRÔLE DE NOM POUR UN SECRÉTAIRE GÉNÉRAL DU COMITÉ CENTRAL DU PARTI COMMUNISTE DE L'UNION DES RÉPUBLIQUES SOCIALISTES SOVIÉTIQUES

Lénine est l'instigateur de la révolution d'octobre 1917 en Russie. Leader du parti bolchevique, il fut le premier dirigeant de l'Union soviétique et le premier théoricien du communisme à prendre le pouvoir dans un pays. Il est mort en 1924.

Après la Seconde Guerre mondiale, plus ou moins librement, plusieurs pays sont devenus communistes. Ce type de régime s'est d'abord étendu aux voisins de l'URSS : Pologne, Tchécoslovaquie, Roumanie, Bulgarie, Hongrie, Yougoslavie, Albanie et RDA. Ce bloc s'est ensuite élargi, avec la victoire du parti communiste en Chine en 1949 et l'arrivée au pouvoir de Mao Zedong, puis avec la révolution cubaine menée par Fidel Castro en 1959. Partout, les communistes sont arrivés au pouvoir par la force. Leur objectif était de supprimer les classes sociales et d'étendre le système au monde entier. Mais aujourd'hui, le communisme est en crise.

L'ÉCLATEMENT DU BLOC DE L'EST
À partir des années 80, les populations des pays de l'Est ont pris conscience du double échec du communisme : échec économique (pénurie de marchandises, files d'attente dans les magasins, endettement et dépendance vis-à-vis des pays étrangers), et échec politique (corruption, bâillonnement des médias, privilèges accordés aux cadres du parti ou nomenklatura). Cette prise de conscience a débouché sur de multiples rébellions et sur l'arrivée au pouvoir de nouveaux dirigeants, comme le dramaturge Vaclav Havel en Tchécoslovaquie ou le syndicaliste Lech Walesa en Pologne. Cet éclatement était direc-

"Leur objectif était de supprimer les classes sociales et d'étendre le système au monde entier"

tement lié à la libéralisation progressive de l'Union soviétique, depuis l'arrivée de Mikhaïl Gorbatchev au pouvoir en 1985. L'effondrement du système communiste en URSS a trouvé un terme avec l'éclatement de l'Union et l'indépendance de la plupart des républiques : la Russie, la Biélorussie, l'Ukraine, la Lituanie, la Géorgie, etc.

LE COMMUNISME AU POUVOIR : L'EXEMPLE DE LA CHINE

En Chine, les communistes sont toujours au pouvoir, mais la crise est présente depuis longtemps. En mai 1989, le régime a réprimé dans le sang une révolte étudiante soutenue par la population : le « printemps de Pékin ». Depuis lors, la Chine tente de s'ouvrir vers l'extérieur, mais la crise reste profonde à l'intérieur du pays où les droits de l'homme sont régulièrement bafoués et où la démocratie reste un vain mot.

FIDEL EST TOUJOURS LÀ

À Cuba, Fidel Castro, le « Lider Maximo », tient les rênes du pouvoir depuis près de quarante ans. Étranglé par l'embargo américain qui le frappe depuis plus de trente ans, affaibli par la disparition de l'URSS, ce petit pays, un des derniers États communistes de la planète, résiste vaille que vaille. Depuis quelques années, Fidel Castro multiplie les démarches auprès de la communauté internationale pour défendre la cause de son île. Un comble : il a même rendu visite fin 1996 au pape Jean-Paul II pour lui demander son aide en échange d'un assouplissement de la liberté religieuse dans son pays !

Où ?

• Rares sont les pays à se réclamer aujourd'hui sans réserves des principes du communisme. Outre la Chine, les principaux sont le Viêt-nam, Cuba et la Corée du Nord.

• Fondé en 1920 lors du congrès de Tours, le parti communiste français (PCF) revendique encore 350 000 adhérents. Son secrétaire national est, à l'heure actuelle, Robert Hue.

LA CEI

En 1991, après la chute de la plupart des gouvernements communistes en Europe, la démocratie pluraliste semblait devoir l'emporter en URSS. Mais un coup d'État avorté des communistes allait provoquer la disparition de l'Union soviétique pour laisser place à la Communauté des États indépendants. La CEI regroupe douze républiques issues de l'ancienne fédération communiste. Parce qu'elles partagent la même histoire, ces républiques se sont associées pour assurer la transition vers l'économie de marché et coordonner leurs politiques de défense.

consommation

Ce mot désigne le plus souvent l'acte d'achat de produits ou de biens disponibles sur le marché.

Voir aussi : crédit, publicité

• **La consommation des ménages a représenté 4 598 milliards de francs en 1995, en France.**

• **4 500 millions de litres d'eau minérale sont vendus chaque année en France.**

• **En 1994, un Français a bu en moyenne 82,6 litres d'eau minérale naturelle en bouteille contre 105,4 litres pour un Belge.**

La plupart des pays industrialisés sont des sociétés de consommation où les besoins sont créés en permanence pour susciter l'acte d'achat de la part du consommateur.

Ainsi, en France, la grande majorité des ménages sont déjà équipés de voiture(s), téléviseur(s), magnétoscope, réfrigérateur, etc. La publicité et le marketing incitent en permanence les individus à renouveler leurs appareils, usés ou dépassés, ou à acquérir de nouveaux produits. Les services gratuits disparaissent peu à peu. L'indice de consommation est un critère économique très important pour un pays. La société de consommation ne signifie pas que tous les individus consomment de façon effrénée. En revanche, les marchandises circulent à l'échelle planétaire (on peut par exemple acheter des fruits en plein hiver, mûris sous le soleil tropical).

L'EAU, SOURCE DE PROFITS

Depuis longtemps, on ne va plus chercher son eau au puits. On consomme l'eau courante fournie par des sociétés de distribution qui font payer ce service. L'eau du robinet coûte 12 francs le mètre cube en moyenne en France. La moins chère est facturée 0,37 francs dans les Alpes-de-Haute-Provence, la plus chère étant celle de Quiberon, dans le Morbihan, facturée 13,17 francs (un comble pour une ville entourée d'eau !). Dans les pays riches, on consomme également de plus en plus d'eau minérale en bouteille.

DES PRODUITS À LA VIE COURTE

Les industriels proposent des produits de grande consommation, à des prix attractifs mais dont la durée de vie est limitée. Ainsi, la plupart des appareils électro-ménagers sont programmés pour durer quelques années (de dix à quinze ans pour la plupart des marques). D'autre part, gammes et modèles sont renouvelés en permanence, afin de créer de nouveaux besoins.

ALIMENTATION

Les Français consacrent une part importante de leurs dépenses à l'alimentation (en moyenne 18 % du revenu disponible). L'agro-alimentaire est un marché énorme et très concurrentiel. Quand les revenus d'un ménage augmentent, la part consacrée à ses dépenses alimentaires a tendance à diminuer. C'est pourquoi les fabricants s'efforcent de susciter de nouveaux besoins, comme ce fut le cas avec les surgelés, les produits allégés, les plats exotiques, les portions individuelles pour célibataires, etc.

CRÉDIT À LA CONSOMMATION

Les tentations de la vie contemporaine sont telles qu'il est parfois difficile d'attendre pour s'offrir une voiture neuve, un téléphone portable, une cuisine équipée ou une encyclopédie en quinze volumes. C'est pourquoi de nombreux organismes pratiquent le crédit à la consommation, qui permet d'acheter aujourd'hui et de payer plus tard, à condition d'acquitter, en sus, les intérêts de l'emprunt. En cas de vente par correspondance ou à crédit, l'acheteur a sept jours pour

Qui ?

• **Le Credoc (Centre de recherches pour l'étude et l'observation des conditions de vie), fondé en 1954, étudie la consommation des Français.**
• **De nombreuses associations défendent les intérêts des consommateurs, à l'échelon régional, national ou européen. Certaines sont spécialisées dans les transports, le logement, la famille ; d'autres sont généralistes. L'union fédérale des consommateurs, Que choisir ?, regroupe, par exemple, 65 000 adhérents.**

revenir sur sa décision, sauf s'il a demandé une livraison immédiate.

EN CAS DE CONFLIT

Lors d'un différend avec un commerçant ou un service (EDF, France Telecom, SNCF, etc.), on peut s'adresser à l'Institut national de la consommation ou à la Direction générale de la concurrence, de la consommation et de la répression des fraudes. L'Institut national de la consommation (INC) a été créé en 1967. Ses services effectuent des essais comparatifs sur les produits, font des études juridiques et informent le consommateur dans ses publications et ses spots télévisés.

C'EST DU LUXE !

Certains biens et services ne sont pas essentiels au confort et au bien-être. C'est le cas des produits de luxe. Aux États-Unis, on estime qu'un tiers des dépenses de consommation ne sont pas essentielles. Depuis cinq ans, une association organise le « Buy Nothing Day », la journée mondiale sans achat, pour lutter contre ce gaspillage.

LA CONSOMMATION EN CRISE ?

Après le formidable bond en avant de la consommation dans les années 60 à 80, on parle à présent de société de consommation en crise. L'acheteur, considérant que ses besoins élémentaires sont satisfaits, se détourne de l'acte d'achat pour se tourner vers d'autres valeurs. L'enlisement dans la crise, l'incertitude face à son avenir professionnel suscitent un comportement prudent et tourné vers l'épargne plutôt que vers la consommation à tout prix.

UN CONSOMMATEUR AVERTI

La consommation effrénée, c'est terminé ! Armé de son caddy, l'œil rivé sur les linéaires du supermarché, le consommateur actuel prend son temps, compare les produits et cherche le meilleur rapport qualité-prix. La directrice d'un cabinet d'étude de la consommation définit ainsi le nouveau consommateur : « D'une consommation évidente, jouissive et confiante, on est passé à des comportements complexes et imprévisibles. Les individus affirment un désir d'individualisation et de différenciation par besoin de s'autoprotéger et de trouver une signification à leurs actes de consommation. »

Constitution

La Constitution est l'ensemble des lois fondamentales organisant le gouvernement d'un pays et le fonctionnement des pouvoirs publics.

Voir aussi : *élections, gouvernement, parlement, référendum*

Les Constitutions françaises :

• **1791**
Constitution de la Ire République.
Considérée comme la plus démocratique de toutes mais jamais appliquée pour cause de guerres révolutionnaires puis de prise du pouvoir par Napoléon Ier.

• **1848**
Constitution de la IIe République. Elle prévoit pour la première fois l'existence d'un président de la République élu pour quatre ans.

• **1875**
Constitution de la IIIe République. Quelques lois posent les bases d'une organisation que chacun croit provisoire. En fait, elle durera 65 ans, record absolu !

Une Constitution démocratique prévoit la séparation des pouvoirs. C'est-à-dire que l'exécutif qui conduit la politique du gouvernement est distinct du législatif qui vote la loi et du pouvoir judiciaire qui rend la justice.

RÉGIME PRÉSIDENTIEL, RÉGIME PARLEMENTAIRE

Il existe deux grands types de Constitutions. Le régime présidentiel prévoit une séparation rigide des pouvoirs, c'est notamment le cas des États-Unis. Le président, qui exerce l'exécutif, et le Parlement, qui exerce le législatif, sont tous deux élus au suffrage universel. Chacun dispose de pouvoirs clairement délimités et ne peut empiéter sur ceux de l'autre. Aucun n'a le pouvoir de mettre un terme au mandat de l'autre en cas de désaccord, ils sont contraints de cohabiter en attendant l'élection suivante. Le régime parlementaire, en revanche, prévoit une séparation souple des pouvoirs. Seul le Parlement est élu au suffrage universel.
C'est lui qui désigne alors le chef du gouvernement. Ce dernier est donc responsable devant lui, ce qui signifie que le Parlement a le pouvoir de le renvoyer. Cependant le chef de l'exécutif dispose également d'un pouvoir de dissolution de

l'Assemblée.
Une telle Constitution, que l'on trouve par exemple en Grande-Bretagne, implique donc que Parlement et gouvernement appartiennent à la même majorité.

L'EXCEPTION FRANÇAISE

La Constitution de la Ve République, qui date de 1958, instaurait en France un régime parlementaire classique. Mais en 1962, le général de Gaulle institua l'élection du président de la République au suffrage universel. Par cette modification, il changeait profondément la nature du régime.
Désormais centre de la vie politique, le président de la République dispose d'une légitimité propre et d'un pouvoir considérable. Ses prérogatives sont beaucoup plus importantes que celles de ses homologues des grandes démocra-

RÉVISER LA CONSTITUTION

Les Constitutions sont au-dessus des lois et ne peuvent être modifiées que par des procédures complexes. En France, une révision constitutionnelle ne peut être adoptée que si elle est votée à une forte majorité par le Congrès, c'est-à-dire par les députés et les sénateurs réunis, ou par référendum.

"Le président, qui exerce l'exécutif,

et le Parlement, qui exerce le législatif,

sont tous deux élus
au suffrage universel"

E PARLEMENT FRANÇAIS

l est composé de deux Chambres : l'Assemblée nationale et le Sénat.
'Assemblée nationale compte 577 députés élus au suffrage universel pour
inq ans. Les sénateurs sont élus par un collège de grands électeurs pour
euf ans. Le Sénat est renouvelé par tiers tous les trois ans.
e Parlement vote les lois, qui sont le plus souvent préparées par le gouver-
ement. Il peut également proposer des amendements, c'est-à-dire des
modifications, mais chaque texte, pour être adopté, doit être voté dans les
mêmes termes par les deux Chambres. En cas de désaccord entre elles, le
ote de l'Assemblé nationale peut cependant parfois suffire.

ties occidentales : il est élu pour sept ans, il peut dissoudre l'Assemblée nationale alors que cette dernière ne dispose pas du pouvoir de le faire partir. Nommant le Premier ministre à la tête du gouvernement, il est dans les faits le véritable chef de l'exécutif.

Les Constitutions françaises (suite) :
• **1946**
Constitution de la IVe République.
Le Parlement y dispose de pouvoirs considérables. Il fait et défait les gouvernements au gré des alliances ou des désaccords politiques.
• **1958**
Constitution de la Ve République.
La révision est proposée par référendum au peuple français qui l'approuve à une très forte majorité. Cette Constitution, qui donne de très importants pouvoirs au président de la République, est toujours en vigueur.

La Constitution est un contrat passé
entre le peuple et son gouvernement.
Dans les démocraties,
le pouvoir est dans les urnes.

contraception

La contraception, c'est l'ensemble des moyens qui permettent d'éviter une grossesse pour ceux qui ne désirent pas avoir un enfant.

Voir aussi : IVG, préservatif, sida, surpopulation

Les religions face à la contraception.

• **Catholicisme :**
le pape la condamne catégoriquement.

• **Protestantisme :**
elle est jugée légitime.

• **Islam : elle est autorisée.**

• **Judaïsme : elle est autorisée pour les couples qui ont déjà des enfants.**

• **Dans le monde, 57 % des couples en âge d'avoir des enfants utilisent une méthode de contraception, dont 16 % en Afrique et 65 % en France.**

Différentes méthodes de contraception sont à la disposition des femmes. Pour l'homme, il n'existe que le préservatif, appelé aussi capote ou condom. La pilule pour homme est à l'étude. Ces différents moyens permettent d'empêcher l'ovulation, la rencontre entre l'ovule et le spermatozoïde ou la fécondation de l'ovule par le spermatozoïde.

LES MÉTHODES HORMONALES

Mise au point aux États-Unis au début des années 50, la pilule est la méthode contraceptive la plus répandue : elle utilise des hormones prescrites par voie orale. C'est un médicament hormonal destiné à bloquer l'ovulation. Cette méthode est extrêmement fiable.

Certaines substances hormonales moins efficaces peuvent être utilisées localement en gel, crème, ovule, tampon : ces spermicides, placés au niveau du col de l'utérus, détruisent les spermatozoïdes.

LES MÉTHODES MÉCANIQUES

Une autre possibilité consiste à créer un obstacle aux spermatozoïdes : c'est le cas du diaphragme, disque en plastique placé sur le col de l'utérus avant chaque rapport sexuel (on y associe souvent un spermicide). Il empêche la remontée des spermatozoïdes, mais risque de se déplacer

et n'est donc pas très fiable. Le préservatif masculin est utilisé comme moyen contraceptif, mais il est surtout, depuis l'apparition du sida, la meilleure prévention contre la propagation de cette terrible maladie.

LE STÉRILET

Appelé dispositif intra-utérin, le stérilet est un petit anneau en spirale que le médecin place de façon permanente dans l'utérus. Il empêche la fixation de l'œuf fécondé sur la paroi utérine et reste efficace pendant plusieurs années (de 3 à 5 ans), à condition d'effectuer des contrôles médicaux réguliers.

LES MÉTHODES « NATURELLES »

Avant l'invention des moyens de contraception que nous connaissons aujourd'hui, les couples disposaient de différentes méthodes plus ou moins fiables ou contraignantes. Par conviction religieuse, certains s'y astreignent encore : méthode dite des températures, méthode Billings, méthode Ogino, du nom d'un médecin japonais qui la mit au point en 1930. Ces techniques ont des taux d'échec assez importants pour être responsables de nombreuses naissances non désirées.

LA STÉRILISATION, UNE MÉTHODE IRRÉVERSIBLE

Ce moyen définitif de contraception es interdit dans de nombreux pays, sau raisons médicales. Il consiste pour la femme à ligaturer les trompes et pou l'homme à ligaturer les canaux défé rents (vasectomie). Il fut utilisé par le nazis entre 1935 et 1945 dans le camps de concentration.

corruption

La corruption est un délit qui consiste à proposer argent ou cadeaux pour obtenir des avantages de façon illégale.

Voir aussi : affaires, mise en examen

La corruption active consiste à proposer de l'argent pour obtenir un avantage de la part d'une personne dépositaire de l'autorité publique. C'est par exemple le cas du chef d'entreprise qui offre de l'argent à un élu pour s'assurer l'obtention d'un marché.

La corruption passive est, pour un dépositaire de l'autorité publique, le fait d'accepter de l'argent en échange d'avantages qu'il peut accorder.

LA CORRUPTION DANS LES AFFAIRES ET EN POLITIQUE

En organisant des appels d'offres, maires et députés ont le pouvoir de choisir les industriels qui vont effectuer des travaux importants. Par exemple, construire des routes, des aéroports ou des hypermarchés. Ces contrats peuvent rapporter des dizaines de millions de francs. Pour être désignées, les entreprises,

parfois, n'hésitent pas à proposer des cadeaux (ou pots-de-vin) aux hommes politiques : voyages en avion gratuits, séjours dans des palaces, installation d'une piscine dans leur maison…

La corruption est punie très sévèrement : dix ans de prison et jusqu'à 1 million de francs d'amende.

LE COMBAT DES JUGES

Depuis le début des années 80, dans tous les pays d'Europe, les juges ont entrepris une lutte sévère contre la corruption. Les premiers ont été les juges italiens qui poursuivirent et emprisonnèrent des centaines d'industriels et d'hommes politiques. C'est ce qu'on appela l'opération « mains propres » (*Mani pulite*). Des scandales ont aussi éclaté en France (entre autres, l'affaire Carignon), en Belgique (par exemple, le dossier Augusta) et en Espagne.

• **Mise au jour en 1994, l'affaire Augusta porte sur l'achat par la Belgique de 46 hélicoptères à l'entreprise italienne Augusta. Pour ce contrat, des hommes politiques et de nombreux fonctionnaires auraient touché des « pots-de-vin », c'est-à-dire d'importantes sommes d'argent.**

couche
d'ozone

L'ozone est un gaz dont les molécules sont formées de trois atomes d'oxygène. L'atmosphère terrestre en renferme une faible proportion entre 15 et 40 km d'altitude, principalement à une hauteur de 25 km : cette région constitue la couche d'ozone.

Voir aussi : pollution

L'ozone a été identifié dès 1781 par le physicien M. Van Marum, qui remarqua son odeur dans l'air traversé par des étincelles électriques. Mais il n'a été isolé qu'en 1839 par le chimiste allemand C.-F. Schönbein, qui lui donna le nom d'ozone, du grec *odzein* signifiant « exhaler une odeur ».

Depuis une dizaine d'années, on constate que la couche d'ozone tend à s'amenuiser tandis que la teneur en ozone augmente près du sol. Ces phénomènes, liés aux activités humaines et à la pollution, pourraient, à terme, avoir de graves répercussions sur la vie terrestre.

UN TROU TRÈS DANGEREUX

L'ozone atmosphérique nous protège des rayons ultraviolets solaires les plus nocifs : les UVB qui, à trop fortes doses, provoquent des cancers de la peau et des cataractes oculaires, et qui bloquent le développement et la reproduction des plantes. Or, depuis 1986, on observe chaque année, en septembre-octobre, une décroissance importante de la teneur en ozone au-dessus du pôle Sud. Ce « trou d'ozone » s'élargit d'année en année avant de se refermer. Cette diminution saisonnière a des causes chimiques et des causes météorologiques. Au premier rang des accusés figurent les chlorofluorocarbures (CFC), utilisés dans les réfrigérateurs et comme propulseurs des aérosols : une fois libérés, ces gaz montent dans la haute atmosphère où la lumière solaire les décompose en chlore, qui détruit ensuite l'ozone. La plupart des pays ont accepté de réduire progressivement, d'ici l'an 2000, l'usage des CFC.

L'EFFET DE SERRE

Les CFC ont une autre conséquence indésirable : ils augmentent l'effet de serre. On sait depuis longtemps que l'atmosphère se comporte un peu comme les parois transparentes d'une serre : elle se laisse traverser par le rayonnement solaire, mais retient une partie de la chaleur émise en retour par le sol. Cet effet a jusqu'ici été bénéfique, mais les activités humaines pourraient lui donner une ampleur catastrophique. Elles enrichissent l'atmosphère en gaz qui déclenchent l'effet de serre : dioxyde de carbone (CO_2), méthane (CH_4), protoxyde d'azote (N_2O) ou CFC.

L'accroissement très significatif de la teneur de l'atmosphère en ces gaz pourrait, à terme, entraîner un réchauffement de la Terre, une fonte partielle des glaces polaires et la montée des océans.

À l'origine du crédit il y a un prêt en argent, un contrat conclu entre un créancier, souvent un banquier, et un débiteur qui devra rembourser, à une date clairement fixée, la somme qui lui a été avancée à laquelle viendront s'ajouter les intérêts.

Quand des débiteurs ne peuvent faire face à leurs échéances financières, ils sont déclarés insolvables.

Le crédit est une avance d'argent. Grâce à lui, quiconque n'a pas immédiatement la somme utile au financement d'un projet peut disposer des moyens nécessaires à son exécution.

UN MOYEN DE CROISSANCE POUR LES ENTREPRISES

Le crédit est l'un des moyens de la croissance. Par ce biais, une entreprise peut financer des investissements, se doter de machines ou de locaux dont elle a besoin. L'augmentation de son capital par le biais du crédit doit faciliter son développement pour conquérir de nouveaux marchés. Sources de profits accrus, ces activités supplémentaires lui permettront de rembourser par la suite le prêt accordé.

LES CRÉDITS AUX PARTICULIERS

Lorsqu'ils n'ont pas les possibilités financières d'acheter ce dont ils ont besoin au moment où l'opportunité se présente, les particuliers font eux aussi appel au crédit : c'est souvent le cas pour l'achat d'une automobile et presque automatique pour l'acquisition d'un logement. Dans ce dernier cas, il s'agit d'un crédit immobilier, remboursable sur de nombreuses années.

LA DETTE PUBLIQUE

L'État, qui a tendance à dépenser au-delà des ressources qu'il collecte par l'impôt, s'endette aussi pour financer son déficit. Les pays du tiers-monde et ceux d'Europe centrale ex-communistes empruntent également pour financer leur développement.

C'est la dette publique qui, au côté de celle des particuliers et des entreprises, est l'une des données principales de la situation économique internationale aujourd'hui.

UN PARI POUR L'AVENIR

Rembourser un prêt consiste à restituer la somme empruntée (le principal) à laquelle s'ajoute l'intérêt dont le taux varie selon la durée de l'emprunt.

Les marchandises produites par une entreprise qui s'est endettée peuvent ne pas se vendre dans de bonnes conditions ; la hausse du revenu attendu par un particulier lorsqu'il a contracté un emprunt peut ne pas se produire. Les personnes ou les sociétés endettées sont alors confrontées à des difficultés pour faire face à leurs engagements. Au pire, elles sont déclarées insolvables, c'est-à-dire placées devant l'impossibilité d'honorer leur dette. L'entreprise est mise en liquidation, ses biens sont saisis. L'individu, pour sa part, risque de plonger dans la précarité.

Il y a donc un pari sur l'avenir à la base de tout contrat liant un débiteur et un créditeur.

Combien ?

Après des années d'euphorie, les particuliers se montrent prudents avant de s'endetter. Le crédit à la consommation et au logement qui, en France, augmentait de 400 milliards chaque année, ne progresse plus maintenant que d'une dizaine de milliards par an. Les Français cherchent plutôt à se désendetter.

• Le coût du crédit :
Crédits immobiliers : de 7,5 à 11,5 %.
Crédits à la consommation : de 9 à 16 % selon la nature des biens et la durée du crédit.

• Qu'achète-t-on à crédit ?
7 automobiles sur 10.
1 téléviseur sur 3.
2 appareils électroménagers sur 5.

crime
contre l'humanité

Un crime contre l'humanité, c'est l'assassinat, l'extermination, la réduction en esclavage, la déportation et tout acte inhumain commis contre un peuple.

Voir aussi : droits de l'homme, génocide, néonazisme, ONU, révisionnisme

Quand ?

Les premiers hommes jugés pour crime contre l'humanité furent 21 chefs ou dignitaires du régime hitlérien. 11 d'entre eux, condamnés à mort par le tribunal international de Nuremberg, furent exécutés le 16 octobre 1946.

Notion définie au lendemain de la Seconde Guerre mondiale pour juger les chefs nazis, le crime contre l'humanité fait partie des crimes de droit international énoncés par l'Assemblée générale des Nations unies en 1945. Sa principale caractéristique est son imprescriptibilité, c'est-à-dire que le criminel reste condamnable indéfiniment.

LE CAS DE KLAUS BARBIE

Ancien chef de la Gestapo de Lyon pendant la dernière guerre, Klaus Barbie fut arrêté en Amérique du Sud et jugé en France. Plus de trente ans s'étant écoulés depuis les faits, il n'a pu être condamné pour le meurtre du résistant français Jean Moulin qui était un « crime de guerre » et donc prescriptible.

UN TRIBUNAL INTERNATIONAL

C'est un ministre français, Roland Dumas, qui, en pleine guerre dans l'ex-Yougoslavie, eut l'idée de constituer un tribunal spécial pour juger les crimes commis pendant ce conflit. Les Américains soutenant ce projet, le Tribunal pénal international (TPI) a été créé par l'ONU en 1993. Il est installé à La Haye (Pays-Bas) ; 300 personnes de 37 nationalités, dont 11 juges, y travaillent. Une section de ce tribunal instruit aussi les dossiers des atrocités commises au Rwanda et en Tchétchénie.

Mais il a pu être condamné à la réclusion à perpétuité pour un crime contre l'humanité : la déportation d'une cinquantaine d'enfants israélites. Le Français Paul Touvier, décédé en juillet 1996, fut condamné pour le même forfait.

BOSNIE : ACCUSÉS, LEVEZ-VOUS !

Le tribunal de La Haye a lancé le 11 juillet 1996 un mandat d'arrêt contre les deux principaux chefs des Serbes de Bosnie : Radovan Karadzic et Ratko Mladic. 176 pays membres d'Interpol sont invités à rechercher et appréhender les deux hommes, accusés de crimes de guerre et de génocide, commis contre des Croates et des musulmans bosniaques. Des témoignages accablants ont été enregistrés par les enquêteurs, mais Karadzic et Mladic semblent bien à l'abri dans leur sanctuaire de Serbie.

Avis de recherche du tribunal international pour l'ex-Yougoslavie, distribué aux soldats.

croissance

Les richesses sont composées soit de biens matériels (produits agricoles ou industriels), soit de services. L'ensemble constitue ce que l'on appelle le Produit national brut qui, en moyenne, s'accroît chaque année. On parle de la croissance annuelle du PNB.

La croissance est le résultat d'une combinaison de deux facteurs principaux : le travail humain et le capital, c'est-à-dire le stock de richesses accumulé au fil des ans, constitué de bâtiments et de machines qui ne cessent de se perfectionner.

UN ENVIRONNEMENT FAVORABLE

La machine et le travail étant de plus en plus efficaces, la fabrication de la même marchandise exige de moins en moins de temps. On dit que la productivité augmente, ce qui permet à la société de se consacrer à d'autres tâches ; elle peut ainsi fabriquer plus de produits, en offrir d'autres ; elle peut aussi dégager du temps libre, du pouvoir d'achat, du bien-être... La croissance permet donc la hausse du niveau de vie des citoyens.

Après la Seconde Guerre mondiale, une ère de paix a permis d'impulser une croissance forte comme le monde n'en avait jamais connue auparavant (on parle des « Trente Glorieuses »).

La reconstruction, la stabilité monétaire, des débouchés stables et des États puissants peu endettés avaient alors placé le monde dans un environnement favorable à la croissance.

DES RYTHMES DIFFÉRENTS

Depuis 1975, le rythme de la croissance s'est sensiblement ralenti.

La croissance économique permet une augmentation des richesses produites dans une société.

La planète bénéficie toutefois encore d'une croissance supérieure à celle qu'elle a connue au cours du siècle passé. Faible en Europe, la croissance est plus soutenue dans les « pays neufs », localisés dans leur quasi-totalité en Asie du Sud-Est. On les appelle « dragons » ou NPI (nouveaux pays industrialisés). Coréens ou Taïwanais commencent à vendre les mêmes marchandises que les pays développés en produisant plus vite qu'eux et à meilleur prix.

Le ralentissement de l'activité économique diminue l'offre de travail dans une société. C'est le tassement de la croissance qui explique, pour l'essentiel, la montée du chômage en Europe. Aux États-Unis, pays où la croissance atteint presque le double de celle de l'Europe, il y a nettement moins de chômage.

• En 1996-1997, le volume des richesses produites dans le monde aura augmenté de 3 % en moyenne. Ce taux (3 %) est le taux ou rythme de croissance. Il est inégal selon les régions du monde.

• Alors que la croissance en Europe est actuellement inférieure à 2 %, elle approche 2,5 % aux États-Unis et dépasse 8 % en Asie du Sud-Est.

CROISSANCE ET NIVEAU DE VIE

Au cours des six derniers siècles, le volume des richesses produites dans les pays développés d'aujourd'hui a été multiplié par 33. Depuis 1950, le PNB des pays riches a été multiplié par 10. La croissance a donc eu une tendance à s'accélérer avec le temps. Mais vers le milieu des années 70, la croissance s'est infléchie, plus particulièrement en Europe. Alors qu'elle atteignait fréquemment 5 % l'an dans les années 60, elle dépasse rarement 3 % depuis le milieu des années 80.

cyclone

Un cyclone est une zone de basses pressions atmosphériques dans laquelle l'air s'engouffre en tourbillonnant.

Voir aussi : anticyclone, météo

- **On compte en moyenne 80 cyclones par an dans le monde.**
- **Les États-Unis et les Caraïbes sont particulièrement touchés par les cyclones, au moins deux par an.**
- **Les cyclones tuent en moyenne 15 000 personnes par an. Ils sont aujourd'hui étroitement surveillés par des satellites géostationnaires.**

Les cyclones portent des noms différents selon leurs régions d'origine :
- **Hurricane (ou ouragan) dans l'Atlantique Nord ;**
- **Typhon dans le Sud-Est asiatique ;**
- **Willy-Willy au nord de l'Australie.**

Les conséquences du passage d'un cyclone sur les côtes de Floride.

Le mot cyclone est utilisé le plus souvent pour désigner les dépressions tropicales au centre desquelles les vents s'engouffrent à plus de 200 kilomètres/heure en provoquant des dégâts considérables sur leur chemin. Dans l'hémisphère Nord, les vents tournent dans le sens des aiguilles d'une montre, en sens contraire dans l'hémisphère Sud.

CHALEUR + HUMIDITÉ

La chaleur et l'humidité sont les deux ingrédients indispensables à la formation d'un cyclone. C'est la raison pour laquelle ces phénomènes n'apparaissent, dans les régions tropicales, qu'au-dessus des océans. Lorsque la température atteint 28 °C à la surface du globe, l'eau s'évapore rapidement. L'air chaud et humide monte et se refroidit en formant des nuages. L'énergie accumulée se libère, provoquant la naissance de vents extrêmement violents, pouvant dépasser dans certains cas 300 kilomètres/heure.

L'ŒIL DU CYCLONE

Au centre du cyclone se forme une zone étroite dont le diamètre varie entre 5 et 50 kilomètres. C'est l'« œil » du cyclone. Si l'on se trouvait au sol, au centre de l'œil, on aurait l'impression d'être à l'intérieur d'une sorte de cheminée aux parois bouillantes pouvant atteindre 12 000 mètres de haut. Néanmoins, on se sentirait presque protégé, car au centre, contrairement à la périphérie, le ciel est clair et les vents sont faibles.

COMMENT SE DÉPLACE LE CYCLONE

L'ensemble du cyclone se déplace comme une sorte de toupie tourbillonnant à une vitesse de 15 à 30 km/h. Il est très difficile de prévoir sa trajectoire, car il change de direction de façon totalement imprévisible. Les dégâts qui résultent de son passage sont dus à l'extrême violence des vents mais aussi aux pluies diluviennes, causes d'inondations et de raz de marée. C'est l'eau qui causa la mort de 300 000 personnes en novembre 1970 au Bangladesh, dans ce qui reste à ce jour comme la plus grande catastrophe météorologique du XXe siècle.

dance

La dance, ou dance music, est une musique rapide et dansante que l'on écoute surtout en discothèque. C'est une forme plus commerciale de la techno.

Voir aussi : rap, techno

On écoute de la dance dans les discothèques mais, face au succès grandissant de ce courant musical, des « giga-soirées » sont organisées. Ainsi les dance machines du palais omnisports de Paris-Bercy : la cinquième édition, en février 1996, a réuni une vingtaine d'artistes qui ont joué toute la nuit devant plus de 15 000 fans.

Le mot dance vient de l'anglais *to dance* qui signifie danser, ce qui explique l'orthographe. Ce que l'on appelle dance en France est nommé partout ailleurs *eurodance* et même, en Angleterre, *eurocheese*.

UNE MUSIQUE POUR DANSER

La dance est née du disco, musique sur laquelle on dansait dans les années 70. L'apparition de la dance au début des années 80 a provoqué le retour en vogue de groupes disco tels les Bee Gees ou Boney M.
Cette musique est rapide, les rythmiques et les séquences y sont électroniques. À la différence de la techno, le chant est présent dans la dance. De nombreux morceaux de dance viennent d'Italie et d'Allemagne mais sont chantés en anglais.

Aux États-Unis, la dance music ne se vend que lorsqu'elle vient d'Europe ! Ses principaux représentants sont Corona, 2 Unlimited, Björk…

DE MULTIPLES COURANTS

Il existe de nombreux courants dérivés de la dance, comme par exemple le rap-dance (texte rap sur un rythme dance) illustré par C&C Music Factory ou encore la soul-dance (soul music américaine associée à la dance) représentée par exemple par Mariah Carey.
La dance est une musique commerciale, diffusée par les DJ's dans les discothèques pour faire danser : elle ne véhicule aucun message politique, à la différence du rap, et est moins violente que la techno.

CHANTEUR DE BLOUSE, CHANTEUR DE ROC ET CHANTEUR DE RAPE

LA DANCE-FLOOR

Le mot anglais *dance-floor* signifie piste de danse. Cette notion est extrêmement importante pour les producteurs de dance music qui se posent, à chaque nouveau disque, la question de « l'impact dance-floor », c'est-à-dire « Est-ce dansant ou non ? ».

décentralisation

La décentralisation consiste à confier à des organes autonomes régionaux ou locaux des compétences autrefois réservées aux administrations centrales.

Les administrations territoriales peuvent être municipales, cantonales, départementales, régionales, ou propres aux Länder en Allemagne, aux régions autonomes en Espagne, à chacun des États d'Amérique…

UNE PROCÉDURE À DOUBLE TRANCHANT

Le fait qu'un domaine qui touche la vie des citoyens d'une localité donnée soit discuté et décidé par les représentants de cette localité permet de fonder la décision sur une connaissance proche et précise des conditions de vie locale. La décentralisation accroît la participation des citoyens à la vie de leur région. En même temps, elle soulage les administrations centrales de responsabilités trop nombreuses et parfois écrasantes. Mais ce nouveau pouvoir décisionnel a des conséquences, notamment en matière budgétaire : les administrations territoriales doivent trouver leurs propres sources de financement,

autrefois alloué par l'État central. Or, dans un contexte de crise économique, les financements sont difficiles à trouver et il n'est pas rare que des villes se retrouvent en faillite à la suite des lois de décentralisation.

DÉCENTRALISATION ET ÉGALITÉ DES CITOYENS

D'autre part, la décentralisation, qui permet un éclatement des responsabilités et des budgets, est moins à même d'assurer la fonction d'égalité que permettait l'État, à l'écart de la pression électorale qui pèse sur les décisions des collectivités territoriales. Aux États-Unis, en 1996, le Congrès a ainsi confié aux États la responsabilité des mesures d'assistance sociale. Les États les plus riches pourront financer les petits besoins qui sont les leurs, tandis que les États les plus pauvres ne pourront plus subvenir à des besoins nécessairement plus nombreux, ce qui constitue un des effets pervers du système.

• Il ne faut pas confondre décentralisation et déconcentration. Déconcentration signifie simplement que des administrations publiques sont délocalisées, c'est-à-dire installées en province.

• L'Europe prévue par le traité de Maastricht accélère les mesures de décentralisation.

• En France, les lois de décentralisation (lois Defferre) ont été votées à partir de 1982.

"La décentralisation accroît la participation des citoyens à la vie de leur région"

déchets

Le mot déchet vient du verbe « déchoir », qui signifie perdre de la valeur. Le déchet est un objet ou un effluent que l'on jette parce qu'on ne lui reconnaît plus aucune utilité.

Voir aussi : pollution

C'est vers les pays les plus pauvres que sont exportés les déchets des pays industrialisés. Mais, à partir du 1er janvier 1998, l'exportation des déchets toxiques vers les pays du tiers-monde sera interdite.

Le préfet de Paris Eugène Poubelle a inventé la poubelle et le tri sélectif en 1883. Les propriétaires d'immeuble étaient obligés de se procurer trois conteneurs. Un pour les matières putrescibles, l'autre pour les papiers et chiffons, le dernier pour les débris de verre, poterie, etc.

Les déchets peuvent être ménagers, industriels, hospitaliers, agricoles ou nucléaires.

L'augmentation de la population et la société de consommation qui propose le « prêt-à-jeter » génèrent des déchets de plus en plus difficiles à éliminer.

DES DÉCHETS RECYCLABLES

La production de déchets dépend du mode de vie et de la richesse d'un pays.

Les déchets peuvent être biodégradables. C'est le cas des épluchures de fruits ou légumes qui pourrissent et donc se détruisent elles-mêmes. Autrefois majoritaires dans les poubelles, elles sont remplacées aujourd'hui par des emballages en plastique, en métal, en carton et en papier, qui représentent plus de 40 % du volume de nos ordures.

Ces déchets ne sont plus biodégradables et encombrent les décharges d'ordures ménagères. Ils peuvent, en revanche, être recyclés, comme c'est le cas pour le verre, refondu pour fabriquer des bouteilles neuves. Le recyclage nécessite un tri préalable appelé tri sélectif, qui consiste à demander au consommateur de séparer les déchets recyclables du reste des ordures ménagères. D'autres déchets sont plus difficiles à traiter : ainsi, gravats et

matériaux de construction inutilisés, ferrailles, véhicules hors d'usage, pneumatiques usagés…

STOCKER LES DÉCHETS

L'incinération avec récupération d'énergie permet également de donner une seconde vie aux déchets puisque la chaleur générée par leur combustion est utilisée pour le chauffage urbain ou la production d'électricité.

Mais dans ce cas, il reste des cendres que l'on qualifie de déchets ultimes. Ces résidus sont déclarés dangereux, au même titre que les déchets toxiques et certains déchets industriels, et doivent être stockés dans un sous-sol imperméable. Ce stockage à long terme est également l'option choisie par certains pays comme la France et la Belgique pour les déchets nucléaires les plus radioactifs.

PAS CHEZ MOI !

Le syndrome Nimby, qui signifie en anglais *Not in my back yard*, est traduit en français par le slogan « Pas chez moi ». Il illustre l'attitude contradictoire de la population qui souhaite une meilleure protection de l'environnement mais refuse l'implantation locale d'installations de traitement des déchets.

déforestation

On parle essentiellement de déforestation à propos des forêts tropicales d'Amérique latine, d'Afrique tropicale et d'Asie du Sud-Est. En Europe, toutefois, la forêt s'étend.

La déforestation est le phénomène de disparition des forêts sous l'effet du déboisement.

Voir aussi : désertification

UNE SOURCE DE REVENUS INDISPENSABLE

Les forêts tropicales constituent une source de revenus incontournable pour les pays en voie de développement. Les coupes fournissent du bois de chauffage et de cuisson, et l'exploitation des bois précieux alimente l'économie locale. Mais pour un arbre précieux, les engins en abattent souvent dix qui n'ont pas de valeur commerciale et la surexploitation finit de porter un coup fatal à la forêt.

La forêt tropicale est également un laboratoire gigantesque qui sert à la fabrication de médicaments et de cosmétiques.

L'AGRICULTURE PARTICIPE ÉGALEMENT À LA DÉFORESTATION

Les agriculteurs défrichent pour les cultures ou l'élevage, mais les sols s'appauvrissent très vite et il faut déboiser toujours plus loin.

En zone tropicale, les sols sont très pauvres en humus et en sels minéraux. Une fois les arbres abattus, la pluie et le vent érodent les sols qui deviennent stériles.

UNE DOUBLE MENACE

La déforestation modifie également le régime des pluies et entraîne à terme la désertification. C'est l'alimentation des populations et la biodiversité qui sont alors menacées. La forêt tropicale abrite en effet une richesse végétale et biologique exceptionnelle qui concentre sur 7 % de la surface du globe 70 % des espèces animales et végétales recensées. On y découvre encore aujourd'hui de nouvelles formes de vie.

- **200 000 km² de forêt tropicale disparaissent chaque année.**
- **Au rythme de la destruction actuelle, les forêts tropicales auront disparu en 2040.**
- **L'Asie du Sud-Est perd chaque année 1,6 % de ses forêts.**

Traditionnellement exportatrice de bois, la Thaïlande est devenue en 1992 un pays importateur, suite à la destruction de ses propres forêts.

délit d'initié

Le délit d'initié est une infraction financière. Il consiste à réaliser illégalement des bénéfices en Bourse en profitant d'informations secrètes.

Voir aussi : affaires, Bourse, spéculation

Ce délit est passible d'une peine de deux ans d'emprisonnement et d'une amende qui peut représenter jusqu'à dix fois les bénéfices réalisés.

Lorsqu'une entreprise s'apprête à en racheter une autre ou décroche un gros contrat, le cours de ses actions va automatiquement monter en Bourse. Avant que la transaction ne soit rendue publique, certaines personnes – négociateurs ou conseillers techniques – sont mises dans la confidence. S'ils achètent à ce moment-là des actions pour les revendre plus tard à un montant plus élevé, ils commettent un délit d'initié.

DES AFFAIRES CÉLÈBRES

En 1988, la société Pechiney a acheté une entreprise américaine.

Le conseiller du ministre français des Finances et l'intermédiaire entre les deux groupes suggérèrent à leurs amis, lors d'un déjeuner, d'acheter au plus vite des actions Pechiney. Les gains s'élevèrent à plusieurs millions de francs. À l'issue d'un procès retentissant, les deux hommes ont été condamnés à deux ans de prison dont un an ferme.

En Suisse, une trentaine de cas de délits d'initié ont été recensés ces huit dernières années. En 1995, en Angleterre, des membres du gouvernement ont été suspectés de délit d'initié.

TROUVER DES PREUVES

En pratique, les délits d'initié restent souvent impunis. Les opérations boursières sont complexes, les malversations sont donc souvent difficiles à détecter et les infractions sont difficiles à prouver. Les journaux spécialisés regorgent d'informations confidentielles. De ce fait, les personnes suspectées de délit d'initié peuvent aisément nier leur responsabilité en affirmant qu'elles n'étaient pas les seules à posséder de « bons tuyaux ».

démocratie

Dans la Grèce antique, la démocratie désigne le « pouvoir du peuple ». Dans notre langage contemporain, elle renvoie à la forme européenne occidentale des régimes politiques : le système représentatif.

Voir aussi : abstention, Constitution, élections, gouvernement, référendum

La démocratie est le régime dans lequel le pouvoir politique est confié à des représentants, élus au suffrage universel, qui remettent en jeu leur mandat lors d'élections régulières.

DÉMOCRATIE DIRECTE OU REPRÉSENTATIVE ?

Dans une démocratie représentative, les représentants du peuple ne peuvent prendre de décisions autres que celles que le peuple leur a confiées. Si le peuple décide directement, on a alors affaire à une démocratie directe.

Certaines dispositions institutionnelles permettent de mêler ces deux formes de démocratie, comme le référendum, qui renvoie au peuple la décision sur des matières jugées importantes.

UN SYSTÈME CONTESTÉ

La forme démocratique représentative est doublement contestée de nos jours. Lorsqu'on tente de l'imposer dans les pays qui cherchent à sortir de la dictature, elle suscite souvent cette opposition : elle ne serait que la forme appropriée aux pays occidentaux et ne fonctionnerait pas ailleurs, pour des raisons historiques et culturelles. Dans les régimes occidentaux, elle est contestée par ceux qui estiment urgent de lui substituer un système distributeur d'égalité réelle (le logement pour tous, l'éducation pour chacun, le salaire minimum, etc.). Ils reprochent à la démocratie d'être soumise au milieu politique, toujours formé des mêmes personnels, à l'écart des réels besoins de ceux qui les élisent.

• **Les deux types de démocratie furent proposés au XVIIIe siècle par Montesquieu (démocratie représentative) et Jean-Jacques Rousseau (démocratie directe).**

• **Au XIXe siècle, le philosophe Karl Marx estimait les droits formels (droit de vote, droit de libre expression, etc.) moins importants que les droits réels, matériels (droit au logement, droit à l'éducation). Inspirées du marxisme léninisme, les démocraties populaires sont des régimes fondés sur la toute-puissance d'un parti et sur l'économie d'État.**

LA DÉMAGOGIE, UN DANGER POUR LA DÉMOCRATIE

Le risque est toujours présent pour la démocratie de glisser vers la démagogie. Quel politicien n'a jamais été tenté de flatter le peuple pour s'attirer des voix supplémentaires et gagner une élection ? C'est ainsi qu'en France, le Front national poursuit son inquiétante progression en proposant des solutions simplistes à tous les grands problèmes du moment, en dénonçant à grands cris « le pouvoir qui ne prend pas en compte les aspirations légitimes du peuple français », en désignant des boucs émissaires. On sait malheureusement que ce genre de discours, dans un contexte difficile de crise économique, est terriblement dangereux et peut déboucher sur les pires dérives autoritaires.

désertification

Détérioration plus ou moins irréversible de sols fertiles, la désertification s'observe dans des régions arides ou semi-arides qui souffrent déjà d'un manque d'eau.

Voir aussi : déforestation

- **Les milieux arides couvrent 30 % de la planète.**
- **Près d'un milliard d'habitants sont concernés par la désertification qui sévit essentiellement dans les pays en voie de développement.**

La désertification est un phénomène naturel parfois causé par des sécheresses prolongées dues à des oscillations climatiques qui reviennent tous les 10, 100 ou 1 000 ans. Le Sahara était autrefois une plaine fertile qui s'est transformée en désert sous l'influence du sirocco et de l'harmattan. Mais c'est aujourd'hui l'action de l'homme sur la nature qui est la cause essentielle de la désertification.

DES PRATIQUES NÉFASTES

Dans certaines régions, les hommes brûlent la végétation et utilisent des techniques agricoles inadaptées. Ainsi, le développement de la monoculture de céréales appauvrit les sols. Ailleurs, l'irrigation et le puisage excessifs assèchent les nappes phréatiques et rendent les sols beaucoup plus sensibles à l'érosion éolienne : le vent, en balayant, emporte la maigre couche de terre fertile qui les recouvre.

DES CYPRÈS DANS LE SAHARA ?

Le mot Sahara signifie « sol de couleur fauve » en arabe. Ce désert couvre aujourd'hui une étendue représentant 15 fois la France. Pour combattre la désertification du Sahara, les agronomes préconisent la plantation de pins, de cyprès et de tamaris sur 1 500 kilomètres de long et 20 kilomètres de large pour faire office de pare-vent.

LA TERRE SE RÉCHAUFFE

Lors du Sommet de la Terre qui s'est tenu à Rio en 1992, les pays se sont alarmés du réchauffement climatique. Les rejets de gaz issus de la combustion du pétrole ou du charbon provoqueraient, en effet, une augmentation des températures, une baisse de la pluviométrie, aggravant ainsi l'extension de la désertification.

"La désertification est un phénomè naturel ..."

DES BESOINS CROISSANTS

Une forte croissance démographique nécessite l'augmentation des surfaces cultivées pour subvenir aux besoins alimentaires. Les hommes sont donc obligés de défricher toujours plus loin, ce qui augmente les surfaces désertiques.

Le pâturage de troupeaux trop nombreux sur une terre déjà pauvre en végétation accélère également le phénomène. Dans de nombreux pays, comme le Mali ou le Sénégal, les coupes de bois traditionnellement destinées à faire cuire les repas favorisent aussi la désertification.

design

Il y a quatre types de design : le design graphique (typographie, logos), le design industriel (voitures, machines), le design urbain (matériel et mobilier de rues comme les Abribus) et le design des objets usuels (mobilier et art ménager).

D'origine anglaise, le mot « design » signifie plan, dessin. Aujourd'hui, c'est surtout une forme d'esthétique industrielle où l'on cherche à concilier la beauté des formes et la fonctionnalité de l'objet.

MI-ARTISANAT, MI-INDUSTRIE

Le design du XXe siècle se développe principalement dans les pays occidentaux. Les designers (artisans, architectes, ingénieurs et graphistes) posent le problème de la création d'objets à grande échelle de production. L'utilisation de nouvelles matières comme la bakélite (résine synthétique), le bois courbé à la vapeur, les alliages métalliques, les nouveaux plastiques et les matériaux de synthèse bouleversent l'art, l'artisanat et l'industrie.

Les designers des magasins suédois Ikea et le Britannique Terence Conran, créateur de la chaîne Habitat, sont de bons exemples de design à grande échelle.

PUB ET DESIGN

La publicité et le marketing sont liés au design, l'un permettant à l'autre de se développer. Les publicitaires et les industriels utilisent le design comme une arme commerciale car les consommateurs sont sensibles au packaging (emballage) et à la publicité.

Réciproquement, on médiatise le design : de nombreuses manifestations, comme le Salon du design de Milan, se tiennent tous les ans dans le monde, et des prix sont décernés pour récompenser les entreprises les plus créatives.

Les tops du design :
- **Les magasins Wauquez à Bruxelles, dessinés par Horta.**
- **La cafetière Moka Express de Renato et Alfonso Bialetti en 1939.**
- **Des voitures : la 2CV Citroën, la Coccinelle Volkswagen et la Fiat 500.**
- **Les chaises en bois moulé du Suédois Arne Jacobsen en 1951.**
- **La bouteille de Coca dessinée par le très célèbre designer Raymond Loewy.**
- **La brosse à dents de Philippe Starck, l'un des papes actuels du design.**

dialogue
Nord-Sud

On appelle « dialogue Nord-Sud » la relation permanente qui existe entre les États les plus riches de la planète, généralement situés dans l'hémisphère Nord, et les pays les plus pauvres, souvent situés dans l'hémisphère Sud.

Voir aussi : G7, ONU, pays en voie de développement, pays non alignés

• **Tous les pays n'entretiennent pas le même dialogue pour apporter une aide publique aux pays du Sud. Le plus généreux, par rapport à ses moyens, est le Japon, puis viennent la France et les pays nordiques. En queue de peloton, on trouve les États-Unis, la Suisse et la Russie.**

• **C'est à travers une organisation financière internationale comme le FMI que les pays riches viennent en aide aux plus démunis. L'une des mesures les plus spectaculaires consiste à agir sur l'endettement des pauvres, en effaçant une partie de la dette.**

Les pays industrialisés du Nord acceptent ainsi d'aider, soit directement, soit par l'intermédiaire d'organisations internationales, les pays les plus défavorisés.

UNE CLASSIFICATION QUI ÉVOLUE

C'est la décolonisation des années 60 qui a attiré l'attention sur le sort des pays les plus pauvres.
Seuls les pays industrialisés du Nord ont pu faire face aux crises économiques. La plupart des pays du Sud, dotés d'une économie agricole, se sont encore appauvris. Désignés comme sous-développés, ils ont ensuite été appelés « pays en voie de développement » ou encore « pays les moins avancés ».
Mais certains pays du Sud sont devenus aussi riches que bien des pays du Nord. On les appelle les « nouveaux pays industrialisés » (NPI) : parmi eux, la Thaïlande, Singapour, Taïwan, la Corée, le Brésil, etc.

LA SOLIDARITÉ

Les pays les plus pauvres du Sud sont une quarantaine, dont la moitié en Afrique. Le revenu moyen de leurs habitants ne dépasse pas 3 000 francs par an. Avec des dizaines d'autres, à peine plus riches, ils réclament dès 1964, dans le cadre de l'ONU, un nouvel ordre international de l'économie et du commerce. L'Europe s'est engagée la première à aider systématiquement les pays du Sud par les accords CEE-ACP de Lomé (Communauté économique européenne avec l'Afrique, les Caraïbes et le Pacifique) signés en février 1975.
En 1981, à la conférence de Cancun au Mexique, François Mitterrand relance le dialogue Nord-Sud, partant du principe que les économies de tous les pays sont interdépendantes. Il affirme : « Aider le tiers-monde, c'est s'aider soi-même à sortir de la crise. »

MÉPRISÉ COMME LE TIERS ÉTAT

C'est Alfred Sauvy, économiste français disparu en 1990, qui a « inventé » en 1954 l'expression tiers-monde pour attirer l'attention sur ceux que l'on appelait alors les pays sous-développés et dont il a dit : « Ce tiers-monde, ignoré, exploité, méprisé comme le tiers état, veut, lui aussi, être quelque chose. »

dictature

La dictature naît généralement dans des pays en proie à des difficultés sociales ou économiques. Conservatrice ou révolutionnaire, la dictature peut être militaire ou civile.

UN RÉGIME SANS LIBERTÉ

Qui dit dictature dit absence de liberté. La dictature s'impose et se maintient au pouvoir par la violence. Elle n'est pas approuvée par la population. Pour éviter d'être renversée, elle interdit toute forme d'opposition et censure la presse et les partis politiques. S'opposer à un tel régime, c'est bien souvent risquer sa vie.

Dans une société en pleine mutation, le dictateur se présente volontiers comme le sauveur. Il exerce seul le pouvoir et impose sa vision du monde. Mais c'est souvent sur l'armée ou sur la police politique qu'il s'appuie pour conserver ses

C'est un régime politique qui concentre tous les pouvoirs entre les mains d'un seul individu, d'une seule famille ou d'un seul parti. Elle se maintient toujours par la peur, la censure et la violence.

Voir aussi : censure, démocratie, droits de l'homme, élections

prérogatives. Entre 1957 et 1986, François Duvalier puis son fils Jean-Claude (« Baby Doc ») firent régner la terreur à Haïti grâce aux redoutables « tontons macoutes ».

RÉACTION OU RÉVOLUTION ?

Par essence, la dictature n'est ni de gauche ni de droite. Certaines dictatures ont pour but de maintenir la société en l'état. D'autres tyrannies se présentent comme des phases transitoires... Elles sont censées aider la population à évoluer. C'est ainsi que la doctrine marxiste préconise la phase dite de « dictature du prolétariat », période transitoire durant laquelle les prolétaires doivent exercer tous les pouvoirs afin de détruire l'État bourgeois et de permettre le passage à la société sans classes.

• **En Irak, Saddam Hussein entretient le culte de la personnalité. Il n'a pas hésité à faire tuer ses propres gendres, entrés dans l'opposition.**
• **En Roumanie, Nicolae Ceausescu établit à partir de 1974 une dictature sanglante, avec l'aide de sa police politique (Securitate). Renversé en 1989, il fut exécuté en même temps que sa femme.**

UNE DICTATURE SANGUINAIRE

Au Cambodge, entre 1975 et 1980, la dictature communiste des Khmers rouges a tué et détruit dans des proportions inimaginables : plus de 3 millions de victimes, assassinées, mortes de faim ou à la suite de sévices (dont 91 % des médecins et 32 % des sages-femmes du pays). 5 857 écoles et 1 987 pagodes furent détruites. Selon Pol Pot, « le comité révolutionnaire n'avait besoin que d'un million de personnes » et s'apprêtait à en exterminer encore 5 millions. À Tuol Sleng, qui fut le plus grand centre de détention et de torture du Cambodge, on peut visiter le musée du Génocide, qui témoigne de cette période tragique.

divorce

Dissolution du mariage civil prononcée par jugement. Le divorce est une procédure pour laquelle les époux ont besoin de recourir aux services d'un avocat qui les représentera devant le juge aux affaires matrimoniales (JAM).

Dans plus de 73 % des cas, ce sont les femmes qui demandent le divorce.

En France :
• Plus de 30 % des pensions alimentaires ne sont pas payées.
• Lorsqu'elle est payée, la pension alimentaire représente 25 % des revenus du parent pour un enfant ; 33 % pour 2 enfants ; 50 % pour 3 enfants et plus.
• Près d'un mariage sur trois se termine par un divorce.
• En cas de divorce, un enfant sur quatre finit par ne plus voir son père.

En vingt ans, le nombre des divorces en Europe a triplé, passant de 171 000 en 1967 à près de 600 000 en 1990. Et si aujourd'hui ce chiffre tend à stagner, c'est parce qu'on se marie de moins en moins. Même s'il est devenu courant, le divorce n'est jamais un événement banal, surtout lorsque le couple a des enfants.

LES DIFFÉRENTS TYPES DE DIVORCE

Reconnu par la loi française en 1792, le divorce n'a longtemps été admis que si l'un des conjoints avait commis une faute « en ne respectant pas les obligations du mariage » (adultère, abandon de domicile, brutalités conjugales, etc.).
Depuis 1975 sont venus s'ajouter le divorce pour rupture prolongée de la vie commune (lorsque les époux vivent séparés depuis plusieurs années) et le divorce par consentement mutuel (les époux se séparent alors « à l'amiable », reconnaissant l'échec de leur projet de vie commune). Au Danemark, en Norvège, en Suède et en Islande, un tel divorce se fait par simple déclaration administrative. Dans les autres pays, ce sont les tribunaux qui prononcent le jugement définitif, après tentative de conciliation entre le mari et la femme, représentés par leurs avocats.

CHÈRES PENSIONS ALIMENTAIRES

En cas de divorce, la garde des enfants est confiée à l'un des parents, la mère dans plus de 90 % des cas. Le père obtient alors un droit de visite (possibilité de recevoir ses enfants à son nouveau domicile et de les emmener en vacances). Il est tenu de verser une pension alimentaire afin de participer à leur éducation. Fixé par le tribunal ou par les époux, le montant de la pension est calculé en fonction du nombre d'enfants et des ressources du parent, et il est normalement réévalué chaque année. Mais le non-paiement des pensions alimentaires tend à devenir une pratique courante et constitue une source de conflits et de problèmes financiers. Pour obliger les mauvais payeurs à remplir leurs obligations, il existe sept types de procédures différentes, depuis la saisie sur salaire (l'employeur verse directement la pension) jusqu'à l'emprisonnement.

"...le divorce n'est jamais un événement banal..."

10, Downing Street

Le 10, Downing Street est l'adresse de la résidence du Premier ministre britannique à Londres. C'est aussi une façon courante de désigner le pouvoir politique au Royaume-Uni.

Voir aussi : monarchie

La Grande-Bretagne est une monarchie mais le souverain ne dispose d'aucun pouvoir politique. Toutes les décisions politiques importantes sont prises au jour le jour par le Premier ministre et ses ministres qui forment le « cabinet ». Le gouvernement britannique se réunit toutes les semaines au 10, Downing Street. À la fin du conseil, ou lorsqu'un événement important survient dans le pays, le Premier ministre sort sur le perron du 10, Downing Street pour faire des déclarations à la presse.

UNE FEMME AU POUVOIR

Le 10, Downing Street est aux mains du Parti conservateur (la droite anglaise) depuis 1979.

UN BON BON BON NE SE DIT PAS EN ANGLAIS ...

A GOOD GOOD GOOD

Pendant onze ans, Margaret Thatcher, surnommée la Dame de fer, mène une politique très libérale de privatisation. Les chemins de fer, les télécommunications et le gaz, jusque-là gérés par l'État, sont vendus à des compagnies privées. Au sein de la CEE, sa politique vise à retarder l'engagement de la Grande-Bretagne dans la construction européenne.

UNE AUTRE POLITIQUE ?

En 1990, Margaret Thatcher laisse la place à un autre conservateur, John Major. Moins antieuropéen, celui-ci parvient à faire ratifier le traité de Maastricht par le Parlement.

Aujourd'hui, John Major est menacé par la popularité croissante des travaillistes (la gauche anglaise). Si les travaillistes remportent les élections à la Chambre des Communes prévues en 1997, la reine devra nommer leur chef de file, Tony Blair, au 10, Downing Street.

LES AUTRES LIEUX DU POUVOIR

Le Foreign Office est le ministère des Affaires étrangères, White Hall l'avenue de Londres où siègent les principaux ministères, et Scotland Yard le siège de la police londonienne.

• **En 1735, le roi George II offre l'immeuble du 10, Downing Street à Sir Robert Walpole, le premier Premier ministre de l'histoire anglaise. À partir de cette date, les souverains anglais se retirent peu à peu des affaires politiques qu'ils confient au Premier ministre.**

• **Le 10, Downing Street est un simple immeuble de brique rouge situé en plein cœur de Londres. Le siège du Parlement, Westminster, est à quelques minutes à pied.**

dollar

Monnaie du Canada, de l'Australie et des États-Unis. Employé sans précision, le mot désigne usuellement la monnaie américaine. Dans ce cas, on parle aussi de « billet vert ».

Voir aussi : euro, Union européenne

• **Sur plusieurs de ces billets verts sont représentés des présidents des États-Unis : George Washington (1 dollar), Abraham Lincoln (5 dollars) et Thomas Jefferson (2 dollars). Assez rare, ce dernier est parfois conservé comme porte-bonheur. Le billet de 10 dollars honore Alexander Hamilton, qui fut secrétaire du Trésor, et celui de 100 dollars est à la gloire de Benjamin Franklin, rédacteur de la Constitution.**
• **Il y a des pièces de 5 cents (dites *nickel*), 10 cents (*dime*), 25 cents (*quarter*) et 1 dollar (*buck*).**

Le dollar est aujourd'hui la monnaie mondiale de référence. C'est une situation de fait, qui ne repose sur aucun accord international. Cette domination du billet vert, qui reflète la puissance économique des États-Unis, contribue en même temps à l'entretenir.

UN PEU D'HISTOIRE

Juillet 1944 : les Alliés préparent l'après-guerre. À Bretton Woods, petite ville des États-Unis, une conférence réunit 44 pays. Persuadés que seule l'intensification des échanges internationaux permettra d'éviter un troisième conflit mondial, ils veulent, pour y parvenir, créer un environnement stable en s'assurant que le cours des différentes monnaies ne bougera pas trop. Ils décident alors de définir ces cours en fonction du dollar. Un choix qui exprime la domination politique et économique des États-Unis sur l'ensemble du monde.

Ce système de changes fixes vole en éclat au début des années 70. Depuis, le billet vert a beaucoup fluctué, à la hausse et à la baisse, influençant à chaque fois le cours des autres monnaies. Car même si son poids a décliné, il reste la monnaie de référence. On estime que 40 % à 60 % du commerce mon-dial est facturé en dollars. On parle aussi de narcodollars, pour évoquer les profits réalisés grâce au trafic de drogue, ou de pétrodollars, générés par la vente de pétrole par les pays producteurs.

LES EURODOLLARS

Si le dollar est resté dans le monde une monnaie de référence, les grandes banques multinationales l'utilisent hors des États-Unis pour effectuer leur transactions internes. Les dollars circulant en Europe pour les transactions s'appellent des eurodollars.

LES PRINCIPALES MONNAIES ÉTRANGÈRES

Allemagne : deutsche Mark (DM)
Autriche : schilling (SCH)
Belgique : franc belge (FB)
Espagne : peseta (PTA)
Grande-Bretagne : livre sterling (£)
Grèce : drachme (DR)
Italie : lire (L)
Japon : yen (Y)
Norvège : krone (couronne norvégienne, KRN)
Pays-Bas : gulden ou florin (FL)
Portugal : escudo (ESC)
Russie : rouble (RBL)
Suède : krona (couronne suédoise, KRS)
Suisse : franc suisse (FS)
USA : US dollar ($US)

LE DÉFI DE L'EURO

C'est en partie pour lutter contre cette suprématie du billet vert que les pays de l'Union européenne ont décidé de se doter d'une monnaie unique, représentant un vaste marché et adossée à une économie solide.

Compte tenu de l'importance des échanges qui seront facturés en euro, cette monnaie devrait pouvoir rivaliser avec le dollar et le yen.

LE DOLLAR ET L'OR

En 1945, les États-Unis détenaient près de 70 % des réserves mondiales d'or. À cette date les dollars pouvaient être convertis en or par ceux qui les possédaient au cours de 35 dollars l'once.

En 1971, le président Richard Nixon a suspendu cette possibilité de conversion car la balance commerciale des États-Unis était devenue déficitaire. Il s'en est immédia-

tement suivi une spéculation contre le dollar qui s'est traduite par une dévaluation de 8 % de cette monnaie par rapport à l'or. 1973 : nouvelle dévaluation du dollar par rapport à l'or. L'once d'or passe à 42 dollars. Le dollar s'effrite petit à petit face à l'aura du métal jaune.

En 1976, conférence de la Jamaïque : les pays industrialisés décident de démonétiser l'or. On abandonne toute relation de cours entre l'or et le dollar. L'or est exclu des relations monaitaires entre les pays. L'abandon de la référence du dollar par rapport à l'or impliquera des variations de forte amplitude du cours du dollar. Ces brusques changements de parité perturberont fortement les échanges internationaux et en particulier les cours des échanges des principales matières premières, qu'elles soient industrielles ou alimentaires.

• **Le dollar est la monnaie officielle des États-Unis depuis 1775. Le mot dollar vient de** *thaler,* **qui fut la monnaie des Habsbourg. Cette famille a régné, via l'Espagne, sur l'Amérique du Sud et l'Amérique centrale.**

DOM-TOM

Ce sont les initiales de « département d'outre-mer » et « territoire d'outre-mer », entités administratives créées par la France lorsque les pays qu'elle rassemblait sous son empire colonial ont obtenu leur indépendance, généralement au début des années 60.

Voir aussi : Matignon

• **L'économie des DOM-TOM est extrêmement fragile.** Lorsque le cyclone Hugo, en 1989, s'est abattu sur l'île de la Guadeloupe, il fallut plusieurs années pour reconstruire l'ensemble des habitations et des routes.

• **La France tient à garder ses territoires d'outre-mer pour des raisons stratégiques et militaires.** C'est en Polynésie, sur l'atoll de Mururoa, que les essais nucléaires se sont déroulés jusqu'en 1995. Et c'est à Kourou (Guyane) qu'est installée la base de lancement des fusées Ariane.

Les DOM-TOM sont de petits territoires, presque toujours des îles, dont les populations ont estimé qu'elles ne pourraient former un pays indépendant en raison de la modestie de leur économie ou de leurs infrastructures.

DOM ou TOM ?

Les DOM sont des départements : ils ont le même statut et les mêmes pouvoirs que n'importe quel autre département français. Ils se situent dans les Antilles (Guadeloupe et Martinique), en Amérique du Sud (Guyane) ou dans l'océan Indien (Réunion).

Les TOM, territoires d'outre-mer, sont plus petits, ils se trouvent dans l'océan Pacifique : les îles de la Nouvelle-Calédonie, la Polynésie et Wallis-et-Futuna. Mayotte (dans l'océan Indien) et Saint-Pierre-et-Miquelon (dans l'Atlantique Nord) sont des collectivités territoriales.

PAUVRETÉ ET ÉMEUTES

Les populations des DOM-TOM sont souvent pauvres. Lorsque le taux d'inactivité en France est de 12 %, il est de 24 % en Guadeloupe, et de 28 % en Martinique. Le taux d'analphabétisme est également important en Guadeloupe (10 %), en Guyane (18 %) ou à Mayotte (68 %). De ce fait, les émeutes contre la métropole sont nombreuses. De 1981 à 1988, en Nouvelle-Calédonie, les Kanaks se sont régulièrement révoltés contre les autorités françaises. En mai 1988, des affrontements dans la localité d'Ouvéa ont fait plusieurs dizaines de morts. Depuis la signature des accords de Matignon, la même année, la situation semble s'être apaisée en Nouvelle-Calédonie, mais la politique française a beaucoup de mal à trouver un mode satisfaisant de développement de ces régions.

LE CHOC DES MONDES

Si les Antilles françaises bénéficient d'un niveau de vie plus élevé que la plupart des autres pays des Caraïbes, elles le doivent à une assistance permanente de la France et aussi de l'Union européenne. L'économie locale (tourisme, fruits tropicaux, sucre, rhum) est totalement dépendante. En Guyane, derrière l'écran de haute technicité de la base de Kourou, le chômage frappe la moitié des jeunes. Insécurité, immigration clandestine et trafic de drogue augmentent chaque année.

C'est la mort d'un champion cycliste, Tom Simpson, terrassé en plein tour de France par abus d'amphétamines, qui déclencha en 1967 le débat public sur le dopage. Depuis, ce phénomène s'est amplifié malgré des contrôles rigoureux.

Le dopage consiste, pour un sportif, à tenter d'améliorer ses performances physiques en consommant des substances chimiques qui présentent des dangers pour son organisme et risquent de fausser le résultat des épreuves.

HUIT FAMILLES DE DOPANTS

Il existe actuellement huit familles de produits interdits, parmi lesquelles les amphétamines, les anabolisants, qui augmentent la masse musculaire, les corticoïdes, divers médicaments antidouleurs, certaines hormones, etc.

Les corticoïdes, par exemple, sont des anti-inflammatoires normalement utilisés pour traiter, entre autres, des maladies de peau et cèrtains cancers. Ces substances étant également euphorisantes et diminuant la sensation de fatigue, il est tentant pour un sportif de les utiliser pour améliorer sa capacité d'endurance. Mais, à long terme, elles sont très dangereuses : fonte des muscles, fragilité des os et, chez les adolescents, retard de croissance...

En dehors de ces substances prohibées, il existe aussi des méthodes interdites, telles les transfusions sanguines qui permettent d'augmenter la quantité de globules rouges et ainsi d'améliorer les performances sportives. Par ailleurs, de nombreux footballeurs ont été sanctionnés pour usage de haschisch, assimilé à un produit dopant.

PUNI PAR LA LOI

La première loi antidopage date des années 60. Elle a conduit à pratiquer des contrôles antidopages pour rechercher les substances déclarées illicites. Au début, les contrôles étaient très peu nombreux, jusqu'à devenir systématiques aujourd'hui (par analyse des urines).

Quand ?

• Pour leurs jeux sacrés, les Aztèques utilisaient des champignons hallucinogènes.
• Lors des jeux Olympiques de l'Antiquité, on faisait consommer aux sauteurs de la viande rouge et aux coureurs de fond de la viande blanche.

RADIÉ À VIE

Le cas de dopage le plus célèbre à ce jour est celui de Ben Johnson, athlète canadien dont le contrôle s'est avéré positif après qu'il eut remporté la finale du 100 mètres et battu le record du monde de la discipline aux jeux Olympiques de Séoul, en 1988. Suspendu pour plusieurs années, il revint sur les stades et, après avoir subi un contrôle qui se révéla à nouveau positif, il fut radié à vie de toutes les compétitions.

drogue

Une drogue est une substance qui agit directement sur le système cérébral. Si elle provoque d'abord un sentiment de bien-être et d'euphorie, elle entraîne rapidement des troubles du comportement et de graves problèmes de santé.

Voir aussi : mafia, rave, sida

• **La dépénalisation** consiste à rendre légal l'usage de certaines drogues. Ainsi les Pays-Bas autorisent la consommation de cannabis alors que son usage est interdit en France et puni d'un an de prison (au maximum). Certaines associations militent pour la dépénalisation du cannabis en France.

• **La méthadone** est un produit de substitution à l'héroïne. Un traitement à la méthadone permet à un toxicomane de se désintoxiquer plus facilement. Elle est délivrée en Grande-Bretagne, aux Pays-Bas, en Suisse et en France.

Les utilisateurs de drogues, ou toxicomanes, sont très dépendants de ces produits appelés stupéfiants. Une fois qu'ils y ont goûté, ils ne peuvent plus s'en passer. La détention et la consommation de drogue étant interdites, les toxicomanes sont obligés de s'en procurer clandestinement à des prix très élevés. Une personne droguée à l'héroïne peut avoir besoin de 2 000 à 3 000 francs par jour pour acheter ses doses ! Le trafic de drogue draine donc des sommes considérables. Son chiffre d'affaires annuel est estimé dans le monde à 1 600 milliards de francs.

Les différentes drogues

Le cannabis, ou chanvre indien, est la drogue la plus répandue. Il s'agit d'une plante cultivée surtout au Maroc, au Liban, au Népal ou en Afghanistan. Elle est utilisée en feuilles séchées : la marijuana (la fleur), ou revendue sous forme de barrette : le haschisch (la résine). Le cannabis se fume généralement mélangé à du tabac, c'est ce qu'on appelle un « joint » ou un « pétard ». Son utilisation provoque une sorte d'euphorie et de confusion mentale. C'est la drogue la moins chère, celle aussi que l'on considère, peut-être à tort, comme la moins nocive. Dans certains pays, comme les Pays-Bas, sa consommation est tolérée et sa vente libre.

L'héroïne est une des drogues les plus dangereuses. Elle est obtenue à partir de la morphine. Son absorption provoque un « flash » puis une phase de détente et enfin un retour à la réalité avec rapidement un phénomène de manque. C'est le début d'un véritable esclavage. Le toxicomane éprouve un besoin toujours plus fort d'héroïne, et de graves troubles apparaissent : hémorragies, spasmes, hypertension. En cas de prise trop forte, c'est l'overdose avec risque de mort.

Le trafic de drogue

La drogue est produite dans des pays pauvres : Colombie, Laos, Birmanie, Afghanistan ou Pérou. Elles est acheminée vers des plaques tournantes comme la Turquie et revendue dans les pays riches : les États-Unis (40 % de la consommation mondiale) ou différents pays d'Europe. Un kilo d'héroïne acheté 32 000 francs au Pakistan se revend pour 1 million de

LE PRIX DE LA DROGUE

Le haschich se vend entre 30 et 50 francs le gramme. La cocaïne, dans une fourchette comprise entre 300 et 800 francs le gramme. Le crack, un dérivé très puissant de la cocaïne, 100 francs la dose. Enfin l'héroïne varie considérablement en fonction de la qualité et se négocie entre 500 et 1 200 francs le gramme.

francs à Paris. Les trafiquants de drogue ont créé de puissantes organisations criminelles, les mafias aux États-Unis ou en Russie, les cartels en Amérique latine. Ils disposent de véritables armées privées (artillerie lourde et même lance-missiles) et bénéficient souvent de complicités dans les banques et les administrations pour « blanchir » les sommes énormes nées du trafic. Une grande partie des « narcodollars » est ainsi réinjectée légalement dans l'économie mondiale.

DROGUE ET SIDA

Les consommateurs d'héroïne sont particulièrement touchés par le sida. Ils s'injectent la drogue au moyen de seringues, or le sida se transmet, entre autres, par le sang. Au début de l'épidémie, l'échange de seringues entre drogués a donc provoqué des ravages. 26 % des sidéens seraient des toxicomanes. C'est pour cette raison que, depuis 1987, les seringues sont en vente libre dans les pharmacies.

DROGUE ET DÉLINQUANCE

Depuis le début des années 80, le nombre des toxicomanes, surtout chez les jeunes, est en très forte hausse. Il a ainsi été multiplié par 10 aux États-Unis.

La drogue, surtout l'héroïne, coûtant très cher, de nombreux drogués en viennent à voler pour se procurer leurs doses. Certains recourent au crime. Dans un rapport remis à la chancellerie en novembre 1996, le professeur Gentilini estime que, dans les prisons françaises, 2 détenus sur 5 ont fait usage de produits toxiques avant leur incarcération.

En France :
• **37 personnes sont mortes d'overdose en 1975, 172 en 1985, 564 en 1994.**
• **19 % des 12-44 ans ont consommé au moins une fois du cannabis.**
• **On compte 150 000 consommateurs d'héroïne et 1 à 5 millions d'utilisateurs de cannabis.**
• **52 500 personnes ont été interpellées en 1994 pour usage ou revente de stupéfiants. 42 tonnes de cannabis, 865 kilos de cocaïne, et 499 kilos d'héroïne ont été saisis.**
Dans le monde :
• **L'organisation de police Interpol estime que sur les 250 000 noms de son fichier central sur le grand banditisme, 200 000 concernent le trafic de drogue.**

droit
d'ingérence

Le droit d'ingérence est la possibilité d'intervenir dans les affaires intérieures d'un pays sans l'accord de celui-ci. Ce principe de droit international est très récent et son application soulève de multiples questions.

Voir aussi : ONG, ONU

Bernard Kouchner, fondateur de Médecins du Monde et ancien ministre de l'Action humanitaire, est l'un des plus ardents défenseurs en France du droit d'ingérence. Pionnier de l'aide aux boat-people vietnamiens, il était présent en Somalie et s'est beaucoup battu pour que l'on applique ce droit en Bosnie en 1993 et 1994.

C'est en 1991 que l'ONU a réellement appliqué ce principe pour la première fois. En Irak, la répression contre les populations kurdes était très violente. Le Conseil de sécurité de l'ONU a obligé le chef de l'État irakien Saddam Hussein à accepter une aide humanitaire en faveur des Kurdes. Des zones de sécurité ont été créées pour ces populations.

L'INGÉRENCE HUMANITAIRE

L'ONU est le seul organisme international habilité à déclencher une procédure d'ingérence. Mais ce droit doit se justifier, c'est-à-dire qu'il s'applique uniquement lorsqu'il y a « menace à la paix et à la sécurité mondiale ». Au cours de ces dernières années, l'ONU a été de plus en plus loin dans l'ingérence.

Au mois de décembre 1992, devant l'anarchie qui régnait en Somalie, elle a décidé l'envoi d'une force internationale ayant pour mission de protéger la population affamée des bandes rivales qui se disputaient le pouvoir. Les États-Unis ont envoyé 28 000 soldats, la France 1 700. Leur première tâche a été l'installation d'un pont aérien pour acheminer l'aide alimentaire. Pour des raisons humanitaires, la communauté internationale s'est ainsi immiscée dans la politique intérieure d'un État.

LES LIMITES DU DROIT D'INGÉRENCE

Les relations internationales sont fondées sur le principe de non-ingérence. Chaque État est souverain : cela signifie qu'il décide seul de sa politique intérieure. Le droit d'ingérence, contraire à ce principe, pose donc problème.

La frontière entre le politique et l'humanitaire est souvent assez floue et il pourrait être tentant d'intervenir dans un pays pour des raisons politiques. La communauté internationale doit donc répondre encore plus précisément à certaines questions : à quelles conditions, en quels lieux, de quelle manière et sous quelle autorité ce droit doit-il s'exercer ?

"... il s'applique uniquement lorsqu'il y a menace à la paix et à la sécurité mondiale "

droits

de l'enfant

Droits reconnus à l'enfant mineur (en général de moins de 18 ans) et destinés à le protéger et à le respecter en tant que personne à part entière.

Voir aussi : **affaires**

Le 20 novembre 1989, la 44e assemblée générale des Nations unies adoptait la Convention internationale des droits de l'enfant par laquelle les États s'engagent à assurer la survie et le développement de tout enfant. Mais le texte officiel n'empêche pas les abus…

L'ENFANT, CITOYEN DE DROIT

À ceux qui en douteraient, la Convention internationale réaffirme que l'enfant est une personne et, quoi que placé sous l'autorité des adultes, il conserve des droits bien précis. Droit d'avoir un nom et une nationalité à la naissance, droit de vivre avec ses deux parents et d'exprimer son opinion dans les problèmes le concernant, notamment en cas de divorce ; droit à la liberté de conscience, de pensée et de religion ; droit au respect de sa vie privée, droit à la Sécurité sociale, à l'éducation, aux loisirs ; droit à la protection contre les mauvais traitements, le travail excessif et dangereux, l'exploitation sexuelle, la torture. C'est en particulier sur ces derniers points que les choses se gâtent.

LA CONFÉRENCE DE STOCKHOLM

Du 27 au 31 août 1996 s'est tenu à Stockholm le premier congrès mondial sur l'exploitation sexuelle des enfants à des fins commerciales. Plus de 1 000 délégués de 126 pays et quelque 50 ONG (Organisations non gouvernementales) se sont ainsi mis d'accord sur un plan d'action à appliquer d'ici l'an 2000, visant à enrayer la prostitution enfantine, le trafic et la vente d'enfants, la diffusion d'images pornographiques mettant en scène des

mineurs. Pour cela, il faut prévenir, informer et éduquer les enfants, les familles et l'opinion publique, mener des campagnes de sensibilisation, dénoncer le « tourisme sexuel » dans des pays tels que la Thaïlande ou les Philippines, criminaliser les abus afin de pouvoir poursuivre les coupables, renforcer la collaboration internationale. Voilà un programme aux intentions louables mais ce document, sans aucune valeur juridique, ressemble à un engagement moral et l'on attend de voir quelles mesures les différents gouvernements vont prendre pour lutter enfin efficacement contre les violations des droits de l'enfant.

La pédophilie est l'attirance sexuelle d'un adulte pour des jeunes enfants, quels que soient leur âge et leur sexe. Certains pédophiles montent de véritables réseaux internationaux, à travers lesquels ils exploitent des enfants en leur faisant subir des sévices.

LES ENFANTS TOUJOURS À L'ARRIÈRE

droits
de l'homme

Les droits de l'homme sont un ensemble de principes fondamentaux dont le but est de défendre les liberté humaines, individuelles et collectives.

Voir aussi : dictature, racisme

Dans son dernier rapport, Amnesty International a recensé des violations des droits de l'homme dans 151 pays et des prisonniers d'opinion dans 78 États. Dans plus de 120 pays, des détenus ont été torturés ou victimes de mauvais traitements. Environ 2 000 condamnés à mort ont été exécutés dans 34 pays dont les États-Unis.

Invoqués communément aujourd'hui pour dénoncer toute forme de totalitarisme, c'est-à-dire tout régime non démocratique, les droits de l'homme se réfèrent à plusieurs textes historiques.

LA DÉCLARATION DES DROITS DE L'HOMME ET DU CITOYEN

C'est la révolution française qui, la première, a souhaité définir un certain nombre de principes supérieurs au droit. La Déclaration des droits de l'homme et du citoyen, adoptée par l'Assemblée constituante en 1789 servira de préface à la Constitution de 1991. Elle comprend 17 articles et un long préambule voulu comme universel et sacré. Elle détermine les droits imprescriptibles de l'individu, c'est-à-dire qu'on ne peut remettre en cause : l'égalité, la liberté, la sûreté et la propriété.

AMNESTY INTERNATIONAL

Organisme créé en 1961 par l'avocat britannique Peter Beneneson, il se définit comme un mouvement mondial de défense des droits de l'homme. Indépendant de tout gouvernement, il agit pour la libération de toute personne emprisonnée du fait de ses opinions, de son origine ethnique, de sa couleur, de sa langue ou de son sexe. Amnesty International, qui compte plus d'un million d'adhérents et donateurs répartis dans 150 pays, a reçu le prix Nobel de la paix en 1977.

LA CHARTE INTERNATIONALE DES DROITS DE L'HOMME

Au lendemain de la Seconde Guerre mondiale, les Nations unies ont voulu, elles aussi, établir de manière formelle des principes permanents et universels. C'est la Charte internationale des droits de l'homme, adoptée par l'Assemblée générale de l'ONU le 10 décembre 1948 à Paris. Le texte a été rédigé par un Français, René Cassin.

"...cette charte n'a qu'une force morale mais son influence considérable n'a cessé de croître"

Il réaffirme les droits à la vie, à la liberté, à la sûreté et à l'égalité devant la loi. Il interdit l'esclavage, la torture et toute forme de discrimination. Juridiquement, cette charte n'a qu'une force morale, mais son influence considérable n'a cessé de croître. Elle fait office de texte de référence pour tous ceux qui entendent dénoncer le totalitarisme.

échelle de Richter
écosystème
effet de serre
  voir **couche d'ozone**
élections
Élysée
embargo
énarque *voir* **technocrate**
épargne
épuration ethnique
  voir **génocide**
espérance de vie
ETA
eugénisme
  voir **génie génétique**
euro
exclusion *voir* **fracture sociale**
extradition

échelle
de Richter

L'échelle de Richter permet de comparer objectivement les tremblements de terre, d'après des mesures effectuées en divers points du globe par des sismographes.

Tremblement de terre à Los Angeles en janvier 1994.

Dès qu'un tremblement de terre se produit dans le monde, on évoque dans les médias sa magnitude sur l'échelle de Richter.

• **En moyenne, 300 000 tremblements de terre par an, mais la majorité ont une magnitude inférieure à 3 et ne sont pas ressentis.**
• **150 ont une magnitude comprise entre 6 et 6,9 ; 18 entre 7 et 7,9 ; 1 ou 2 une magnitude supérieure à 8.**
• **L'année 1906 fut désastreuse avec six séismes de magnitude supérieure ou égale à 8, dont celui de San Francisco, en Californie.**

LA MESURE DE L'AMPLITUDE

Deux tremblements de terre, libérant pourtant la même énergie, peuvent avoir des conséquences très différentes, par exemple si l'un frappe une région extrêmement peuplée alors que l'autre survient en plein désert. L'échelle inventée en 1935 par le géophysicien américain Charles Richter permet de comparer les séismes indépendamment de leurs effets observés. Elle se fonde sur une grandeur que l'on nomme la magnitude, calculée à partir de la mesure de l'amplitude des déplacements du sol provoqués par les ondes sismiques. Ces dépla-cements sont amplifiés et enregis-trés par des appareils appelés sis-mographes. Ils reflètent l'impor-tance du séisme à son point d'ori-gine. D'un degré de l'échelle au sui-vant, l'énergie du séisme est multi-pliée par dix : ainsi, un séisme de magnitude 8 libère 10 millions de fois plus d'énergie à son foyer qu'un séisme de magnitude 1. Le séisme de Lisbonne en 1755 aurait atteint la magnitude record de 9.

FOYER ET ÉPICENTRE

Le point d'origine d'un tremble-ment de terre, qui peut se trouver à une très grande profondeur, se nomme le foyer. Le point de la sur-face terrestre situé directement au-dessus du foyer s'appelle l'épi-centre. Les séismes les plus des-tructeurs ont un foyer peu profond, à moins de 70 km de la surface. Ce fut le cas, par exemple, de celui qui a ravagé Kobe, au Japon, le 17 jan-vier 1995, et fait plus de 5 000 morts : son foyer ne se trouvait qu'à 30 km de profondeur. Sur l'échelle de Richter, ce séisme a eu une magnitude de 7,2.

LA MESURE DE L'INTENSITÉ

D'autres échelles prennent en compte les effets d'un séisme sur les personnes, les constructions et l'environnement. Elles permettent d'établir l'intensité du tremblement de terre. On utilise l'échelle MSK (Medvedev-Sponheuer-Karnik), qui comporte douze degrés, de I, séisme non ressenti, à XII, séisme catastrophique qui détruit pratique-ment tout et bouleverse le paysage.

écosystème

Un écosystème désigne l'ensemble des populations vivant dans un milieu déterminé. Un océan, une mare, une forêt ou une souche d'arbre sont des écosystèmes.

Voir aussi : déforestation, pollution

L'écosystème est une planète en soi sur laquelle les êtres vivent en agissant les uns sur les autres. Chaque écosystème peut faire partie d'un écosystème plus vaste.

Un écosystème est fragile, il peut se modifier, disparaître ou apparaître sous l'action de l'homme ou de la nature.

VIE ET MORT D'UN ÉCOSYSTÈME

Une simple pluie peut créer un écosystème. Lorsque l'eau remplit un trou et forme une mare, elle favorise l'apparition d'espèces végétales et animales liées à l'humidité. Les grenouilles, par exemple, vont venir y pondre et la mare sera colonisée par des têtards. Le soleil va ensuite assécher la mare, faisant disparaître cet écosystème.

L'ACTION DES HOMMES

Le défrichement détruit l'écosystème forestier, provoquant la disparition des végétaux et des animaux qui sont liés à la forêt.

L'assèchement des zones humides le long du littoral compromet la vie marine. Ces zones sont des éponges à travers lesquelles l'eau de pluie voyage lentement en se chargeant en sels minéraux, avant d'atteindre la mer. Assécher cet écosystème n'entraîne pas seulement la disparition d'animaux qui dépendent des marais, comme les oiseaux migrateurs ou la loutre, mais accélère l'arrivée de l'eau dans la mer. Celle-ci n'a alors plus le temps de s'enrichir en éléments nutritifs et s'avère incapable de nourrir la vie marine.

LA CHAÎNE ALIMENTAIRE

Les végétaux utilisent la lumière pour se développer. Ils servent de nourriture aux animaux herbivores, eux-mêmes consommés par les animaux carnivores. On ne peut détruire l'un des maillons de cette chaîne sans mettre en danger les autres maillons qui en dépendent.

En 20 ans, le Marais poitevin, surnommé la Venise verte, a perdu 60 % de ses prairies humides. La mise en culture assèche cet écosystème : l'eau de pluie qui était filtrée pendant 17 jours avant de se jeter dans la mer ruisselle aujourd'hui en à peine 17 heures.

Dans les endroits où la loutre marine a totalement disparu, l'une de ses proies favorites, l'oursin, s'est mis à proliférer. Il a consommé une grande partie des algues brunes poussant près du rivage, transformant les fonds marins en véritables déserts.

UNE MÉSAVENTURE AUSTRALIENNE

En important des bovins en Australie dans les années 40, les hommes oublièrent d'emmener avec eux le bousier, insecte se nourrissant de bouses de vache. En quelques années, les bouses ont recouvert d'immenses surfaces et stérilisé les sols. Les vaches n'avaient plus rien à brouter ! Il fallut recréer cet écosystème en important des bousiers d'Afrique pour assurer la survie de l'élevage.

élections

Système institutionnel par lequel une population est appelée, par l'intermédiaire d'un vote, à choisir un ou plusieurs représentants.

Voir aussi : abstention, Constitution, démocratie, référendum

L'isoloir est une invention de la fin du XIXᵉ siècle : il permet aux électeurs de voter en secret et d'être protégés des influences d'une personne extérieure.

Les principales élections sont les élections municipales ou communales (où les électeurs choisissent le maire de leur commune), les élections législatives (où le peuple est appelé à renouveler les députés, comme en Belgique, en Allemagne et en France, ou les représentants et les sénateurs aux États-Unis) et les élections présidentielles (où l'on élit le président, comme en France et aux États-Unis).

DES ÉLECTIONS DE TOUTES SORTES

Mais des élections se déroulent également à tous les niveaux de la vie quotidienne : dans les assemblées de locataires, dans les scrutins syndicaux sur les lieux de tra-

SCRUTIN MAJORITAIRE OU PROPORTIONNEL ?

Le résultat des élections n'est pas le même lorsque le scrutin est majoritaire ou proportionnel. Il est majoritaire si tous les sièges sont attribués à la liste qui reçoit plus de 50 % des voix, il est proportionnel si l'on répartit le nombre de sièges suivant le nombre de voix.

vail, dans les institutions de défense des salariés, ou bien encore dans les collèges ou universités lorsqu'il s'agit d'élire des délégués. Aux États-Unis, par exemple, la population élit le chef de la police de l'État.

AU CŒUR DE LA VIE POLITIQUE

L'élection est le moment fort de la vie publique, car elle décide du renouvellement des représentants politiques. Elle est aussi, avant tout, le moment d'exercice du droit de vote, enjeu fondamental des luttes du XIXᵉ siècle en Europe. Elle est le fondement même de la démocratie représentative. Mais les dictatures proposent aussi des élections : l'existence d'élections ne suffit donc pas à prouver l'existence de la démocratie.

QUESTIONS POUR DES CITOYENS

En Suisse, toute modification de la Constitution fait l'objet d'une « votation », qui se déroule sous la forme d'un référendum. Les citoyens suisses répondent par oui ou par non à une question. Depuis 1981, l'initiative populaire est également un droit. En théorie, n'importe quel citoyen peut proposer un référendum sur une question particulière... à condition d'avoir recueilli 100 000 signatures. Cette proposition est examinée par les deux chambres du Parlement qui la soumettent ensuite à la votation populaire. L'acceptation des initiatives populaires doit se faire à la double majorité (citoyens et cantons) car elle entraîne une modification de la Constitution.

"L'élection est le moment fort de la vie publique..."

LES CONDITIONS DU RESPECT DE LA DÉMOCRATIE

Différentes conditions doivent être réunies dans une démocratie. Il faut, d'une part, l'accès de tous les citoyens majeurs au droit de vote : c'est le suffrage universel. En Grande-Bretagne, le droit de vote, qui était fondé sur la richesse personnelle, a été étendu à partir de 1832 à toutes les catégories de citoyens à la fin du XIXe siècle. En France, les femmes n'ont obtenu le droit de vote qu'en 1945.

Il faut, d'autre part, un libre accès à la candidature : tous les électeurs peuvent être candidats.

Le propre des dictatures est de proposer des élections avec un seul candidat, ce qui annule le fondement de l'élection qui doit être un choix entre plusieurs options (en allemand, les termes « élire » et « choisir » sont les mêmes : *wählen*).

Il faut aussi un libre accès des candidats à la parole publique, de manière à ce que tous les électeurs puissent prendre connaissance des programmes et des engagements des candidats.

Enfin, le scrutin doit se dérouler dans le secret, sans interdiction de participation.

ÉLECTIONS SOUS SURVEILLANCE

Les élections font souvent l'objet de contrôle de la part de l'Organisation des Nations unies, qui vérifie que toutes ces conditions sont réunies : qu'une seule manque, et l'élection n'a plus de sens. Ainsi en Bosnie (1996), les représentants de l'ONU s'assurèrent que tous les électeurs, même ceux chassés de leur territoire, pouvaient participer au vote. Au Cambodge, ils eurent à protéger les électeurs des bandes armées hostiles aux élections.

Quand ?

En France :
• Le vote par correspondance a été supprimé par la loi du 31 décembre 1975 car il donnait lieu à trop d'abus et de fraudes.
• Les élections ont toujours lieu le dimanche. Les bureaux de vote restent ouverts entre 8 et 18 h (19 ou 20 h pour certaines grandes villes).

Élysée

L'Élysée est un palais de taille modeste, situé à Paris, près des Champs-Élysées. Depuis 1876, c'est la résidence des présidents de la République.

Le célèbre téléphone rouge cache en réalité un télex vert relié à Moscou et un télex bleu pour appeler Washington. Ces lignes entre chefs d'État sont hautement protégées. Elles sont utilisées lors de crises graves (fusées de Cuba en 1962, guerre du Golfe en 1991…).

• Outre le palais de l'Élysée, le président de la République dispose de deux résidences officielles : le château de Rambouillet (Yvelines) et le fort de Brégançon (Var).

Paradoxe étrange, ce palais, qui a appartenu à des familles de la noblesse française, en particulier la marquise de Pompadour, fut confié à l'État à la fin de la révolution française. Il abrite aujourd'hui le premier magistrat de la République. Ce paradoxe n'est qu'apparent, car il montre en fait que, même en république, le pouvoir est fondé sur des symboles de puissance de l'État, de secret, d'isolement par rapport au peuple.

UN SITE HYPERPROTÉGÉ

Il est strictement interdit, sauf mesure exceptionnelle, de manifester ou de se rassembler autour du palais de l'Élysée : hormis une fois l'an, lors des Journées du patrimoine, le peuple n'approche pas le lieu du pouvoir ! Il faut dire qu'à la fin du XIXe siècle, l'Élysée fut la cible de tous les mouvements de la droite nationaliste ou légitimiste qui voulait faire tomber la République. Depuis, les abords du palais sont parmi les endroits les plus surveillés de Paris.

UNE RÉSIDENCE ET UN LIEU DE TRAVAIL

Aujourd'hui, le président de la République habite, travaille et reçoit ses hôtes étrangers à l'Élysée. Il y dispose de son secrétariat. Sur place, des spécialistes de chaque domaine de la vie publique sont présents pour l'assister : armée, économie, social, ainsi qu'un staff global de près de 800 personnes. Le téléphone rouge, le bouton nucléaire et un abri antiatomique souterrain sont à la disposition du président dans les sous-sols du palais. Le Conseil des ministres se tient à l'Élysée tous les mercredis, à 10 heures précises.

embargo

Ce mot d'origine espagnole signifie « empêchement, obstacle ». On l'utilise surtout pour désigner un blocus, en général économique, destiné à isoler un pays.

Voir aussi : boycott, vache folle

Aujourd'hui, un ou plusieurs pays peuvent empêcher l'exportation d'une marchandise vers un autre pays avec lequel ils sont en conflit commercial, diplomatique ou armé. Il s'agit alors de punir l'État en question : ses dirigeants mais aussi sa population.

BOYCOTT OU EMBARGO ?
Les particuliers peuvent également sanctionner un pays en refusant d'acheter ses produits. Ils « boycottent » alors sa production agricole ou industrielle. Jusqu'en 1994, de nombreux consommateurs ont boycotté les oranges d'Afrique du Sud en raison de son régime d'apartheid. L'Afrique du Sud a ainsi perdu 15 % de son revenu moyen. On emploie plutôt le terme d'embargo comme une mesure de rétorsion officielle d'État à État, en vue d'isoler le pays en question de l'extérieur en l'empêchant, par exemple, d'acheter des armes pour nourrir un conflit.

PÉTROLE, ARMES, AVIONS...
En 1995-1996, l'ONU a appliqué un embargo sur le pétrole et les armes à l'encontre de la Serbie, du Monténégro et des Serbes de Bosnie, ainsi que sur les armes pour les autres belligérants. Tous les États de la communauté internationale se voyaient, sous peine de sanctions, tenus d'appliquer cette décision. Il s'agissait de tenter d'asphyxier l'économie de guerre en place dans l'ex-Yougoslavie. En réalité, cet embargo fut partiel, le pétrole et les armes ayant transité par des pays riverains plus soucieux d'obtenir des devises que de respecter une décision de l'ONU.

La Libye, elle, est actuellement sous le coup d'un embargo aérien à cause de son refus d'extrader les suspects d'un attentat : toutes les lignes aériennes vers ou en provenance de ce pays ont été supprimées. Mais la Libye peut librement commercer et vendre son pétrole à l'étranger.

L'embargo qui frappait l'Irak depuis le 6 août 1990 a été partiellement levé fin 1996 pour permettre à ce pays exsangue d'importer de la nourriture et des médicaments.

Autrefois, quand la guerre était imminente ou déjà commencée, les belligérants immobilisaient les navires et les équipages de leurs ennemis présents dans leurs ports. La Grande-Bretagne a beaucoup utilisé l'embargo aux XVIIIe et XIXe siècles, notamment contre la France révolutionnaire et napoléonienne.

HALTE AUX VACHES ANGLAISES !

En mai 1996, en pleine crise de la « vache folle », la France a décidé d'interdire toute importation en provenance du Royaume-Uni de viandes, farines et abats de bœuf, supposés transmettre la maladie de Creutzfeldt-Jakob. Elle fut vite rejointe par l'Union européenne qui prononça à son tour un embargo à l'encontre de ce type de produits et fit accepter par Londres un plan d'abattage de son cheptel bovin.

épargne

Part du revenu qui n'est pas consommée. Cette réserve peut être rangée dans une tirelire ou placée sur un livret d'épargne, contre versement d'un intérêt. On peut aussi la prêter directement à l'État ou aux entreprises, en achetant des bons du Trésor ou des actions rémunérés.

Voir aussi : inflation

• **Au début de 1996, 80 % des ménages français possèdent un livret d'épargne (livret A ou Codevi, par exemple), 33 % ont un contrat d'assurance-vie, 38 % de l'épargne-logement, 13,5 % des parts de sicav ou de fonds communs de placement (FCP), 11,5 % des actions et 6 % possèdent des obligations ou des emprunts d'État.**

• **8 % des ménages (contre 0,8 % en 1976) possèdent une panoplie complète de produits d'épargne : livret, épargne-logement, assurance-vie… Mais ils sont presque autant (7 %) à n'avoir rien du tout (contre 10 % en 1976).**

Selon les économistes, les ménages prennent en compte plusieurs éléments pour décider de se comporter en cigales plutôt qu'en fourmis. Ils examinent notamment leur revenu (que reste-t-il, une fois payés le logement, la nourriture, les emprunts, l'essence et l'assurance de la voiture, etc.) et les taux d'intérêts (plus ils sont élevés, plus les placements sont rentables). Voilà pour la théorie. La pratique est bien souvent différente.

UNE INQUIÉTUDE CROISSANTE

En principe, la stagnation (voire la baisse) du pouvoir d'achat des Français devrait les pousser à grignoter leurs économies, ne serait-ce que pour maintenir intacte leur consommation. Or, depuis presque dix ans, on observe le contraire. Chaque année, depuis 1988 (avec une exception en 1994), leur taux d'épargne augmente. Ainsi, en 1995, les ménages ont mis de côté plus de 14 % de leur revenu disponible (ce qui reste une fois les impôts payés).

Pourquoi se serrent-ils ainsi la ceinture ? Parce qu'ils sont inquiets. De nombreuses incertitudes pèsent sur la formation des jeunes, l'avenir des retraites et de la protection sociale ;

par ailleurs, l'aggravation continue du chômage représente une menace de plus en plus lourde. Alors les ménages économisent, au cas où… C'est ce qu'on appelle l'épargne de précaution.

LE BOOM DE L'ÉPARGNE FINANCIÈRE

Deux types d'épargne s'offrent aux particuliers. Celle qui sert à financer le logement, très appréciée, reste à peu près stable. En revanche, l'épargne financière (dépôts sur comptes bancaires, livrets ou plans, assurance-vie, actions…) progresse fortement, même si elle ne concerne qu'une petite minorité de Français. Ces derniers ont tendance à privilégier des produits à long terme, comme l'épargne retraite et, surtout, l'assurance-vie.

"…les ménages économisent au cas où… C'est ce qu'on appelle l'épargne de précaution"

espérance
de vie

Durée moyenne de vie que peuvent espérer les hommes et les femmes. Elle est calculée le plus souvent à partir de la naissance.

Voir aussi : retraite

Grâce à l'amélioration des conditions de vie et aux progrès de la médecine, l'espérance de vie ne cesse d'augmenter. Le phénomène est particulièrement sensible dans les pays industrialisés, tandis que les pays en voie de développement doivent encore faire face à une forte mortalité.

UN VIEILLISSEMENT DE LA POPULATION

Vivre vieux et en bonne santé, qui s'en plaindrait ? Mais, dans le même temps, le taux de natalité des pays industrialisés diminue régulièrement. L'absence de renouvellement des générations conduit à un vieillissement de la population, dont près d'un tiers est désormais âgé de 60 ans et plus : une tranche d'âge qui a des besoins, notamment en matière de santé, surtout pour les plus âgés. Et aussi le droit à des conditions de vie décentes sur le plan matériel. Atteindre l'âge de cent ans n'est plus exceptionnel : on compte 6 000 centenaires en France.

D'après l'INSEE, ils seront 18 000 en 2010 et 150 000 en 2050 !

LE PROBLÈME DES RETRAITES

Les personnes âgées ne travaillent plus mais elles perçoivent une retraite pour laquelle elles ont cotisé pendant toute leur vie active. Aujourd'hui, en partie pour lutter contre le chômage et libérer des emplois pour les plus jeunes, les gouvernements ont tendance à abaisser l'âge de la retraite. Se pose alors le problème du financement des retraites… Car il y a de moins en moins d'actifs, donc de moins en moins de cotisations, et des retraites de plus en plus longues… Les jeunes générations s'inquiètent à juste titre de savoir comment et de quoi elles vivront après 60 ans.

Faut-il baisser le montant des retraites ou augmenter les cotisations ? Toucher aux revenus et donc au niveau de vie des personnes âgées ou des actifs ? Le débat ne fait que commencer.

Combien ?

• **Quel que soit le pays, les femmes vivent plus longtemps que les hommes.**

• **Espérance de vie dans le monde : 64 ans pour les hommes, 68 ans pour les femmes.**

• **En Afrique : 53 ans pour les hommes, 56 ans pour les femmes.**

• **Champions du monde en matière d'espérance de vie : la France et le Japon avec 74 ans pour les hommes et 82 ans pour les femmes ; la Suède avec 76 ans pour les hommes et 81 ans pour les femmes.**

ETA

Un attentat de l'ETA à Madrid, en 1992.

L'ETA, initiales de l'expression basque : « Euzkadi Ta Askatasuna » (Pays basque et liberté), est une organisation clandestine qui utilise des moyens terroristes pour obtenir l'indépendance du Pays basque espagnol.

Voir aussi : terrorisme

• **Nombre total de morts depuis 1960 :** selon les sources, il varie de 650 à 850.
• **Nombre de kidnappings : 76.**
• **Réfugiés politiques basques : 2 000.**
• **2 500 000 personnes peuplent le Pays basque espagnol (Euzkadi Sud). Elle sont dix fois moins nombreuses en France (Euzkadi Nord).**

La naissance officielle du nationalisme basque date de plus d'un siècle, avec la création en 1885 du Parti nationaliste basque. C'est à partir de 1952 que va se constituer en son sein un groupe de jeunes gens déterminés qui prônent la lutte armée. Le 31 juillet 1959, ce groupe radical rompt définitivement avec le parti pour fonder l'ETA.

LES PREMIÈRES VIOLENCES

Les premières actions violentes ont lieu en 1961, quand une bombe est déposée dans un ascenseur, au siège du gouvernement. En 1966 se produit le premier assassinat revendiqué par l'ETA, et c'est le 20 décembre 1973 que le nom de l'organisation devient célèbre dans le monde entier avec l'assassinat en plein cœur de Madrid de l'amiral Luis Carrero Blanco, président du gouvernement de Franco.

UNE LUTTE PAR-DELÀ LES FRONTIÈRES

La mort du dictateur Franco en 1975 ne change rien aux revendications de l'ETA, qui réclame toujours un État indépendant comprenant aussi la Navarre espagnole et le Pays basque français (où le nationalisme s'appuie sur l'organisation Iparretarrak, « ceux du Nord »). Des deux côtés de la frontière, les attentats se multiplient pour que soit accordée l'autodétermination.

Longtemps considérée comme la base arrière de l'ETA, la France a conclu en 1987 avec l'Espagne un accord de coopération antiterroriste. Depuis, plus d'une quinzaine de hauts responsables de l'ETA ont été arrêtés sur le territoire français. Le 23 juillet 1996, les policiers français ont porté un coup sérieux à l'organisation clandestine en interpellant sept militants dont Julian Achurra Egurola, numéro 3 présumé de la branche militaire.

LES GAL

De 1983 à 1986, les militants basques furent à leur tour victime du terrorisme. Pendant 27 mois ils furent la cible des GAL (groupes antiterroristes de libération) ; ces escadrons de la mort frappaient indifféremment des deux côtés des Pyrénées. 17 séparatistes basques ont ainsi été abattus sur le sol français. Cette affaire fut à l'origine de l'un des plus importants scandales politiques lorsque des magistrats découvrirent que les GAL étaient en fait téléguidés par la police espagnole. Felipe Gonzalez, Premier ministre socialiste, fut même un temps désigné comme responsable principal. L'affaire des GAL contribua à sa défaite lors des élections législatives en mars 1996.

Pour faciliter ses échanges intérieurs et réduire sa dépendance par rapport au dollar, l'Union européenne a décidé de se doter d'une monnaie unique. Si tout se passe comme prévu, nous aurons des euros dans notre porte-monnaie en 2002.

Monnaie unique qui doit être adoptée, au plus tard le 1er janvier 1999, par les pays de l'Union européenne qui auront satisfait à certains critères économiques.

Voir aussi : Union européenne

UN CALENDRIER SERRÉ

Le 1er janvier 1999, l'euro sera une vraie monnaie. Dans un premier temps, elle sera surtout utilisée par les banques et les entreprises. Nos achats quotidiens se feront encore en francs, les prix étant affichés dans les deux monnaies, selon le taux fixé début 1999. Il sera toutefois possible de payer en euros certaines transactions par carte bancaire ou par chèque. Le 1er janvier 2002, les pièces et billets en euro commenceront à remplacer le franc, qui disparaîtra au plus tard le 30 juin. Entre-temps, il faudra modifier toutes les machines fonctionnant avec des pièces, les distributeurs de billets, les caisses des magasins et des milliers de logiciels informatiques. Surtout, il faudra s'habituer à penser en euro…
Cette monnaie unique simplifiera la vie des voyageurs : aujourd'hui, un touriste quittant Paris avec 1 000 francs et traversant tous les pays de l'Union européenne sans rien acheter, mais en changeant à chaque fois son argent, reviendrait chez lui avec moins de 500 francs ! Une perte entraînée par la différence entre le cours d'achat et de vente des devises et par les commissions prélevées sur le change.

DES CRITÈRES CRITIQUÉS

Les pays candidats à l'euro devront respecter quatre conditions. Ces critères de convergence économique concernent la maîtrise de l'inflation, des taux d'intérêt, de la stabilité du cours de la monnaie et des finances publiques. Cette dernière condition est très critiquée, notamment en France. Elle oblige en effet l'État à limiter fortement le déficit de son budget (au maximum 3 % de la richesse nationale), en augmentant les recettes (impôts) et en diminuant les dépenses (aide aux entreprises et à l'emploi, politiques sociales…), ce qui risque de ralentir l'activité économique et d'aggraver le chômage.

• **La subdivision de l'euro sera le cent. 100 cents = 1 euro. Sept coupures seront disponibles : 5, 10, 20, 50, 100, 200 et 500 euros, soit une gamme de billets valant approximativement de 33 à 3 300 francs, si l'on se réfère au cours de l'écu, prédécesseur de l'euro, fin 1996.**
• **Il y aura huit types de pièces, de 1 cent (environ 6 centimes aujourd'hui) à 2 euros (environ 13 francs).**

POURQUOI PAS L'ÉCU ?

La monnaie unique devait, à l'origine, s'appeler l'écu. Ce nom faisait à la fois référence à une vieille monnaie française et aux initiales de *European Currency Unit*, l'unité de compte européenne qui permet de fixer les taux de change entre les monnaies. Mais le mot « écu » sonnait désagréablement aux oreilles des Allemands car il ressemble à *eine Kuh*, qui veut dire une vache… c'est pourquoi le terme d'euro, plus neutre, a finalement été choisi.

extradition

L'extradition est une procédure judiciaire permettant à un État de se faire livrer un individu poursuivi ou condamné, mais réfugié dans un autre pays.

Voir aussi : néonazisme, terrorisme

OIPC-Interpol : créée en 1923, à Vienne, l'Organisation internationale de police criminelle regroupe 176 pays membres. Son siège se situe en France, dans la ville de Lyon. 300 fonctionnaires internationaux travaillent pour Interpol.

Les procédures d'extradition sont souvent longues et complexes. Elles n'aboutissent pas toujours et se heurtent parfois à la raison d'État. Quelques pays peuvent ainsi constituer des refuges pour les terroristes qu'ils refusent d'extrader.

UNE CONVENTION D'EXTRADITION

Certaines personnes recherchées ou poursuivies par la justice de leur pays tentent d'y échapper en se réfugiant à l'étranger. Elles sont alors sous le coup d'un mandat d'arrêt international diffusé dans le monde entier par l'organisation Interpol. Une fois appréhendées, elles peuvent être réclamées par la justice du pays dans lequel elles sont accusées d'avoir commis un délit. La procédure peut alors aboutir au bout de quelques mois si les deux États concernés ont signé un accord bilatéral baptisé « convention d'extradition ».

DES ACTES IMPUNIS

Si aucune convention n'a été signée, l'extradition ne pourra avoir lieu, ou bien au prix de nombreuses difficultés. C'est ainsi que Jacques Médecin, l'ancien maire de Nice poursuivi pour malversations financières, a trouvé refuge en Uruguay (1992). Sa demande d'extradition n'a été accordée qu'après deux années de négociations. Mais nombreux sont les délinquants ou criminels qui n'ont jamais été inquiétés. Ainsi, l'État libyen a toujours refusé, jusqu'en 1996, de livrer à la France deux de ses ressortissants mis en cause dans l'attentat contre un DC-10 français dans le désert du Ténéré, en septembre 1989.

LA RAISON D'ÉTAT

La justice ne triomphe pas toujours de la raison d'État. Par crainte de représailles, le gouvernement français a préféré renvoyer à Téhéran deux terroristes iraniens pourtant réclamés par la Suisse.
Et c'est parfois en toute illégalité que les désaccords sont réglés. Ainsi, les services secrets français sont-ils intervenus en 1994 sur le territoire soudanais pour capturer le célèbre terroriste Carlos et le ramener à Paris.

PAS D'EXTRADITION POUR LES NAZIS

Au sortir de la Seconde Guerre mondiale, l'Amérique du Sud (Argentine, Brésil, Paraguay...) accueille des milliers de nazis et criminels de guerre allemands. On estime à plus de 2 000 le nombre de passeports blancs remis par les autorités argentines à ces personnes en fuite. Josef Mengele, médecin-chef d'Auschwitz et responsable de 300 000 morts, a ainsi pu échapper à la justice et finir ses jours au Brésil. Son compatriote Adolf Eichmann eut moins de chance : sa demande d'extradition ayant été refusée, c'est en toute illégalité qu'il fut enlevé par les Israéliens en 1960 puis jugé et exécuté. En 1986, sur 120 000 criminels nazis vivants, 20 000 seulement avaient été jugés, 7 500 vivaient en Argentine.

fast food
fatwa *voir* **intégrisme**
faux
fécondation in vitro
fédéralisme
FIS
fisc *voir* **impôts**
fitness
fivette *voir* **fécondation in vitro**
flexibilité *voir* **chômage**
FLNC
fonctionnaire
Forpronu *voir* **ONU**
fracture sociale
Française des jeux *voir* **Loto**

fast-food

Expression d'origine anglaise, fast-food signifie littéralement « nourriture rapide ». En fait, on l'utilise pour désigner à la fois un style de restauration express et les repas préparés industriellement que l'on y sert.

Voir aussi : calorie, fitness, vache folle

• Le *Double Beef Whoper with Cheese* de chez Burger King équivaut à 15 cuillères à café de graisse !

• 40 % de la population américaine consommant quotidiennement des hamburgers souffre d'obésité.

• En 1993, 700 personnes ont été malades et 4 enfants sont morts à cause d'une bactérie contenue dans des hamburgers de la chaîne Jack in the box.

Phénomène urbain du XXe siècle, le fast-food est un repas destiné à être consommé rapidement, le plus souvent avec les doigts, en dehors de chez soi, souvent seul et même debout.

À L'ORIGINE

Malgré son image moderne, le fast-food n'est pas une invention récente. On a toujours distingué, à côté d'une alimentation socialisée, un autre type de restauration rapide, plus ordinaire et consommée hors du domicile : le fish'n chips (poisson et frites) des Britanniques, la pita syrienne, les tapas (« couvre-faim ») espagnols, et même les sushis japonais (bouchées de poisson froid et cru sur du riz).

LE GRAND-PÈRE SANDWICH

Le précurseur du fast-food est sans doute lord Sandwich, l'inventeur du sandwich. Au XVIIIe siècle, cet aristocrate anglais, joueur invétéré, eut l'idée de garnir du pain avec des aliments pour se nourrir sans avoir à quitter sa table de jeu ! La plupart des repas fast-foods sont des dérivés du sandwich, à base de pain, comme le pan-bagnat, le hamburger, la pizza, le panini italien, le hot-dog, le croque-monsieur, etc.

LES « CLASSIQUES »

On sert les fast-foods dans les chaînes de restaurants de hamburgers (dont la plus célèbre et n° 1 dans le monde est McDonald's), les snacks, les sandwicheries, les cafés, les boulangeries et les traiteurs. On peut consommer sur place ou choisir la vente à emporter (*take away* en anglais) très courante dans le monde anglo-saxon. Au menu : hamburger accompagné d'une portion de frites et d'une boisson sucrée et gazeuse, beignets de poulet (*fried chicken*), sandwiches, croissants fourrés, croque-monsieur, hot dogs, pizzas, quiches, friands, etc.

FAST OU NÉFASTE FOOD ?

Les fast-foods posent de réels problèmes de diététique : alors que 70 % de la clientèle européenne a moins de 25 ans et a besoin d'une alimentation équilibrée, la majeure partie des fast-foods contiennent un apport faible en protéines et excessif en graisses. Fibres, vitamines et sels minéraux sont également insuffisants. Cela contraint un Américain sur deux à consommer en complément des comprimés nutritionnels. Il arrive également que la qualité même des aliments laisse à désirer.

La contrefaçon est une fraude qui connaît une progression spectaculaire. Tous les pays sont touchés et plus particulièrement la France, célèbre pour ses produits de luxe. Sur dix marques copiées dans le monde, sept sont d'origine française. Au niveau international, la perte annuelle créée par ces fraudes est estimée à 600 milliards de francs.

Imitations de produits de marques, les faux sont désignés juridiquement sous le terme de « contrefaçons ». Les fraudeurs reproduisent des objets — bijoux, vêtements et même voitures — qu'ils revendent à un prix très avantageux.

Voir aussi : marque, piratage

TOUT SE COPIE

Longtemps, la contrefaçon s'est limitée à l'industrie des produits de luxe : faux polos Lacoste, faux parfums Chanel, faux sacs Vuitton, fausses lunettes Ray-Ban ou fausses montres Cartier. Désormais, tous les secteurs sont concernés. En premier lieu, les jouets : de fausses poupées Barbie sont fabriquées, par exemple, en Thaïlande. Plus dangereuse, la contrefaçon de médicaments provoque fréquemment des drames : en 1990, un faux sirop contre la toux a tué 109 enfants au Nigeria. L'industrie de l'automobile est également visée : de fausses garnitures de freins ont été trouvées sur des autobus au Royaume-Uni. Même les vins et spiritueux sont copiés : des bourgognes et des bouteilles de champagne sont vendus avec des étiquettes contrefaites.

LUTTER CONTRE LES FAUX

Les fraudeurs qui usurpent le nom des grandes marques et revendent les faux produits à bas prix sont de plus en plus souvent liés au grand banditisme et à la mafia.

Face à cette nouvelle forme de délinquance, les gouvernements augmentent leur surveillance et durcissent leurs lois. Au printemps 1996, les Américains ont identifié 29 usines chinoises qui produisaient 80 millions de faux disques compacts.

En France, la contrefaçon est punie de deux ans de prison et les amendes peuvent atteindre 1 million de francs. La loi ne poursuit plus seulement les fraudeurs mais aussi ceux qui les font exister puisque, aujourd'hui, le détenteur d'un faux est également passible d'une amende.

• **2 millions de fausses montres Cartier sont vendues chaque année dans le monde. Soit 8 fois plus de copies que d'originaux.**
• **On estime à 100 000 le nombre d'emplois menacés chaque année dans les pays européens par l'activité des faussaires.**

fécondation
in vitro

La fécondation in vitro (FIV) consiste à concevoir un enfant en dehors du corps de la mère et à réimplanter l'œuf fécondé dans l'utérus.

• **Plus de 30 000 enfants (un record mondial !) ont été conçus en France grâce à la FIV (4 000 par an) et plus de 100 000 dans le monde.**
• **Entre 1982 et 1987, 66 enfants sont nés en France d'une mère porteuse.**
• **La FIV est remboursée à 100 % par la Sécurité sociale. Elle est limitée à 4 tentatives.**
• **Les premiers sextuplés issus d'une FIV sont nés à Londres en 1996. L'éprouvette a bien fait les choses : 3 garçons et 3 filles.**

En 1978 naissait, en Angleterre, la petite Louise Brown ; en 1982, la petite Amandine, premier « bébé-éprouvette » français, était mise au monde grâce au travail d'équipe mené par le biologiste Jacques Testart et le docteur René Frydman. Ces naissances ont redonné espoir à des millions de couples stériles. La FIV, appelée aussi Fivette (fécondation in vitro et transfert embryonnaire), s'adresse en théorie aux femmes qui ne peuvent concevoir un enfant de façon naturelle.

DE QUOI S'AGIT-IL ?
Un ovule est prélevé chez la future mère puis fécondé en laboratoire avec le sperme de son conjoint ou d'un donneur anonyme. On laisse l'œuf fécondé se développer pendant trois jours « in vitro » (dans une éprouvette), puis on le réimplante dans l'utérus, la grossesse se poursuivant ensuite normalement jusqu'à son terme. Cette méthode est particulièrement destinée aux femmes dont les trompes de Fallope ne fonctionnent pas.

LE RISQUE DE GROSSESSES MULTIPLES
Pour augmenter les chances de grossesse par FIV, un nombre important d'embryons sont réimplantés dans l'utérus, d'où le risque bien supérieur à la normale de grossesses gémellaires ou multiples. Quand ils constatent que des grossesses multiples se développent, les médecins proposent aux femmes de supprimer les embryons en surnombre pour améliorer les chances de mener la grossesse à son terme.

DES DÉRIVES INQUIÉTANTES
Des femmes ont demandé à être fécondées avec le sperme congelé de leur mari décédé. Moyennant finances, des couples stériles proposent à des femmes de leur « fabriquer » un enfant grâce à une FIV réalisée avec le sperme du mari : ce sont les fameuses mères porteuses. Des femmes ménopausées qui désiraient malgré tout donner naissance à un enfant ont été inséminées grâce à des ovules provenant de femmes plus jeunes. Des spermatozoïdes de donneurs anonymes sont utilisés pour féconder des femmes dont les maris sont stériles, et la tentation est grande de se procurer à n'importe quel prix des renseignements sur les donneurs pour pouvoir sélectionner celui que l'on estime le meilleur.

FECONDATION IN VITRAUX

fédéralisme

Le fédéralisme répartit les responsabilités, les compétences et l'autorité administrative entre plusieurs régions dans un État. Lorsqu'il les répartit entre plusieurs États, c'est une confédération.

Le fédéralisme est un système politique qui s'applique à un État composé de plusieurs collectivités territoriales.

Voir aussi : décentralisation, Union européenne

UN MOUVEMENT ANCIEN

L'idée de s'opposer au pouvoir central est apparue pendant la révolution française, en 1789. Le groupe politique des girondins avait alors proposé de décentraliser l'autorité politique alors que les montagnards, ou jacobins, voulaient la maintenir à Paris. Le régime napoléonien devait ensuite renforcer le centralisme (jacobinisme) de l'administration, du pouvoir exécutif et du pouvoir législatif.

Ce n'est qu'à partir de 1982 qu'une série de lois (ou lois Defferre) donnera davantage d'autonomie financière et administrative aux régions françaises.

UN SYSTÈME RÉPANDU À L'ÉTRANGER

Beaucoup de pays, qui n'ont pas les mêmes traditions centralisatrices que la France, ont en revanche adopté le fédéralisme. C'est le cas des États-Unis (une union d'États), de l'Allemagne fédérale (une fédé-ration de Länder) ou de la Fédération de Russie qui adhère elle-même à une confédération, la CEI (Communauté des États indépendants).

Les États qui choisissent le fédéralisme adoptent un certain nombre de lois communes et délèguent à un gouvernement fédéral la politique étrangère, la défense et le droit de décider si les lois adoptées par les composantes de la fédération sont compatibles avec le cadre légal fédéral. Ils adoptent aussi une monnaie et des structures économiques communes. Les États jouissent cependant d'une grande autonomie dans les autres domaines. Par exemple, lorsque, en 1976 la Cour suprême des États-Unis a déclaré que l'application de la peine de mort était compatible avec la Constitution, les États se sont vus libres de la rétablir ou non. C'est ainsi qu'aujourd'hui certains États la pratiquent et d'autres non.

L'Union européenne s'orientera peut-être vers un système fédéral de gouvernement commun à tous ses membres après l'an 2000. Mais elle en est encore éloignée et plusieurs de ses membres s'y refusent (la Grande-Bretagne et la France, notamment). Il reste encore quelques épineux problèmes à régler avant de pouvoir l'envisager : la monnaie unique, les politiques étrangères et de défense, l'harmonisation de l'arsenal législatif...

L'ALLEMAGNE, UNE FÉDÉRATION DE LÄNDER

L'Allemagne est constituée de 16 Länder, dont trois « villes-États » (Hambourg, Brême et Berlin). Le pouvoir est ainsi réparti entre les Länder et l'État : aux premiers l'enseignement, la police, le maintien de l'ordre et de la sécurité, et le soin de faire respecter les lois fédérales. Au second, la politique étrangère, y compris la défense, les postes et les chemins de fer, la monnaie, la politique douanière et commerciale, les charges issues de la guerre (stationnement et entretien des forces d'occupation), etc.

FIS

Le Front Islamique du Salut est l'émanation politique du mouvement islamiste algérien. Ce parti a été dissous et interdit en 1992, quelques mois après avoir remporté le premier tour des élections législatives.

Voir aussi : GIA, islam, terrorisme

*Un meeting du F...
au stade communal d'Alger, en 199...*

Combien ?

• **De 1992 à 1996, les affrontements en Algérie entre les forces de l'ordre et les différents groupes armés ainsi que les actes terroristes ont fait 50 000 morts (chiffre établi en mai 1996).**

• **300 femmes, 150 enseignants, 700 fonctionnaires et 52 journalistes ont été tués dans des attentats qui les visaient directement.**

Au moment de ses victoires électorales, le FIS revendiquait trois millions d'adhérents. Aujourd'hui, tout chiffrage est impossible mais les causes du succès des islamistes n'ont pas disparu et le FIS bénéficie toujours d'un soutien important de la population. L'Algérie reste un pays sans démocratie politique où la crise sociale est intense.

LES SUCCÈS ÉLECTORAUX

En 1988, la nouvelle Constitution algérienne autorise le multipartisme. Il devient donc possible de créer des partis politiques opposés au Front de libération nationale (FLN), le parti unique au pouvoir depuis l'indépendance (1962). Ainsi apparaît le Front islamique du salut qui devient rapidement la principale force d'opposition au régime.

Aux élections municipales de 1990, le FIS dépasse même le FLN ; un an plus tard, en décembre 1991, il obtient 42 % des suffrages et arrive en tête du premier tour des élections législatives. La venue au pouvoir des islamistes est pratiquement certaine. Mais Abassi Madani et Ali Benhadj, les deux principaux

dirigeants du FIS sont emprisonnés ; le parti est dissous et interdit et il n'y aura jamais de deuxième tour pour ces législatives.

LE PASSAGE À LA CLANDESTINITÉ

Depuis 1992, le FIS n'a plus d'existence légale. Certains de ses partisans ont d'ailleurs rejoint les maquis des Groupes islamiques armés mais la plupart restent fidèles à la volonté d'accession au pouvoir par des voies démocratiques et n'excluent pas tout compromis avec les autorités algériennes.

Dans la clandestinité, ce parti s'est organisé en mettant sur pied l'Armée islamique du salut, une branche militaire pour faire pression sur le pouvoir. Pour la première fois en 1994, le FIS et le FLN ont entamé un dialogue qui n'a jusqu'ici abouti à rien.

Les principales revendications des islamistes demeurent cependant connues : instauration de la charia (loi islamique), lutte contre la mixité, l'indécence (en imposant le port du voile aux femmes), respect des prières et de la fréquentation des mosquées… soit un retour aux valeurs morales pour combattre les inégalités sociales, l'injustice, la corruption…

"Depuis 1992, le FIS n'a plus d'existence légale"

fitness

Synonyme de mieux-être, d'harmonie et de santé, le fitness est un marché florissant : clubs de gym, alimentation saine, vêtements de sport... Il est volontiers présenté comme une nouvelle manière de vivre permettant de résister à toutes les agressions d'un monde moderne, urbain et malsain.

Voilà un mot anglais qui désigne la santé et tout ce qui concerne l'entretien du corps et l'art de se maintenir en forme.

Voir aussi : calorie

À l'origine
Le fitness vient de Californie. Énorme phénomène culturel apparu aux États-Unis à la suite du jogging des années 70, il a fait une réelle percée européenne au début des années 90. Le fitness s'oppose à tous les maux actuels : pollution, cholestérol, stress, tabagisme, sédentarité, alcool, maladies... En Amérique, même le président est un adepte du fitness et il ne manque pas de se faire filmer pendant qu'il effectue son jogging quotidien !

Vers une nouvelle alimentation
Mon alimentation est-elle saine ? Ne devrais-je pas devenir végétarien ? L'œil rivé sur sa balance et son nombril, l'adepte est prêt à suivre tous les conseils lui promettant bonne santé et jeunesse éternelle. Halte aux kilos en trop, vive les nourritures biologiques et diététiques ! N'oublions pas qu'en anglais, *to be fit* signifie « être en bonne santé », mais aussi « être mince »...

Vive le sport !
En plus des sports traditionnels, le fitness a fait apparaître de nombreuses disciplines en « ing » et en « ic » : aérobic, stretching (étirements), soft-gym (gymnastique douce), body-building (muscula-tion), gym aquatique, harmonic-gym... Le temple du fitness est la salle de gym où l'on vient transpirer et se muscler sur des machines telles le cardio-training (une combinaison de plusieurs machines destinées à muscler le corps et le cœur).

Le marketing du fitness
Le fitness représente aujourd'hui un gigantesque marché : salles de sport, bien sûr, mais aussi livres, cassettes vidéo, chaînes de magasins, vêtements, publicité... La star du fitness, c'est bien entendu Jane Fonda (qui ne rêverait de lui ressembler à soixante ans passés ?) qui a gagné des millions de dollars en proposant cassettes vidéo et livres sur le sujet. Madonna fit rêver également beaucoup de femmes en remodelant intégralement sa silhouette. Nike et Reebok sont deux multinationales qui doivent leur fortune à la vogue du fitness.

LE CULTE DU CORPS ET SES EXCÈS

Le fitness peut entraîner des excès. On veut rester jeune, « bien vieillir », au risque de créer une dépendance malsaine avec le sport sur le plan physique comme sur le plan psychologique. Parmi les symptômes les plus graves figurent l'insomnie, l'obsession du poids, les troubles digestifs ou cardiovasculaires, l'arrêt des règles et un égocentrisme effréné débouchant sur un isolement dangereux.

FLNC

Le FLNC (Front de libération nationale de la Corse) est un mouvement clandestin qui œuvre pour l'indépendance de la Corse.

Voir aussi : terrorisme

• Depuis la création du **FLNC**, plus de 8 400 attentats, revendiqués par les diverses « armées » corses ou dus au banditisme ont frappé l'île et endeuillé ou ruiné de nombreuses familles.

• Plus d'un attentat par jour : en 1995, on en a dénombré 395.

Créé en 1976 et dissous en 1983, le FLNC survit mais sous bien d'autres noms.

POUR UNE NATION CORSE

Depuis la fin de la Seconde Guerre mondiale, certains habitants de la Corse, alternant violence armée et dialogue politique, n'ont cessé de réclamer pour leur île l'indépendance ou, du moins, une large autonomie. Parmi les acteurs de l'agitation nationaliste, le FLNC est le plus connu. Interdit par le gouvernement français à la suite d'une longue série de violences et d'attentats en 1983, il a donné naissance à plusieurs autres mouvements.

LES FRÈRES ENNEMIS

Aujourd'hui, on parle du FLNC-Canal historique, organisation favorable à la lutte armée, mais représentée par une façade légale,

Un militant du FLNC à la conférence de presse de mai 1996.

appelée la Cuncolta, et du FLNC-Canal habituel (qui cherche à établir une trêve), également reconnu officiellement. Ces deux rivaux et leurs seconds couteaux, Resistanza et MPA (Mouvement pour l'autodétermination), se livrent à une guerre fratricide : 14 de leurs militants ont été assassinés en 1995.

Depuis le 4 mai 1996, un cinquième groupe issu de la lutte clandestine a repris le nom de FLNC.

LE PRIX DE L'UNION

Pour pallier les handicaps de la Corse : éloignement, faible population, absence d'industrie, l'État verse chaque année sous diverses formes 27 000 francs par an et par habitant. Plus que pour les Antilles... C'est le prix à payer pour garder « l'Île de Beauté » que des extrémistes voudraient rendre indépendante de la France.

DIFFICILE DIALOGUE

Les divers gouvernements ont tous tenté de parvenir à un accord avec les autonomistes corses, notamment les chefs des FLNC. L'État a consenti des réformes et des avantages financiers importants sans parvenir à apaiser le climat de violence dans l'île.

Certains envisagent aujourd'hui un référendum sur l'indépendance auprès des 250 000 habitants. De nombreux Corses, lassés par la violence et conscients de la dérive mafieuse de certains nationalistes, souhaitent en effet que l'on trouve rapidement une solution.

fonctionnaire

Il existe également des fonctionnaires au service d'institutions internationales : les fonctionnaires de l'Organisation des Nations unies ou les fonctionnaires européens, qui travaillent au sein des institutions de l'Union européenne.

Un fonctionnaire est un agent titulaire de l'État rémunéré pour entreprendre des tâches d'utilité publique.

NOMMÉS À VIE

Les fonctionnaires sont nommés par l'État, le plus souvent à la suite d'un recrutement par concours. Nommés à vie, ils ne peuvent être démis de leurs fonctions que dans des circonstances exceptionnelles, faute professionnelle grave, par exemple. Ils jouissent d'avantages particuliers en matière de retraite et de salaires.

LE COÛT DE LA FONCTION PUBLIQUE

20 % des actifs en France sont fonctionnaires, faisant ainsi de l'État le premier employeur de France. Ces effectifs lui coûtent cher (40 % du budget).

En période de crise économique, les contribuables qui, par l'impôt, financent les salaires des fonctionnaires sont nombreux à souhaiter une réduction des dépenses de l'État et en particulier la réduction des effectifs de la fonction publique,

ainsi qu'une plus grande efficacité des services publics.

UNE IMAGE CONTROVERSÉE

73 % des Français ont une bonne image de la fonction publique au point que 4 Français sur 5 seraient satisfaits d'avoir un enfant fonctionnaire alors que 44 % des Français jugent qu'ils sont déjà en nombre suffisant.

Les fonctionnaires ont parfois à souffrir d'une image controversée : voir l'insultante dénomination de « mauvaise graisse » employée par le Premier ministre français Alain Juppé en 1996 (66 % des Français les jugent moins efficaces que les employés du privé). Il ne faut pas pour autant généraliser. Certains, comme les enseignants, les policiers ou les infirmières doivent souvent effectuer leur tâche dans des conditions difficiles et n'en tirent qu'un médiocre bénéfice personnel.

• **Aux États-Unis, les frais de fonctionnement de l'État ont été si importants en 1996 que l'administration américaine s'est déclarée dans l'incapacité de verser les salaires de ses fonctionnaires.**
• **En Russie, des millions de fonctionnaires (plus de 15 selon les organisateurs) sont descendus dans la rue en novembre 1996 pour réclamer le paiement de leurs traitements.**

• **Plus de 10 milliards de francs sont distribués en France au titre de primes diverses (primes de chaussures pour les facteurs, etc.).**

FONCTIONNAIRES DE TOUS LES PAYS

Alors que le nombre d'exploitants agricoles a diminué de moitié dans le dernier quart de siècle en France, le nombre de fonctionnaires du ministère de l'Agriculture est resté constant ! Les fonctionnaires sont donc des agents au service de la nation rattachés à diverses administrations telles que les finances (9 %), l'éducation nationale (51 %), la défense (18 %), etc. Il y a 18 500 fonctionnaires européens en 1995, dont : 17 % en France, 14 % en Allemagne, 13 % en Belgique, 12 % en Grande-Bretagne, 6 % en Grèce...

fracture
sociale

La fracture sociale désigne l'écart qui s'est creusé, dans les pays « riches », entre les possédants et les plus démunis.

Voir aussi : chômage, RMI, SDF

• **En Europe, 11 % de la population en âge de travailler est au chômage, et 41 % des personnes sans emploi sont des chômeurs de longue durée.**

• **Aux États-Unis, le chômage est plus faible qu'en Europe, mais les conditions de travail sont plus difficiles et la protection sociale n'est pas accessible aux plus pauvres.**

Du fait de la crise économique et de la montée du chômage, un nombre de plus en plus grand de citoyens sont exclus de l'accès à la prospérité et à un niveau de vie décent. Une partie de la population n'a plus de ressources suffisantes pour faire face à ses besoins élémentaires : logement, alimentation, éducation... alors qu'un petit nombre de nantis voient leurs revenus continuer à s'élever.

L'exclusion, un problème majeur pour la société

La pauvreté, baptisée aujourd'hui « exclusion », qui ne touchait qu'une frange de la population au temps de la prospérité, s'étend de plus en plus. Des milliers de personnes ont quitté le monde des salariés à revenus stables pour glisser dans des situations « précaires ». Il suffit de perdre son emploi ou de vivre dans une région sinistrée pour que le risque soit présent. Dans chaque famille, on peut en percevoir les ravages.

Pour certains, tout va bien !

Parallèlement, l'écart entre les « have » (ceux qui possèdent) et les « have not » (ceux qui n'ont rien) s'agrandit. Les affaires dans lesquelles ont été inculpés des chefs d'entreprise ont fait connaître au grand public leur train de vie somptueux. La révélation de leurs gains,

en période d'austérité où l'on demande au citoyen ordinaire de se serrer la ceinture, a pu choquer les esprits.

Les risques de l'exclusion

Face au problème de la fracture sociale, les Français se posent des questions sur l'aptitude de la classe politique à résoudre cette question. Des vertus prônées officiellement comme la solidarité, la justice, paraissent bafouées chaque jour par un système de « libéralisme sauvage » incapable de protéger les plus faibles.

Cette méfiance vis-à-vis des politiques et des institutions démocratiques occasionne bien des dérives démagogiques. Certains rejoignent les sectes qui leur promettent le paradis sur terre. D'autres sont réceptifs à des discours xénophobes et simplistes. Du côté des exclus, le manque de perspectives crée les conditions du recours à la violence ou à l'autodestruction.

Le travail des associations

De nombreux citoyens se regroupent dans des associations pour trouver remède aux situations les plus urgentes. Le Secours catholique, la Croix Rouge, l'Armée du Salut ou Emmaüs continuent un travail engagé depuis longtemps auprès des plus défavorisés. Des mouvements nouveaux ont vu également le jour, comme les Restos du Cœur, fondés par Coluche pour délivrer des repas gratuits, le DAL qui tente de reloger les personnes mal-logées ou sans domicile, ATD-Quart Monde, ou AC qui regroupe des chômeurs.

G7
GATT
gauche/droite
gay *voir* **homosexualité**
génie génétique
génocide
GIA
Goncourt
gourou *voir* **sectes**
gouvernement
grève

G7

Le G7 désigne le groupe des sept premiers pays industrialisés du monde. Par ordre de richesse : États-Unis, Japon, Allemagne, France, Royaume-Uni, Canada et Italie. À eux seuls, ils produisent les deux tiers de la richesse mondiale et détiennent près de la moitié des réserves monétaires de la planète.

Le sommet du G7 sur l'emploi en avril 1996 à L[...]

• **C'est Valéry Giscard d'Estaing, l'ancien président de la République française, qui est à l'origine du G7. En 1975, il avait proposé qu'un sommet monétaire se réunisse. À l'époque, cinq chefs d'État s'étaient retrouvés. Le Canada et l'Italie ont rejoint le groupe en 1987.**

Tous les ans, les chefs d'État ou de gouvernement du G7 se réunissent pour débattre des grands problèmes économiques et politiques. Le dernier sommet des 7 s'est tenu à Lyon en juin 1996. Le premier avait eu lieu à Rambouillet en 1975.

UN RÔLE DE DIALOGUE

Les réunions du G7 ont tout d'abord le mérite de maintenir le dialogue entre les principaux États. Ces sommets permettent de renforcer les liens politiques et économiques des pays représentés. Le plus souvent, ils aboutissent à des déclarations de principe plus qu'à de réelles décisions. Au sommet de Lyon, en juin 1996, le principal sujet de préoccupation était le chômage : les sept pays les plus riches comptent plus de 23 millions de chômeurs. D'autres sujets d'actualité étaient aussi au programme : les 7 ont ainsi affirmé la nécessité d'une meilleure coordination dans la lutte contre le terrorisme. Certaines décisions concrètes sont également prises. En 1989, par exemple, le G7 a décidé la première annulation d'une partie de la dette du tiers-monde.

LES « ANTI-G7 »

À chaque fois qu'un sommet des 7 se réunit, il provoque désormais des manifestations « anti-G7 ». Les opposants accusent le G7 d'être un « club des riches », qui finalement ne se soucie guère du tiers-monde et des autres pays. On lui reproche également de ne parvenir que très rarement à prendre de véritables décisions, tant les intérêts entre les sept pays sont divergents. Enfin, il est certain que ces sommets sont très coûteux à organiser. Ils déplacent des milliers de journalistes, 3 500 à Lyon, et nécessitent des mesures de sécurité draconiennes.

"Les opposants accusent le G7 d'être un club des riches"

GATT

Au lendemain de la Seconde Guerre mondiale, les principales puissances économiques décidèrent que les échanges commerciaux devaient être soumis à un code de bonne conduite. L'entre-deux-guerres avait été marquée par une grave crise économique due notamment à l'absence de règles pour le commerce. L'objectif initial était de limiter les droits de douane pour favoriser le libre-échange.

Le GATT (General Agreement on Tariffs and Trade : accord général sur les tarifs douaniers et le commerce) est un accord signé en 1947 par 23 pays, afin de fixer des règles au commerce mondial. En décembre 1995, il a été remplacé par l'OMC : Organisation mondiale du commerce.

LES CYCLES DE NÉGOCIATIONS

De 1947 à 1994, les pays signataires du GATT menèrent huit cycles de négociations, appelés « rounds ».
Les trois derniers furent les plus importants. Il s'agit du Kennedy round, du Tokyo round et enfin de l'Uruguay round, qui s'est achevé en 1994. Lors de ces derniers « rounds », il a été décidé de ne plus se préoccuper uniquement des tarifs douaniers et d'élargir le domaine de compétence du GATT. C'est dans le domaine agricole que les discussions ont été les plus difficiles. L'agriculture représente 10 à 12 % des échanges mondiaux, et les intérêts des États-Unis et de l'Europe divergent. Les États-Unis voulaient en effet maintenir leur domination, et surtout mettre fin au système européen d'aide aux agriculteurs qui a permis à l'Europe de devenir le deuxième exportateur mondial. Un accord a finalement été trouvé en 1994 : c'est le compromis de Marrakech.

LE BILAN DU GATT

Malgré des négociations difficiles, certaines règles ont pu être établies. On peut citer par exemple la loi « anti-dumping », qui interdit de vendre dans un autre pays des marchandises à un prix inférieur au prix de revient. Aujourd'hui, 60 à 70 % des échanges internationaux de marchandises sont soumis aux règles du GATT.

- **L'Organisation mondiale du commerce a remplacé le GATT le 1er décembre 1995. Elle regroupe 150 pays et siège à Genève. Elle a pour mission de faire appliquer les accords signés dans le cadre du GATT. Ses objectifs sont le relèvement des niveaux de vie et l'accroissement de la production et du commerce.**

Manifestation européenne des agriculteurs à Strasbourg en décembre 1992.

gauche/droite

La gauche et la droite représentent dans les pays occidentaux les deux grands pôles de référence qui se partagent l'offre politique.

Où ?

Certains pays n'utilisent pas directement le vieux clivage gauche/droite : c'est le cas des États-Unis, où l'on parle des démocrates (Bill Clinton) et des républicains (Bob Dole), ou de la Grande-Bretagne avec les travaillistes (Tony Blair) et les conservateurs (John Major). Mais ces appellations recouvrent, dans leurs grandes lignes, les oppositions classiques entre gauche (plutôt étatiste) et droite (plutôt libérale).

Le clivage gauche/droite trouve son origine dans une séance de l'Assemblée nationale en 1789. Les représentants devaient alors se décider sur la question du droit de veto du roi : le roi pouvait-il s'opposer à une loi votée par les représentants du peuple ? Les députés favorables au roi se regroupèrent dans la partie droite de l'hémicycle, face au souverain ; les députés favorables au processus révolutionnaire se regroupèrent à la gauche du roi.

On retrouve ce même clivage dans la société politique d'aujourd'hui et dans l'emplacement qu'occupent dans les assemblées députés et sénateurs.

À DROITE

Les « légitimistes » proprement dits, royalistes et réactionnaires (en réaction contre la Révolution), les « orléanistes » qui furent, après la chute de Napoléon, favorables à la monarchie constitutionnelle et au

L'EXTRÊME DROITE A SOUVENT UNE DÉMARCHE FORT GAUCHE

MAIS L'EXTRÊME GAUCHE N'EST PAS TOUJOURS TRÈS ADROITE NON PLUS

"La révolution est l'instrument des communistes, la réforme celui des socialistes"

VERS LA DISPARITION DU CLIVAGE GAUCHE/DROITE

Parfois, même en France, le clivage gauche/droite disparaît lors des grands débats qui agitent la société. C'est ainsi que deux grands sujets économiques trouvent soutien et opposition au sein de la droite comme de la gauche : le respect des critères de convergence du traité de Maastricht et l'ancrage du franc sur le Deutschmark. Il y a encore peu de temps, ces deux thèmes rassemblaient la droite conservatrice et la gauche modérée. Seules quelques personnalités exprimèrent une opinion différente, comme Philippe Seguin à droite, et Jean-Pierre Chevènement à gauche. Devant la montée de la crise sociale, des voix de plus en plus nombreuses se sont élevées, aussi bien à droite qu'à gauche, pour demander un assouplissement de ces règles.

suffrage censitaire, sur le modèle britannique, forment la droite libérale. Les « bonapartistes », du nom de Napoléon Bonaparte, s'accordent avec les précédents dans les grandes lignes, mais placent au-dessus de toute autre considération « l'intérêt supérieur de la nation ».

À GAUCHE

D'un côté, les révolutionnaires, puis les communistes estiment qu'aucun changement en faveur de l'égalité des richesses n'est possible s'il ne prend pas pour cible la racine du régime et des institutions en place. Leur tâche fut de poursuivre la révolution de 1793, puis, sous l'égide du Komintern et de l'URSS, celle de 1917. La seconde famille est une scission de la première : c'est la famille socialiste, qui estime que l'on peut favoriser le sort des classes populaires et des salariés en s'appuyant sur les efforts de l'État, notamment en matière sociale et éducative. La révolution est l'instrument des communistes, la réforme celui des socialistes.

L'ÉMERGENCE DU CENTRE

Aujourd'hui, bien des politiques cherchent à rassembler un maximum de voix en se présentant comme des libéraux ou « modérés ». En France, la droite, principalement composée de personnalités aux vues conservatrices, cherche à se rénover et se rapproche du centre. De son côté, la gauche, qui a déçu une partie de son électorat pendant ses quatorze années de pouvoir, développe des thèses plus pondérées et adopte un discours plus centriste pour élargir son audience.

Quoi ?

• Certains politiques sont des énigmes : on ne peut les classer ni à gauche ni à droite. Ce fut notamment le cas des bonapartistes, qui étaient à droite en matière économique (conservateurs), mais à gauche en matière politique (ils acceptaient la Révolution).
• En France, un tiers des ouvriers qui votaient jusqu'alors pour le parti communiste se prononcèrent pour de Gaulle à partir de 1958.
• Depuis 1994, une fraction de l'électorat communiste français se tourne vers un parti que beaucoup qualifient d'extrême droite : le Front national.

génie
génétique

Le génie génétique désigne toutes les méthodes d'investigation et d'expérimentation sur les gènes de certaines cellules vivantes.

Voir aussi : maladies génétiques

"Le génie génétique suscite autant d'espoirs que de craintes"

Les trois pionniers du génie génétique sont deux Américains, Paul Berg et Walter Gilbert, et un Anglais, Frederick Sanger. Ils ont reçu, pour leurs travaux, le prix Nobel de chimie en 1980.

Chaque individu possède environ 100 000 gènes. Ils se situent sur les chromosomes et sont portés par une structure, qui ressemble à un très long et mince fil, l'ADN ou acide désoxyribonucléique. Isoler, étudier ces gènes, s'en servir, voire les modifier, pour infléchir les mécanismes qu'ils dirigent, c'est cela le génie génétique. On peut ainsi modifier certains caractères héréditaires (ces derniers étant portés et définis par les gènes) de cellules ou d'organismes vivants comme des bactéries, par exemple. On peut aussi « programmer » des êtres nouveaux, qui n'existent pas dans la nature, en modifiant la distribution des gènes sur des fragments d'ADN.

UN APPORT CONSIDÉRABLE

Les applications pratiques sont nombreuses. Grâce au génie génétique, on améliore certaines espèces végétales, on augmente leur résistance à telle ou telle agression. Une société californienne commercialise depuis 1994 des tomates qu'on peut conserver plusieurs mois après avoir isolé les gènes responsables du pourrissement…
On peut aussi, en intervenant sur des bactéries, les amener à fabriquer des substances qu'elles ne génèrent pas habituellement et produire ainsi à grande échelle et à coûts réduits des médicaments tels que l'insuline ou l'interféron et des vaccins comme celui de l'hépatite B. Demain, peut-être, parviendra-t-on à lutter contre certaines maladies dites génétiques (car portées par les gènes) comme la mucoviscidose, l'hémophilie ou la myopathie.

DE VIVES INQUIÉTUDES

Le génie génétique suscite autant d'espoirs que de craintes. L'apparition sur le marché de fruits et légumes « transgéniques » se heurte à l'opposition de certains consommateurs qui souhaitent voir l'origine de ces produits signalée. Au nom de la défense de l'environnement, d'autres s'élèvent contre une menace potentielle contre les écosystèmes et la biodiversité. En 1996, l'apparition sur le marché européen de soja « transgénique » a suscité une vaste polémique. Ce soja, qui ne se distingue pas à première vue du soja traditionnel, a reçu un gène lui permettant de résister aux insectes et aux mauvaises herbes. Il est cultivé aux États-Unis. La nouveauté de ces productions ne permet pas encore d'en mesurer toutes les conséquences.
Les peurs les plus vives concernent les possibilités offertes aux manipulations génétiques sur l'espèce humaine.

L'EUGÉNISME

Fondé vers 1870 par Francis Galton, cousin de Darwin, l'eugénisme se définit comme une science visant à améliorer les caractères des populations humaines. En clair, il s'agit, pour ses promoteurs, de limiter la reproduction des individus jugés inaptes et d'encourager celle des individus jugés les meilleurs de par leurs particularités physiques ou mentales. Cette doctrine a donné lieu à des formes graves de discrimination et de répression dans l'Allemagne nazie, où furent tentées des expériences de ce type : stérilisation des personnes jugées déficientes ou inférieures, reproduction forcée de personnes jugées supérieures…

Actuellement, la Chine est, avec Singapour, le seul pays au monde à s'être doté d'une loi eugéniste. Cette loi, entrée en vigueur le 1er juin 1995, est destinée à empêcher certaines personnes, porteuses d'une maladie infectieuse, d'un trouble mental ou d'une maladie génétique, d'avoir des enfants, ou même de se marier.

CLONAGE

La littérature de science-fiction en est friande : le clonage consiste à produire en série des êtres semblables en tout. Le génie génétique le permet. En théorie, un clone est défini comme un ensemble de cellules dérivées d'une cellule initiale et possédant toutes exactement le même équipement génétique. En pratique, on peut permettre la reproduction d'individus (animaux ou végétaux) absolument identiques en insérant l'une de leurs cellules au cœur d'un ovule dont on a supprimé le noyau. En France, l'Institut national de la recherche agronomique mène des recherches en ce sens, qui ont déjà abouti à la naissance de lapereaux, d'agneaux et de veaux clonés. On imagine sans mal le danger lié à de telles recherches sur les êtres humains…

Combien ?

• **En 2005, les plantes transgéniques représenteront 25 % de la production mondiale.**
• **Soja, maïs, coton et colza transgéniques sont déjà cultivés sur plus de 2 milliards d'hectares en Amérique du Nord.**

génocide

Un génocide, c'est l'extermination systéma-tique d'un groupe humain en raison de sa nationalité, de son ethnie ou de sa religion.

Voir aussi : antisémitisme, crime contre l'humanité

D'autres massacres de masse au XXᵉ siècle sont assimilés à des génocides :
• **Entre 1967 et 1970, au Nigeria, la guerre du Biafra fait 1 million de morts parmi les Ibos.**
• **Entre 1975 et 1980, au Cambodge, les Khmers rouges veulent transformer la société par la terreur : environ 600 000 personnes massacrées.**

Fondé sur le refus du droit à l'exis-tence, le génocide est considéré comme le plus grand crime de l'his-toire. Ses auteurs décident de faire disparaître une partie de l'humanité de manière planifiée. Tous les mas-sacres de masse ne sont pas des génocides. Après celui des Indiens d'Amérique au XIXᵉ siècle, les histo-riens considèrent aujourd'hui qu'il y a eu trois génocides au XXᵉ siècle.

LE GÉNOCIDE ARMÉNIEN

En 1915-1916, le parti qui dirigeait l'Empire ottoman (actuelle Turquie) décide d'anéantir la nation armé-nienne, suspecte de pencher pour la Russie chrétienne et considérée comme inassimilable : environ deux millions de personnes ont été tuées.

LE GÉNOCIDE JUIF

À la fin des années 30, Hitler, à la tête de l'Allemagne nazie, adopte la « solution finale », ce qui signifie qu'il décide l'élimination systéma-tique des Juifs, des Tziganes et autres « races » considérées comme inférieures. À partir de 1942, des centaines de milliers de Juifs d'Europe sont déportés et envoyés dans des camps d'exter-mination, comme Auschwitz ou Treblinka. Six millions de juifs furent victimes de ce génocide, également nommé la Shoah (la catastrophe).

LE GÉNOCIDE TUTSI

Entre avril et août 1994, au Rwanda, des extrémistes Hutus exterminent la minorité tutsi qui représente 14 % de la population. Programmé longtemps à l'avance, ce génocide s'est déroulé très rapi-dement. Plus d'un demi-million de Tutsis ont été tués en quelque semaines, soit le tiers de l'ethnie. En 1994, la communauté interna-tionale a mis en place un tribunal qui doit juger et punir les instiga-teurs comme les exécutants du génocide rwandais. Ils sont pour-suivis pour crime contre l'huma-nité. Les coupables seront difficiles à juger parce qu'ils vivent dans la clandestinité dans des États voisins.

ÉPURATION ETHNIQUE OU GÉNOCIDE ?

En ex-Yougoslavie, les partisans de la Grande Serbie ont pratiqué entre 1992 et 1995 une politique d'épuration ethnique, c'est-à-dire qu'ils ont systématiquement chassé des terri-toires qu'ils contrôlaient les habitants non serbes. Cette politique a pu, en certaines occa-sions, s'apparenter à un génocide, c'est pour-quoi des responsables serbes (comme Radovan Karadzic et Ratko Mladic) sont poursuivis par le tribunal pénal international (TPI) sous le chef d'accusation de génocide.

GIA

Les Groupes islamiques armés sont des mouvements islamistes qui prônent le renversement du régime algérien par tous les moyens.

Voir aussi : FIS, intégrisme, islam, terrorisme

Les GIA ne forment pas un parti politique uni. Ils rassemblent des groupes divers dont le point commun est le recours à des méthodes radicales. Les Groupes islamiques armés se sont lancés dans une guerre ouverte contre le gouvernement algérien.

LA GUERRE TOTALE

Les GIA sont nés de l'abandon du processus démocratique en Algérie lors des élections législatives de 1991. Ces groupes vivent dans la clandestinité, leur organisation rappelle celle du FLN lors de la guerre de libération nationale.

Leurs premières cibles ont été les représentants de l'État, les gendarmes essentiellement ; puis les intellectuels partisans de la démocratie et les journalistes. Les GIA font maintenant régner une terreur aveugle : assassinats, poses de bombes, attentats à la voiture piégée et raids contre des villages isolés dont les habitants (y compris les enfants) sont froidement égorgés. Une violence qui a ses effets pervers : en Algérie, le pouvoir invoque leur menace pour limiter la liberté de parole et de la presse, et pour retarder le processus démocratique.

LA GUERRE EXPORTÉE

En décembre 1994, un Airbus d'Air Algérie est détourné sur l'aéroport de Marseille. Les six preneurs d'otages, membres des GIA, sont exécutés par les unités d'élite françaises. Pour la première fois, les GIA agissaient hors du territoire algérien. La vague d'attentats de l'été 1995 en France est également attribuée à ces groupes. La première victime, un imam d'une mosquée parisienne, était soupçonné de négocier avec les autorités françaises. La France est le pays le plus menacé par les GIA qui l'accusent de soutenir trop directement le régime en place à Alger.

Le 16 novembre 1996, Amnesty International publie un rapport sur les violences en Algérie, et avance le chiffre de 50 000 morts depuis cinq ans. Ce rapport dénonce également le climat de terreur régnant dans ce pays : « Il est urgent de sortir de cette logique selon laquelle certains justifient les crimes des uns en raison des crimes des autres. »

SEPT MOINES ASSASSINÉS

Malgré les menaces terroristes contre tous les étrangers résidant en Algérie, sept moines français avaient choisi de rester dans leur monastère de Tibéhirine. Ils avaient exprimé très clairement leur souhait de maintenir le dialogue avec la population avoisinante : « Nous avons vécu ici des bons moments, nous ne pouvons pas quitter ce peuple lorsqu'il est dans le malheur. » Enlevés dans la nuit du 26 au 27 mars 1996 par un commando des GIA, ils furent assassinés peu après.

Goncourt

Prix littéraire créé en 1903 et décerné chaque année par la société littéraire du même nom. Fondée par l'écrivain français Edmond de Goncourt, elle a pour vocation d'« encourager les lettres ».

• **120 000 exemplaires :** c'est le tirage minimum d'un prix Goncourt. 50 % des ouvrages littéraires sont tirés à moins de 5 000 exemplaires ! Record :
• **Plus de 3 millions** d'exemplaires pour *La Condition humaine,* d'André Malraux (1933). Flop :
• **3 000 exemplaires** pour le Goncourt 1908 (*Écrit sur de l'eau,* de Francis de Miomandre). Il a fallu douze ans pour les épuiser !

En France, novembre est le mois des prix littéraires, parmi lesquels le plus prestigieux reste le Goncourt. Censé, à sa création, récompenser un jeune auteur, il couronne en réalité plus souvent des écrivains déjà confirmés. Il est toujours la garantie de bonnes ventes et donc d'importants bénéfices pour les éditeurs.

GONCOURT ET LES AUTRES

L'Académie Goncourt, composée de dix écrivains, présélectionne tout au long de l'année plusieurs ouvrages et arrête une liste définitive fin septembre. Elle élit le lauréat au cours d'un déjeuner, en procédant à un vote à plusieurs tours si nécessaire. En cas de « ballottage », la voix du président est prépondérante. La renommée du Goncourt ne doit pas faire oublier les autres prix littéraires, comme le Fémina, le Médicis, le Renaudot et l'Interallié, décernés eux aussi en novembre.

Depuis 1988, à l'initiative de la Fnac, il existe également un « Goncourt des lycéens ». Treize représentants de différents établissements couronnent un roman choisi parmi la liste de l'Académie. En 1995, académiciens et lycéens ont récompensé le même livre : *Le Testament français,* de Andreï Makine.

LE PRIX DE LA MAGOUILLE ?

À défaut de faire connaître un écrivain, le Goncourt présente l'avantage d'attirer l'attention sur un livre, de le faire vendre et de rapporter beaucoup d'argent, à son auteur et aussi, surtout, à son éditeur. On comprend alors que les maisons d'édition rêvent toutes de publier un Goncourt. Pour y arriver, on prétend que certaines d'entre elles, parmi les plus importantes (Gallimard, Grasset, Le Seuil), exerceraient des pressions sur les membres du jury. Ceux-ci, bien souvent auteurs de ces maisons, désireux d'affirmer leur indépendance, n'hésitent plus à couronner des petits éditeurs. Il n'empêche que l'on peut se poser des questions : le Goncourt est-il encore un prix littéraire ou une vaste entreprise commerciale ?

gouvernement

Le gouvernement est l'organe qui détient le pouvoir exécutif dans un État.

Voir aussi : Constitution, fonctionnaire, Parlement

Généralement déterminés par une Constitution, les pouvoirs du gouvernement varient d'un pays et d'un régime à l'autre. Dans les démocraties occidentales, ils sont cependant assez semblables.

LA RESPONSABILITÉ DES MINISTRES

En France, alors que les représentants élus bénéficient de l'immunité parlementaires, les ministres, qui sont nommés par le président de la République, peuvent être jugés par la Haute Cour de justice de la République s'ils sont soupçonnés de crimes ou de délits lors de l'exercice de leurs fonctions.

IL ÉLABORE ET FAIT EXÉCUTER LES LOIS

Dans les régimes parlementaires, le gouvernement détermine et conduit la politique de la nation. Il élabore des projets de loi qu'il soumet au vote du Parlement.

Il détient le pouvoir exécutif, ce qui signifie qu'il prend par décrets les mesures qui permettent de faire appliquer les lois. Par exemple, si les représentants (aux États-Unis) ou les députés (en France) ont voté une loi sur le partage du temps de travail, ils ne décideront le plus sou-

vent que des grandes lignes de la loi, alors que le gouvernement fixera par décrets ou règlements toutes les modalités d'application.

RESPONSABLE DE L'ADMINISTRATION

Le chef du gouvernement (Premier ministre en France et en Belgique, chancelier fédéral en Allemagne, Président aux États-Unis) a sous son autorité les ministres, responsables de chacune des administrations centrales. Le gouvernement peut prendre tout un ensemble de décisions qui touchent au fonctionnement et aux missions de ces administrations. Le chef du gouvernement, lui-même fonctionnaire, est le chef hiérarchique de l'ensemble des fonctionnaires.

L'ÉQUILIBRE DES POUVOIRS

Dans les démocraties parlementaires, le gouvernement est responsable devant la représentation parlementaire (Assemblée nationale en France, Chambre des communes au Royaume-Uni, Bundestag en Allemagne…) qui peut le faire tomber en votant une motion de censure. De même, dans certains régimes, l'Assemblée nationale peut être dissoute par le président de la République sur demande du Premier ministre. La démocratie se maintient par un savant équilibre entre les pouvoirs…

• Les députés sont les élus du peuple alors que le gouvernement ne l'est pas. Pour gouverner et faire voter les lois, le gouvernement a besoin qu'une majorité des députés le soutiennent à l'Assemblée nationale.

• Au Royaume-Uni ou en Espagne, le souverain nomme automatiquement Premier ministre le chef du parti ou de la coalition ayant remporté les élections parlementaires. En France, le Premier ministre est choisi par le président sur des critères plus subjectifs, avec des possibilités de choix très vastes.

grève

La grève est le refus collectif et concerté des salariés de poursuivre leur travail. Dans certains pays, la grève est un droit reconnu par la Constitution.

Voir aussi : syndicat

• **Jusqu'au XIXᵉ siècle, l'actuelle place de l'Hôtel-de-Ville, à Paris, s'appelait place de Grève. Les ouvriers sans travail, désireux de se faire embaucher, venaient s'y rassembler. Cette habitude est à l'origine de l'expression : se mettre en grève.**

• **Au Japon, les grévistes ne cessent pas le travail : ils attirent l'attention sur leurs revendications en portant un brassard.**

La grève est un moyen de pression pour faire entendre ses revendications car elle s'attaque directement à la capacité de production des entreprises. Toutefois, si l'arrêt du travail pénalise les industriels qui tirent leur richesse de l'activité des salariés, il s'agit d'une arme à double tranchant car l'entreprise peut voir sa pérennité mise en jeu et, par conséquent, l'emploi de ses salariés risque lui-même d'être menacé.

UN PARI RISQUÉ
Entreprendre une grève relève d'une véritable stratégie. Il faut prendre en compte la combativité des grévistes de sa propre entreprise, mais également s'assurer de la conduite de la grève par les autres entreprises du même secteur et du soutien dont on va bénéficier. Ainsi les grèves sont souvent organisées par des syndicats qui disposent d'une logistique permettant d'étendre une grève à tout un secteur d'activités, voire d'organiser une grève générale.

LE PRIX DE LA GRÈVE
Sauf convention contraire, les jours de grève ne sont pas payés. Il importe donc pour les employés qui veulent imposer leurs revendications par la grève d'avoir les moyens financiers de « tenir ». Des quêtes auprès de la population sont parfois organisées, des caisses de solidarité sont mises en place, ou bien, lorsque le rapport de forces est en leur faveur, les organisations syndicales négocient avec les entreprises la reprise du travail en échange du paiement des jours de grève.

En Allemagne, où les syndicats sont riches, puissants et très bien structurés, ce sont eux qui assurent la subsistance des salariés en grève.

D'AUTRES FORMES DE GRÈVE
La grève du zèle consiste à appliquer minutieusement les moindres consignes, de façon à paralyser le déroulement du travail ; la grève sur le tas voit les salariés grévistes occuper leur lieu de travail ; la grève générale touche tous les services d'une entreprise, parfois tout un secteur d'activité, voire même tout un pays ! Décidée par la base, la grève sauvage éclate spontanément, en dehors de toute consigne syndicale ; la grève surprise est déclenchée sans préavis, avant toute négociation… Enfin, la grève de la faim, individuelle ou collective, permet d'attirer l'attention sur une revendication en refusant toute nourriture.

LA LOI ET LA GRÈVE

La loi prévoit que pour faire grève, il faut au préalable déposer un « préavis de grève » afin d'éviter les « grèves sauvages » qui risqueraient de pénaliser trop durement la population ou l'entreprise. Selon les secteurs, ce préavis peut être de quelques heures ou de plusieurs jours. Selon les pays, certaines catégories de citoyens n'ont pas le droit de faire grève (l'armée ou la police, par exemple) et les gouvernements peuvent exiger que les administrations en grève exercent un service minimum.

harcèlement
hémophilie
high-tech
Hip Hop *voir* **tag**
homosexualité
hooligan
hormone
humanitaire *voir* **ONG**
humanoïde

harcèlement

Chantage d'ordre sexuel exercé dans une entreprise par un supérieur hiérarchique sur un(e) employé(e) et ayant des conséquences sur l'emploi de celui qui en est l'objet.

Combien ?

• **Plus de 16 000 cas de harcèlement sont portés chaque année devant les tribunaux américains.**

• **90 % des victimes sont des femmes harcelées par des hommes.**

• **5 % sont des hommes harcelés par des femmes.**

• **4 % sont des hommes harcelés par des hommes.**

• **1 % sont des femmes harcelées par des femmes.**

Pendant longtemps, le harcèlement sexuel a été passé sous silence, par crainte de réprobation.

Aujourd'hui, les procès se multiplient et la loi entend lutter contre ce qui constitue une atteinte aux droits du citoyen.

UNE DÉFINITION FLOUE

Champions du monde en matière de *sexual harassment*, les États-Unis ne cessent d'élargir sa définition. Désormais, sifflements suggestifs, affichage de photos équivoques et plaisanteries osées peuvent être assimilés à du harcèlement si les juges estiment que cela favorise « la création d'un environnement de travail hostile ou intimidant ou déplaisant ».

Mais une définition aussi floue peut ouvrir la porte à des abus : toute personne voulant régler ses comptes avec son supérieur peut se prétendre victime de harcèlement. En l'absence de témoins, seul le juge tranchera.

CONDAMNATION ET PRÉVENTION

Comme le vol à la tire ou la fraude fiscale, le harcèlement sexuel est assimilé à un délit.

En France, il est passible d'une peine d'un an d'emprisonnement et de 100 000 francs d'amende (article 22-333 du code pénal).

Aux États-Unis, le « harceleur » est condamné à verser des dommages et intérêts à sa victime, pouvant aller jusqu'à 1 million de dollars (5 millions de francs).

Aux États-Unis toujours, aux yeux de la loi, l'entreprise peut être considérée comme responsable du comportement de ses employés. C'est pourquoi certains patrons organisent maintenant des *training*, qui sont des formations pour lutter contre le harcèlement. Un hôpital de Los Angeles a ainsi dépensé 500 000 francs pour former ses 2 700 employés et les encourager à bien se tenir !

hémophilie

L'hémophilie est due à l'absence d'un élément dans le sang qui permet la coagulation et donc la cicatrisation des plaies. À cette maladie est venue s'ajouter pour beaucoup, au milieu des années 80, la contamination par le virus du sida.

Due à la modification d'un gène porté par un chromosome, l'hémophilie est une grave maladie du sang transmise héréditairement.

Voir aussi : sida

PRESQUE TOUJOURS
UNE MALADIE DE GARÇON

L'hémophilie est une maladie génétique, transmise systématiquement par les parents, et particulièrement par les mères à leurs fils. Tous ce que les parents transmettent à leurs enfants est rassemblé dans ces minuscules particules que sont les chromosomes. Les garçons héritent d'un chromosome X venu de la mère et d'un chromosome Y venu du père. Les filles, elles, ont deux chromosomes X, venus l'un du père et l'autre de la mère. L'anomalie qui produit l'hémophilie se trouve toujours dans le chromosome X. Les filles, même si elles héritent d'un X anormal, compensent avec l'autre : elles ne peuvent donc pas être hémophiles, sauf si leurs deux parents sont porteurs de la maladie. En revanche, les filles peuvent transmettre la maladie : on les dit alors « conductrices ».

UNE SURVEILLANCE NÉCESSAIRE
AU MOINDRE BOBO

À chaque choc, blessure ou même parfois au moindre faux mouvement, l'hémophile peut saigner pendant des heures (on parle alors d'hémorragie). Les hémorragies sont particulièrement dangereuses lorsqu'elles sont internes, car elles risquent de ne pas être décelées.

Or, des accidents qui ne sont pas traités, ou le sont mal, peuvent entraîner une véritable infirmité. Il faut donc que chaque hémorragie soit « corrigée ». Récemment encore, ce soin s'effectuait par transfusion : on injectait dans les veines du patient hémophile du sang contenant l'élément nécessaire à la coagulation.

Depuis quelques années, les progrès scientifiques permettent la mise au point de traitements qui évitent la transfusion, mais on ne sait pas encore guérir définitivement l'hémophilie.

• **L'un des hémophiles les plus célèbres de l'histoire fut le tsaré-vitch Alexis (1904-1918), fils de Nicolas II. En lui sauvant la vie à plusieurs reprises, le moine Raspoutine acquit une énorme influence sur la famille impériale.**

LE SCANDALE DU SANG

Sur les 5 000 hémophiles français, la moitié environ, gravement atteints, ont eu régulièrement recours à la transfusion. 1 200 d'entre eux ont été contaminés par le virus du sida. Un tiers environ sont décédés dix ans plus tard. Le « scandale du sang » tient au fait que la plupart de ces contaminations auraient été évitées si les pouvoirs publics avaient pris les dispositions nécessaires pour contrôler la qualité du sang fourni lors des transfusions. Cela était matériellement possible à partir de 1983-1984. Or, pour des raisons d'intérêt économique, les institutions de santé ont attendu novembre 1985. Les hémophiles contaminés estiment que ce retard fut criminel et certains ont porté plainte pour « empoisonnement » contre les fonctionnaires et ministres chargés de la santé publique à l'époque de la contamination.

high-tech

High-tech est une abréviation de l'expression anglaise « high technology » (haute technologie) qui s'utilise pour qualifier tout ce qui est à l'avant-garde de la technique.

Pour répondre à leurs besoins spécifiques, les chercheurs inventent des matériaux nouveaux qui n'existent pas à l'état naturel, par exemple :
• **Des matériaux biocompatibles pour éviter les rejets lors des greffes d'organes.**
• **Des fibres optiques pour transporter la lumière et l'information à grande vitesse.**
• **Des matériaux supraconducteurs pour acheminer l'électricité d'un point à un autre sans perte d'énergie par échauffement.**

Ordinateurs, fusées, scanners médicaux ou encore vélos du tour de France : tous sont des produits high-tech. Il s'agit de matériels de haute technicité faisant appel au dernier cri de la technologie.

DES TECHNOLOGIES DE POINTE

L'idée de haute technologie (ou technologie de pointe) est souvent associée à l'électronique. Dans les années 60-70, les premières calculettes étaient des instruments high-tech. Aujourd'hui, les voitures bourrées d'électronique ou les bicyclettes ultra-sophistiquées conçues par ordinateur sont également des produits high-tech.

L'INDUSTRIE HIGH-TECH

De nombreuses entreprises travaillent sur le secteur des hautes technologies. Elles représentent un enjeu économique majeur, car elles incarnent la modernité et sont souvent pourvoyeuses d'emplois et de richesses. L'industrie high-tech paraît dominée par les innovations américaines, mais la carte à puce, par exemple, est une invention française.

Les pays asiatiques se sont également imposés par leur savoir-faire : le Japon, après avoir longtemps copié les innovations occidentales, conçoit et développe aujourd'hui ses propres produits : le Walkman inventé par Sony, par exemple. Taiwan et la Corée du Sud, profitant d'une main-d'œuvre bon marché, sont parmi les principaux producteurs mondiaux de composants électroniques.

SILICON VALLEY

Ce territoire de 500 km² environ, situé dans la vallée de Santa Clara au nord de la Californie (États-Unis), est une zone pilote de développement qui accueille aujourd'hui 4 000 entreprises de haute technologie. Cette haute technologie s'est principalement développée en s'appuyant sur les propriétés des cristaux de silicium (*silicon* en anglais).

À LA MODE

Le high-tech revêt généralement une image moderne et « branchée ». Mais, par définition, tout ce qui est high-tech se démode rapidement. En effet, la technologie évolue sans cesse et les innovations sont constamment remplacées par d'autres plus récentes : ainsi, les autoradios digitaux qui paraissaient ultra-modernes il y a quelques années encore se sont aujourd'hui banalisés.

homosexualité

Bien que l'homosexualité soit la plus courante des pratiques sexuelles « différentes », elle a été longtemps sévèrement réprimée et reste encore un sujet très sensible.

Qu'ils soient hommes ou femmes, les homosexuels préfèrent les relations amoureuses avec les personnes du même sexe que le leur.

Voir aussi : sida

PRÉFÉRER LE MÊME SEXE

L'homosexualité désigne le fait d'être attiré par des personnes du même sexe que soi (en grec, *homos* signifie « le même » et *heteros* « autre »). Cette forme de sexualité minoritaire est cependant un phénomène important. Elle peut être exclusive et définitive chez certains ; mais souvent, elle ne constitue qu'un passage dans la vie d'un individu, en particulier au moment de l'adolescence. Enfin, des personnes peuvent être attirées aussi bien par des hommes que par des femmes ; on parle dans ce cas de « bisexualité ».

Dans notre civilisation, l'homosexualité a été très largement condamnée et combattue. Durant des siècles, elle fut considérée comme une maladie. En revanche, d'autres civilisations l'accueillaient comme normale, notamment la Grèce antique où l'hétérosexualité était essentiellement affaire de reproduction, le plaisir et les raffinements amoureux étant du côté de l'homosexualité masculine.

APRÈS LA LIBÉRATION, L'ÉPIDÉMIE

Le vaste mouvement de libération sexuelle des années 60-70 a permis un nouveau regard, beaucoup plus tolérant, à l'égard des homosexuels dans les pays occidentaux. Les « gays » (homosexuels masculins) et les lesbiennes (femmes homosexuelles) se sont constitués en communautés pour revendiquer leur droit à la différence et la possibilité de vivre leur sexualité au grand jour, avec les mêmes droits et les mêmes libertés que les couples hétérosexuels (notamment en matière de succession). Malheureusement, ces quelques années de libéralisation ont été rapidement suivies de souffrances et de deuils avec l'irruption du sida à partir de 1981. Deux facteurs ont rendu les homosexuels masculins particulièrement fragiles face au virus : un plus grand nombre de partenaires et la nature même de leurs relations physiques favorisant davantage la transmission du virus du sida.

Quand ?

- **1969 :** le Front de libération des gays est créé à New York.
- **1984 :** le Parlement européen demande l'abolition de toute discrimination à l'égard des homosexuels.
- **1989 :** le Danemark reconnaît légalement les couples homosexuels, suivi de la Norvège en 1993 et de la Suède en 1994.
- **1995 :** plusieurs municipalités françaises acceptent de décerner un certificat de vie commune à des couples homosexuels.

hooligan

Ce mot désigne le phénomène assez récent des groupes de supporters fanatisés, attachés à certaines équipes de football et exerçant violences et vandalisme.

Voir aussi : skinhead

• **39 morts : 1985, stade du Heysel (Belgique). Commentaire d'un hooligan : « 39 ? C'est tout ! Nous ferons mieux la prochaine fois. »**

D'origine anglaise, le mot hooligan signifie « petite frappe » ou « souteneur ». Dans les années 70, ce mot fut utilisé par le gouvernement soviétique pour désigner les jeunes opposants au régime.

DU SOUTIEN SPORTIF À LA VIOLENCE

On prétend souvent que les hooligans viennent de milieux défavorisés. S'il est vrai que le football est un sport populaire, il en est de même pour le cyclisme ou les jeux Olympiques qui ne motivent pas pour autant meurtres et destructions. Les hooligans se recrutent dans toutes les couches de la société et se caractérisent par leur violence. De même, on les associe volontiers à des groupes aux théories fascistes. C'est vrai qu'il existe parmi eux des extrémistes racistes et violents (on se souviendra de l'incident lors de la remise de la Coupe de France 1996 où les hooligans s'en sont pris à des spectateurs noirs). Mais on doit garder à l'esprit que la première revendication d'un hooligan, c'est une totale dévotion à son équipe. Ainsi, exemple le plus tristement célèbre, le massacre du Heysel, en 1985, ne fut pas perpétré contre une autre race, mais avant tout contre les supporters de l'autre équipe (la Juventus de Turin, opposée ce soir-là au FC Liverpool). Bien évidemment, cette haine de l'autre équipe peut bien vite devenir un rejet de l'autre en général et de ceux d'une autre couleur en particulier.

UNE ATTITUDE AMBIGUË

On ne peut que remarquer le rôle ambigu que jouent les clubs de football dans la reconnaissance de ce fanatisme. Ainsi, l'attitude du PSG (Paris-Saint-Germain) qui s'indigne des agissements de ses supporters, mais qui ne prend aucune mesure pour en exclure les membres les plus durs, responsables de nombreux incidents.

Les autorités publiques elles-mêmes sont embarrassées face à la popularité du foot : en Allemagne, aux Pays-Bas, elles condamnent les hooligans, mais n'osent jamais interdire un match qui risque de mal tourner.

hormone

Le système hormonal, ou endocrinien, assure, avec le système nerveux, la régulation et la coordination des différentes fonctions de l'organisme. Les hormones sont produites le plus souvent par des glandes endocrines comme l'hypophyse, la thyroïde, les parathyroïdes, les surrénales et les glandes génitales que sont les ovaires et les testicules. De plus, certaines cellules du pancréas et du rein fabriquent, elles aussi, des hormones.

DES RÔLES MULTIPLES ET COMPLEXES

Les hormones assurent la croissance et le développement intellectuel, stimulent la thyroïde, etc. Chez l'enfant, l'hormone de croissance produite par l'hypophyse agit sur les os et les muscles. Chez la femme, elles provoquent la matura-

L'hormone est une substance sécrétée par une glande et qui exerce une action spécifique au niveau d'un ou de plusieurs organes de notre corps.

Voir aussi : dopage

tion des ovaires, celle de l'ovule dans l'ovaire ; elles font aussi descendre l'ovule mûr et permettent le maintien de la grossesse, puis la sécrétion lactée. Chez l'homme, elles assurent la fabrication des spermatozoïdes, contrôlent et stimulent les caractères sexuels. D'autres encore abaissent le taux de sucre dans le sang, en favorisant l'assimilation de graisses et de protéines, ou aident le corps à réagir quand on a peur. Dans ce cas, le cerveau envoie un message aux glandes surrénales, qui diffusent de l'adrénaline dans le sang.

LES MALADIES « HORMONALES »

Certaines maladies sont dues à une hyperactivité hormonale. D'autres sont, au contraire, la conséquence d'une insuffisance hormonale.
L'hypothyroïdie est due à un déficit en thyroxine, hormone sécrétée par la thyroïde : elle se traduit par une grande fatigue, un ralentissement physique et moteur, une prise de poids, une perte des cheveux.
L'insuffisance du taux d'hormones féminines peut provoquer un retard pubertaire ou une stérilité.
Le diabète est une augmentation anormale du taux de sucre dans les urines liée à un défaut de fabrication ou à une insuffisance d'insuline, hormone fabriquée par le pancréas.

Les hormones de synthèse sont fabriquées et prescrites pour compenser un déficit hormonal. En cas d'hypothyroïdie, par exemple, on apporte de la thyroxine. En cas de déficit ovarien, on propose des œstrogènes de synthèse. Pour traiter le diabète, on administre de l'insuline.

Certains sportifs utilisent illicitement des hormones pour augmenter leur masse musculaire. Difficiles à déceler lors des contrôles antidopage, ces hormones peuvent, à terme, nuire gravement à la santé.

ES VEAUX AUX HORMONES »

Dans les années 70, une vive polémique s'éleva au sujet de l'utilisation outrancière des hormones pour l'élevage. Ces hormones, destinées à accélérer la croissance des animaux et leur résistance aux maladies, furent activement combattues par les mouvements de défense du consommateur. On parla beaucoup à cette époque des veaux et des poulets « aux hormones ». En 1976, une loi mit fin à la querelle en interdisant l'administration d'hormones au bétail destiné à la consommation humaine. Certaines doses d'hormones naturelles sont cependant tolérées et, actuellement, 80 % au moins des veaux sont encore traités aux hormones.

humanoïde

Un humanoïde est un personnage qui rappelle l'homme, qui lui ressemble sans en être tout à fait un. À travers les séries, les dessins animés ou les jouets, les « humanos » sont devenus les héros des enfants.

Voir aussi : manga, Nintendo

Quoi ?

- **Les enfants préfèrent acheter les jouets qui combattent pour les forces du Bien plutôt que pour les forces du Mal.**
- **Les Tansformers de la société Bandaï au Japon ont un succès immense. Ce sont des robots transformables. Le Dankougar est un tank qui peut se changer en lion et en panthère.**
- **Le personnage de Goldorak s'inspire à la fois des templiers du Moyen Âge, des Vikings et des samouraïs.**

S'ils plaisent beaucoup aux plus jeunes, les humanoïdes ne sont pas toujours du goût des parents qui trouvent ces personnages trop violents, mais derrière les séries télévisées se cache un énorme marché.

DE BAMBI À DRAGON BALL Z

Nos grand-mères lisaient la comtesse de Ségur, nos parents aimaient Blanche-Neige, les enfants de la fin du XXe siècle auront été bercés par Goldorak, Bio Man, Dragon Ball Z ou R2 D2.

Les humanoïdes présentent l'avantage d'être assez proches des hommes pour que l'identification soit possible et assez éloignés pour qu'ils puissent vivre des aventures extraordinaires. L'histoire est souvent la même : elle oppose presque toujours les forces du Mal et celles du Bien.

LA VIOLENCE EN QUESTION

Les adultes reprochent souvent aux héros des nouvelles séries d'être violents. À cela certains répondent que le monde n'est guère plus tendre et que, au contraire, ces divertissements préparent les enfants à affronter la réalité.

De plus, personne n'a encore pu prouver que la violence de ces héros engendre l'agressivité. La société américaine actuelle, dont la violence éclate quotidiennement, est peuplée d'individus qui ont pour la plupart baigné dans le monde sucré de Walt Disney !

PAR ICI LA MONNAIE !

Les enfants représentent un marché très important. Les produits dérivés des films et des dessins animés (jouets, cahiers, trousses, vêtements) connaissent un succès phénoménal et rapportent à leurs créateurs des sommes considérables. Les séries télévisées elles-mêmes peuvent être vendues dans le monde entier, les humanoïdes présentant l'avantage de n'être d'aucun pays, elles sont donc très vite rentables. Ce sont les Américains et les Japonais qui dominent ce marché.

"Les humanoïdes présentent l'avantage d'être assez proches des hommes pour que l'identification soit possible... "

images virtuelles
immigration
immunité
impôts
inflation

information *voir* **J.T., média**

ingérence *voir* **droit d'ingérence**
intégrisme
Internet
IRA
islam
Israël *voir* **Moyen-Orient**
IVG

images virtuelles

Les images virtuelles sont conçues par ordinateur. Elles ouvrent les portes d'un nouveau monde, le cybermonde, où le vrai et le faux se mêlent et où l'on ne peut plus croire ce que l'on voit.

Voir aussi : Internet, ordinateurs

• **L'image numérique est divisées en petits rectangles nommés pixels** (abréviation de *picture elements* : éléments d'image).
• **L'écriture électronique se compose de bits qui valent soit 1 soit 0. L'écriture binaire s'épelle donc 0 - 1 - 10 - 11 - 100 - 101 - 110...**
• **Huit bits forment un octet. Trois octets permettent une combinaison de millions de couleurs.**

C'est une conception en trois dimensions qui leur donne leur réalisme. On calcule le mouvement, soit en reproduisant les mouvements d'un personnage réel par copie des gestes, soit en faisant fonctionner des muscles avec les conséquences que nous connaissons dans la réalité. L'épaisseur, les reflets, la texture ont aujourd'hui leur traduction informatique.

Bienvenue dans le cybermonde

Le monde cyber est magique : un univers imaginaire où l'on peut se permettre toutes les fantaisies et être ce que l'on veut. Ainsi, la chaîne de télévision Canal + prépare un jeu de réseau sur Internet auquel on pourra participer partout dans le monde. Il se déroulera dans un Paris reconstitué sur ordinateur. Les joueurs choisiront leur sexe, leurs vêtements, la couleur de leurs

JAMES, CYBER-MAÎTRE D'HÔTEL

Au Century Plaza de Los Angeles, une cyber-suite a été créée en 1996. James, maître d'hôtel électronique, apparaît sur l'écran de l'antichambre pour exécuter les ordres du client. On peut lui demander une atmosphère « romance » et il tamise les lumières, diffuse de la musique douce. Si l'on veut faire la fête, il ouvre les rideaux et passe de la musique entraînante. La cyber-suite se loue 2 000 dollars la nuit.

UN CYBER-MARIAGE

Le premier mariage cyber a eu lieu en 1995 aux États-Unis. Les époux étaient séparés de quelques mètres et équipés d'un casque de vision. Un écran géant permettait aux témoins de voir comme à travers des lunettes spéciales. Les clones représentés sur l'écran ont traversé un pont fleuri en se tenant la main virtuellement. L'échange de l'anneau et le baiser furent également virtuels. La grande déception des organisateurs fut que les mariés avaient choisi des clones très ressemblants à leur apparence réelle, au lieu de se laisser aller à une représentation d'eux-mêmes plus délirante.

yeux et de leurs cheveux, et seront représentés par un clone (copie conforme de l'individu). Les images virtuelles proposent un développement vertigineux pour les jeux de rôles.

D'abord le militaire

C'est la recherche militaire qui a été pionnière en matière d'images virtuelles. Ainsi, les soldats de demain seront équipés de casques avec une lunette pour voir le terrain au-delà des obstacles et d'une caméra qui montrera, sur les ordinateurs de la base, ce qui se passe sur le terrain. Les astronautes peuvent comman-

" ...grâce à leur hyperréalisme, les images virtuelles sont utilisées dans tous les domaines... "

der des robots pour réparer leur navette : grâce à une reproduction fidèle de l'extérieur de l'appareil, ils miment les mouvements que le robot reproduit en temps réel.

HYPERRÉALISME...

Aujourd'hui, grâce à leur hyperréalisme, les images virtuelles sont utilisées dans tous les domaines. Des chirurgiens les utilisent pour « réviser » ou pour réaliser la simulation d'une opération délicate dans les conditions du réel. Des commerçants japonais font visiter à leurs clients des cuisines virtuelles, conçues en fonction des dimensions de la pièce qu'ils veulent équiper. Des producteurs de cinéma utilisent les images virtuelles : un troupeau de bisons virtuel est moins difficile à manœuvrer qu'un vrai, une île du Pacifique virtuelle coûte bien moins cher que de déplacer toute l'équipe de tournage, corriger un éclairage par ordinateur évite de tourner à nouveau une scène. Aujourd'hui, on peut tout faire avec les images numériques.

... ET IMAGINAIRE

Les images virtuelles servent également à représenter ce qui n'existe pas, elles sont donc extrêmement utiles pour tout ce que le cinéma

appelle les effets spéciaux. Les animaux préhistoriques de *Jurassic Park* ou les martiens de *Independence day* en sont de parfaits exemples.

LE DATA-GLOVE

L'univers électronique est aussi appelé cyberespace. Le data-glove est un gant relié à l'ordinateur qui complète l'équipement du voyageur du cyberespace. Les lunettes lui permettent de se repérer. Avec sa main gantée, il fait le mouvement de prendre un objet et, sur l'écran, il voit le double qui le représente dans le monde virtuel prendre cet objet. Dans certains cas, le gant lui renvoie la sensation de poids et de toucher.

Ainsi équipé, le cybernaute n'est plus devant l'écran : il se déplace dans le monde virtuel des images.

JUSQU'OÙ ?

Des chercheurs travaillent à donner une vie autonome aux images qu'ils créent. Ainsi, ils peuvent programmer une capacité de choix pour leurs créatures informatiques : manger ou attaquer par exemple, quand on se trouve confronté à la fois à de la nourriture et à une autre créature virtuelle. La vie est faite de milliards de choix. La créature virtuelle sera d'autant plus « intelligente » que son programme sera développé. Emportés par leur passion, certains estiment que le cerveau humain n'est lui-même qu'un programme et guettent des réactions qui permettraient de comparer l'homme et la créature virtuelle.

immigration

Migrer, c'est se déplacer. Émigrer, c'est quitter un territoire donné ; immigrer, c'est venir s'installer dans un pays autre que le sien.

Voir aussi : code de la nationalité

100 000 Maghrébins immigrent en France tous les ans.

• **1,5 million d'immigrés en France seraient en situation irrégulière.**

• **5 000 à 10 000 francs : c'est le prix qu'il faut payer pour obtenir frauduleusement un faux permis de séjour.**

Depuis l'origine des temps, les peuples n'ont cessé de se déplacer sur la surface du globe. De ces brassages de populations et de cultures sont nées les plus grandes civilisations.

PAYS D'IMMIGRATION, PAYS D'ÉMIGRATION

Certains pays, comme l'Italie, la Belgique, l'Irlande ou le Portugal, ont longtemps été des pays d'émigration. Leurs peuples se sont souvent installés dans d'autres pays, notamment aux États-Unis et en France. Le Canada, les États-Unis, l'Australie et la France, sont traditionnellement des terres d'immigration.

UNE SOURCE D'ENRICHISSEMENT

Les États-Unis ont pu conquérir l'ouest de leur continent au XIXe siècle, grâce aux immigrés irlandais, savoyards, italiens, suédois qui se sont installés sur des terres ingrates et les ont fait fructifier.

Lors de la grande croissance économique des années 50 et 60, les pays d'Europe occidentale ont fait appel à la main-d'œuvre étrangère venue du Maghreb, d'Afrique noire, de Turquie, de Yougoslavie, pour reconstruire les infrastructures (logements, routes…) détruites pendant la guerre et nécessaires aux populations européennes en grande croissance.

LA CRISE ÉCONOMIQUE, MOTEUR DE L'ÉMIGRATION

La crise étant très dure dans les pays peu développés, de nombreuses personnes souhaitent émigrer vers l'Europe. Quelle que soit la dureté du travail, ces individus espèrent bénéficier de meilleures conditions de vie que dans leur pays. Certains entrent en Europe sans autorisation de séjour. Ces clandestins se retrouvent alors sans papiers, en situation irrégulière, et sont sujets à d'intenses traques policières.

IMMIGRATION ET DROIT D'ASILE

D'autres ne fuient pas la pauvreté mais des situations d'oppression politique grave, qui les exposent à de grandes souffrances, voire à la mort. Ils immigrent et demandent alors l'asile politique. Il doivent apporter la preuve des persécutions locales. Ces preuves sont étudiées par l'OFRA qui peut accorder ou refuser l'asile politique.

immunité

L'immunité dont bénéficient les diplomates ou les députés leur permet d'échapper à des sanctions comme l'arrestation et la détention. Avec la multiplication des « affaires », on a beaucoup parlé de l'immunité parlementaire qui met les députés à l'abri de bien des désagréments.

En biologie, l'immunité protège l'organisme de certaines agressions, microbiennes par exemple. En politique, ce terme désigne la protection dont jouissent certains élus ou fonctionnaires internationaux.

Voir aussi : affaires, gouvernement

LA LEVÉE DE L'IMMUNITÉ

Il est très rare que le Parlement français vote la levée de l'immunité d'un député. En 1994, Maurice Arreckx, président de Conseil régional et sénateur, a vu son immunité levée par le Sénat, ce qui lui a valu un séjour en prison. En 1993, l'immunité de Bernard Tapie, impliqué dans des affaires de corruption, a été levée par l'Assemblée nationale (432 voix pour et 72 voix contre).

LES RELATIONS ENTRE L'EXÉCUTIF ET LE LÉGISLATIF

Aujourd'hui, dans un contexte d'affaires et de méfiance d'une partie de la population vis-à-vis de la classe politique, l'immunité parlementaire apparaît comme un privilège exorbitant. Cependant, il faut savoir qu'elle est un des garants institutionnels de la démocratie. En effet, sans cette immunité, un gouvernement pourrait être tenté de contrôler le pouvoir législatif en demandant au ministre de la Justice d'engager des poursuites contre tel ou tel député. Les élus, surtout ceux de l'opposition, verraient ainsi leur liberté de parole et de manœuvre restreinte, car ils risqueraient des problèmes judiciaires en cas de désaccord manifeste avec le gouvernement.

> **"...l'immunité parlementaire apparaît comme un privilège exorbitant"**

L'IMMUNITÉ DES PRÉSIDENTS

L'immunité concerne également le président, qui doit se tenir, pour cause d'intégrité de la nation, hors d'atteinte de la justice. Ainsi, il ne peut être attaqué en justice qu'en cas de trahison d'État. Reste, pour un président de la République française impliqué dans des affaires, la possibilité de démissionner, mais cela ne s'est jamais produit... Aux États-Unis, le cas est prévu par les institutions : la procédure de levée de l'immunité présidentielle se nomme *impeachment*. C'est une procédure complexe et extrêmement rare : le Congrès a la possibilité de destituer le président en cas de crime ou de viol manifeste de la Constitution. Le procès est ensuite mené par le Sénat qui doit se prononcer à la majorité des deux tiers. Cette procédure fut engagée en 1974 contre Richard Nixon après le scandale du Watergate, mais il préféra démissionner avant le procès du Sénat.

Les immunités diplomatiques, appelées aussi « extraterritorialité », protègent les personnels diplomatiques en poste à l'étranger. Elles concernent, entre autres :
• L'inviolabilité personnelle qui interdit l'arrestation et la détention des diplomates et des personnels des ambassades et des consulats.
• L'inviolabilité de la correspondance diplomatique, appelée aussi « valise diplomatique », qui interdit de lire ou de retenir les documents diplomatiques.

impôt

L'impôt est un prélèvement obligatoire effectué sur les ressources ou les biens des individus et des sociétés. C'est une prérogative de la puissance publique.

Voir aussi : sécurité sociale

Promis par la gauche lors de son arrivée au pouvoir en 1981, l'impôt sur les grandes fortunes (IGF) fut créé en 1982, puis abrogé en 1986 lors de la première cohabitation. En 1988, la gauche revient, et le gouvernement Rocard crée l'impôt de solidarité sur la fortune (ISF). Cet impôt a rapporté 8,5 milliards de francs à l'État en 1995.

Pour assurer ses missions, depuis toujours et en tous lieux ou pays, l'État assujettit à l'impôt les populations, les entreprises qui travaillent et vivent au sein de son domaine de juridiction. La fiscalité est aujourd'hui composée pour l'essentiel de deux grandes catégories d'impôts : ceux prélevés sur les revenus et ceux prélevés sur la consommation.

Les paradis fiscaux

L'augmentation constante des missions et des charges de tous les États, l'importance grandissante de leurs dépenses sociales nécessitent dans la quasi-totalité des pays une hausse constante des impôts.
La fraude fiscale, qui consiste à employer des moyens illégaux pour ne pas s'en acquitter, se développe simultanément. Certains pays en tirent bénéfice en se transformant en paradis fiscaux pour attirer les contribuables qui fuient le fisc.

L'impôt sur le revenu

Ailleurs, les méthodes de prélèvement se ressemblent. L'impôt sur le revenu, ou impôt direct, est le plus courant. À la fin de l'année, le contribuable verse une fraction de ses revenus, salariés ou autres, à l'État.
La déclaration de revenus permet au percepteur, un agent du fisc, de fixer la somme à laquelle chacun est assujetti en fonction d'un barème national. Dans la plupart des cas, les revenus modestes sont dispensés de cette contribution ; ce sont les tranches moyennes et supérieures qui s'en acquittent pour l'essentiel. Cet impôt est dit progressif parce qu'il augmente avec le revenu.

TVA et autres impôts

L'autre source importante des recettes publiques provient de l'impôt sur la consommation auquel tous les consommateurs se soumettent dans les mêmes proportions quel que soit leur revenu. L'État s'approprie un pourcentage, variable selon les pays et les types de marchandises, de la valeur des achats effectués par les consommateurs. C'est la TVA.
En Europe, elle est en moyenne de 20 %. Aux États-Unis, elle n'est perçue que dans certains États fédérés. Certains produits sont plus lourdement taxés que les autres : ainsi, depuis plusieurs années, les tabacs et alcools. Par ailleurs, posséder une automobile ou un poste de télévi-

OÙ PAIE-T-ON LE PLUS ?

Dans l'ensemble des pays développés, le prélèvement de l'État atteint en moyenne 40 % des richesses produites. En France, il dépasse les 46 %, plaçant ce pays parmi les plus lourdement fiscalisés du monde. C'est malgré tout en Suède que la pression est la plus forte avec une masse d'impôt collectée qui approche les 60 % du PNB. Dans l'ensemble des grands pays, les prélèvements obligatoires aux États-Unis sont parmi les plus légers puisqu'ils atteignent 31 %.

sion donne l'obligation d'acquitter une contribution annuelle spécifique (vignette et redevance). Dans l'arsenal fiscal utilisé par les États, l'impôt sur la consommation est en augmentation constante. C'est sa progression qui a assuré à elle toute seule la moitié de la hausse des recettes fiscales depuis 1965.

Aujourd'hui, la TVA représente en moyenne 20 % des recettes publiques. En trente ans, cette part a presque doublé.

Il existe bien d'autres formes d'impôt : sur le capital, la fortune ; l'impôt sur les produits pétroliers est perçu lorsque l'automobiliste remplit son réservoir. Les transactions immobilières, la transmission d'un héritage donnent lieu également à la perception d'une contribution. Les bénéfices des entreprises sont également fiscalisés.

IMPÔTS ET COTISATIONS SOCIALES

À côté des impôts dont le produit est directement utilisé par l'État, il existe des cotisations sociales dont les recettes alimentent les régimes sociaux. Perçues en Europe directement sur la masse salariale distribuée, elles assurent le financement de la Sécurité sociale, le paiement des retraites ou le régime maladie.

Aux cotisations sociales reposant sur les salaires, s'est ajoutée récemment en France une cotisation sur l'ensemble des revenus afin de permettre la survie des systèmes sociaux lourdement déficitaires. C'est la CSG (contribution sociale généralisée).

Le niveau des impôts et des cotisations sociales relève de la responsabilité de l'État. C'est lui qui en détermine le montant. Il peut l'augmenter ou le diminuer s'il le juge utile.

Quand ?

• **Impôts d'hier...**
Sous l'Ancien Régime, les souverains percevaient des impôts directs comme la taille ou la capitation, et indirects comme la gabelle. De son côté, l'Église recevait la dîme.

... et d'aujourd'hui
Aujourd'hui, l'État perçoit les impôts sur les sociétés, sur le revenu, la TVA, les taxes diverses sur certains produits, les droits de douane et de succession. Les collectivités locales, elles, perçoivent les impôts locaux dont les principaux sont les impôts fonciers payés par les propriétaires, la taxe d'habitation payée par les locataires, et la taxe professionnelle payée par les entreprises.

inflation

C'est une hausse généralisée, permanente et plus ou moins importante. Le taux d'inflation indique l'augmentation des prix des biens de consommation.

Voir aussi : chômage, consommation, euro, Union européenne

• **En 1992, la hausse des prix était encore vertigineuse dans certains pays. L'inflation atteignait 7 058 % au Zaïre, 1 119 % au Brésil, 117,6 % au Soudan, mais seulement 2,4 % en France et en Belgique.**

Les inconvénients de l'inflation sont nombreux : instabilité des prix, faiblesse de l'épargne, hausse de l'endettement…

L'augmentation des prix intérieurs nuit à la compétitivité internationale du pays inflationniste : les prix des produits nationaux sont alors plus chers sur les marchés étrangers (ce qui handicape les exportations), et les prix des produits étrangers moins chers sur les marchés nationaux. Pour rétablir l'équilibre, les autorités monétaires doivent dévaluer la monnaie ou prendre des mesures pour freiner l'inflation.

"Quand les prix augmentent constamment, les épargnants sont spoliés…"

150 MILLIARDS DE MARKS

Entre 1918 et 1924, l'Allemagne, grand vaincu de la Première Guerre mondiale, connaît une période d'inflation spectaculaire. Le mark perd de sa valeur à une vitesse folle : de jour en jour, la monnaie se dévalue, les billets de banque ne valent quasiment plus rien et les prix continuent d'augmenter dans des proportions inouïes. Il faut plusieurs valises pour ramener chez soi sa paye hebdomadaire… À la fin de l'année 1923, on en arrive à imprimer des timbres à 50 milliards de marks, et un parcours de bus vaut 150 milliards de marks !

LES PARTICULIERS ET L'INFLATION

En période d'inflation, mieux vaut emprunter que prêter. Par ailleurs, il est préférable de détenir des biens immobiliers (une maison ou des actions, par exemple) plutôt que de l'argent liquide : la monnaie perd de sa valeur, elle se dévalue. C'est donc le moment d'investir, de préférence en empruntant, puisque la somme à rembourser sera plus faible au terme du prêt.

À l'inverse, quand l'inflation est faible, ce qui est le cas en France depuis près de dix ans (2 % en 1995), un particulier a intérêt à épargner et à ne pas emprunter, car la monnaie est stable et le coût des emprunts très élevé. Il faudra donc rembourser l'exacte valeur empruntée.

AVANTAGES ET INCONVÉNIENTS

En France, l'inflation a longtemps permis de régler en douceur une bonne partie des conflits sociaux. L'État et les entreprises accordaient des hausses de salaires, aussitôt reprises par la forte hausse des prix (jusqu'à 13,6 % de hausse en 1980). Salariés et fonctionnaires ne gagnaient donc en réalité aucun pouvoir d'achat supplémentaire.

Quand les prix augmentent constamment, les épargnants sont spoliés au profit des emprunteurs, la monnaie est régulièrement dévaluée. Depuis le milieu des années 80, les gouvernements de tous les pays industrialisés ont décidé de lutter contre cette tentation inflationniste.

VERS LA DÉFLATION ?

Juguler l'inflation coûte cher et accélère le chômage. Il est donc tentant pour certains gouvernements et chefs d'entreprise de souhaiter une légère inflation, notamment pour réduire le chômage. Car lorsque les prix baissent, les particuliers ont tendance à ne plus dépenser dans l'espoir qu'ils baisseront encore.
La consommation est alors limitée à son strict minimum. Les logements neufs restent inoccupés. Les voitures neuves s'accumulent sur les parkings des constructeurs. L'économie tourne au ralenti. C'est ce qu'on appelle la déflation. Le monde occidental a connu cette situation lors de la grande crise dans les années 30.
Certains économistes pensent que la France est entrée aujourd'hui en déflation.

EUROPE : L'INFLATION INTERDITE

Pour passer à la monnaie unique, la lutte contre l'inflation est l'un des critères du traité de Maastricht sur l'Union économique et monétaire. Les États signataires se sont engagés à maintenir une inflation supérieure de 1,5 point maximum à la moyenne des trois pays européens enregistrant la plus faible inflation. Tous les États européens pratiquant une politique anti-inflationniste, ce critère ne sera pas le plus difficile à atteindre. Cependant, il interdit à ceux qui seraient tentés par l'inflation de se laisser aller...

• **En 1992, la Russie connut un taux d'inflation qui variait de 200 à 300 % par mois.**
• **En 1995, le taux d'inflation au Japon a été négatif : - 0,7 %.**

LA COURBE DE PHILLIPS

Un économiste néo-zélandais, Alban W. Phillips, a établi (à partir des données de l'inflation et du chômage au Royaume-Uni sur un siècle, de 1861 à 1967) une relation inverse entre ces deux phénomènes. La « courbe de Phillips » montre clairement que les périodes de faible chômage correspondent à une accélération de l'inflation et inversement. Les opposants à la signature du traité de Maastricht ont mis en avant cet argument, considérant que, en termes de chômage et d'exclusion, les conséquences sociales de la politique anti-inflationniste menée pour satisfaire aux critères de convergence du traité sont insupportables.

intégrisme

L'intégrisme est une attitude religieuse qui consiste à revendiquer un retour aux sources et à la tradition. Les intégristes refusent toute évolution de leur religion.

Voir aussi : FIS, GIA, islam

La fatwa est une condamnation à mort décrétée par les autorités islamiques contre ceux qui, selon elles, blasphèment l'islam. L'écrivain britannique d'origine indienne Salman Rushdie et la romancière Taslima Nasreen, citoyenne du Bangladesh, en sont victimes et doivent vivre cachés pour tenter d'y échapper.

Qu'ils soient chrétiens, juifs ou musulmans, les groupes intégristes, qui connaissent une forte progression depuis les années 70, dénoncent toute modernisation. Les intégristes catholiques, par exemple, refusent l'abandon du latin dans la célébration de la messe. Dans la plupart des religions, il existe ainsi des groupes intégristes plus ou moins déterminés. Les plus violents en cette fin de siècle sont sans aucun doute les islamistes, dont l'objectif est d'accéder au pouvoir politique.

EN IRAN ET AILLEURS

Les intégristes musulmans ont pour but d'islamiser totalement les États dans lesquels ils agissent. Leur lutte est autant politique que religieuse. Dans certains pays, comme en Iran et au Soudan, ils se sont imposés au pouvoir par la force. En Iran, l'ayatollah Rafsandjani a succédé à l'ayatollah Khomeiny arrivé au pouvoir en 1979 au prix d'une révolution sanglante. Il avait immédiatement imposé l'ordre islamique intégriste. Au Soudan, les Frères musulmans ont pris le pouvoir par un coup d'État en 1989. Ce nouveau régime a mis un terme à toute opposition politique et syndicale, bâillonné la presse et emprisonné des milliers de citoyens. En Afghanistan, les talibans (milices étudiantes islamiques) ont investi la capitale, Kaboul, en octobre 1996 et immédiatement mis en application la charia, ou loi islamique.

LE TERRORISME

Dans certains pays, les islamistes sont constitués en factions armées et n'hésitent pas à recourir au terrorisme. Les GIA (Groupes islamiques armés) sont des groupes dont le champ d'action dépasse l'Algérie, leur terre d'origine. La vague d'attentats commis en France au cours de l'été 1995 a révélé la

LA LAÏCITÉ

L'intégrisme va à l'encontre du principe de laïcité auquel obéissent les démocraties occidentales. La laïcité suppose la séparation de l'Église et de l'État, de la religion et du pouvoir. L'affaire du foulard islamique en France en est une illustration. En 1989, trois lycéennes de Creil (Oise) ont été renvoyées, parce qu'elles portaient le foulard (tchador) en classe. Le ministère français de l'Éducation nationale a tranché en interdisant le port de cet insigne religieux dans un lieu laïc comme l'école.

présence de réseaux islamistes sur le territoire français, mais aussi en Grande-Bretagne.

CONTRE LA PAIX EN ISRAËL

En Israël, les juifs orthodoxes se réfèrent à la Bible pour revendiquer le « Grand Israël » et dénient tout droit à une terre aux Palestiniens. Disposant de moyens financiers importants grâce aux dons de la communauté dispersée dans le monde, ils influent sur les décisions politiques. Le 4 novembre 1995, une énorme manifestation pour la paix, réunissant 100 000 personnes, est organisée à Tel-Aviv. À l'issue du rassemblement, le Premier ministre Itzhak Rabin est assassiné par un jeune extrémiste juif, Yigal Amir, étudiant à l'université religieuse Bar Ilan et opposé au processus de paix. Il a été condamné à la prison à vie.

L'ARRIVÉE DES TALIBANS À KABOUL

En septembre 1996, les talibans entrent en vainqueurs dans Kaboul, capitale de l'Afghanistan. Une chape de plomb tombe sur la ville et les Occidentaux découvrent sur leurs écrans de télé ces « étudiants de la foi » aux mœurs obscurantistes. Aussitôt, des mesures dignes du Moyen Âge sont prises contre les femmes, les journaux, les habitudes les plus quotidiennes. Sommées de se voiler des pieds à la tête, les femmes ne sortent plus de chez elles, il leur est interdit de travailler. La terreur s'installe dans la ville ; on brûle des livres et des films. Le plus étrange est que les talibans ont reçu l'appui tacite du gouvernement américain. Depuis lors, celui-ci a pris ses distances.

En France, les liens entre les catholiques traditionalistes et l'extrême-droite ont été souvent dénoncés. Le matin du 24 mai 1989, les gendarmes sonnent à la porte du prieuré Saint-François, à Nice. C'est là qu'ils découvrent Paul Touvier, collaborateur notoire et chef de la milice lyonnaise sous l'occupation allemande. Recherché depuis plus de quarante ans, il a été caché par diverses congrégations religieuses.

En janvier 1994, le premier bus « casher », muni d'une séparation entre hommes et femmes, est mis en circulation à Tel-Aviv, en Israël.

Internet

Réseau informatique mondial, appelé également « le Net » ou « le Réseau des réseaux », Internet relie entre eux des millions d'ordinateurs à travers la planète.

Voir aussi : autoroutes de l'information, multimédia, ordinateurs

• **30 à 50 millions d'utilisateurs d'Internet dans le monde dont environ 100 000 à 500 000 en France (en 1997).**
• **Environ 60 % des informations qui s'échangent sur Internet sont rédigées en anglais (quelques logiciels permettent de lire en français des pages Web anglo-saxonnes).**
• **97 % des utilisateurs habitent des pays riches.**

En surimpression sur cette page, quelques smileys : de gauche à droite, sourire, grimace, clin d'œil, indifférent, triste, pleurs de joie, oops, bof, t'as vu mes Ray-Ban, les Ray-Ban sur le front, remarque acide, je dors, t'as vu ma casquette ?

Internet permet de communiquer avec le monde entier pour le prix d'une communication téléphonique locale. Il offre de très nombreux services.

UN PEU D'HISTOIRE
Internet a été créé en 1969 par l'armée américaine. Il s'appelait alors Arpanet. Dépourvu d'un « cerveau » central, il était conçu pour résister à une attaque nucléaire ! Il est très longtemps resté réservé aux chercheurs et aux universitaires. Ouvert au grand public en 1994, il est alors devenu un phénomène de mode.

DE MULTIPLES APPLICATIONS
Internet est un réseau de réseaux (70 000 environ) à l'échelle mondiale. Il permet d'échanger du « courrier électronique » *(e-mail)* – un message envoyé de Paris à New York ne met que quelques minutes pour traverser l'Atlantique ! –, de s'exprimer dans des « forums de discussion » *(newsgroups)*, de charger des fichiers informatiques à distance ou encore de surfer sur le *World Wide Web* (toile d'araignée mondiale). Il existe des millions de « sites Web » : musées, bibliothèques, galeries marchandes, journaux ou émissions « en ligne », pages personnelles, etc. Il est également possible de téléphoner ou de faire de la visioconférence par Internet.

Cet univers électronique, un peu abstrait pour qui ne l'a jamais pratiqué, est appelé « cyberespace » ou « cybermonde ». Il est fréquenté par les « internautes » ou « cybernautes ».

UN ÉTRANGE OUTIL
Le Web est la facette la plus connue d'Internet. Il permet d'entrer gratuitement – et presque instantanément – dans une gigantesque bibliothèque mondiale pourvue de l'image et du son et de « naviguer » à sa guise d'un site à l'autre sans se soucier des distances. Comme le visiteur d'un site peut copier sur son disque dur ou imprimer le contenu des pages Web pour les consulter hors connexion, Internet pose des problèmes de droit. Il permet, en outre, d'accéder librement et gratuitement à toutes sortes de serveurs illégaux (pornographiques, néonazis, révisionnistes, etc.). Mais il contribue aussi au développement du « commerce électronique », du téléenseignement (enseignement à distance) ou encore de la télémédecine. Internet bouleverse nos habitudes car il introduit des notions de mondialisation et d'immédiateté.

INTERNET POUR TOUS ?

Grisés par l'impact du Net, bien des cybernautes y voient la marque d'une « démocratie électronique directe » en passe de bouleverser la planète, comme hier l'imprimerie ou le téléphone. Prudence cependant : Internet n'est pas encore un phénomène de masse et reste l'apanage de quelques initiés. Les gouvernements souhaitent favoriser l'accès du plus grand nombre au réseau mondial tout en garantissant l'ordre et la morale publics dans le cyberespace. Son développement anarchique a échappé aux États qui tentent aujourd'hui d'y mettre un peu d'ordre : de nouvelles lois sont votées, des logiciels de contrôle sont développés. Dans la crainte du piratage (relativement aisé dans ce monde ouvert), de nombreuses entreprises multiplient les systèmes de protection, cryptent leurs messages… ou multiplient les services payants. Internet pourrait devenir demain aussi banal que le téléphone.

• Le « langage » Internet s'appelle **TCP/IP** (**Transmission Control Protocol over Internet Protocol**). Grâce à lui, des ordinateurs jadis incompatibles peuvent correspondre et échanger des informations.
• **Pour acheminer les données**, Internet utilise une grande variété de liaisons : lignes téléphoniques, câble, satellites.
• **Pour accéder à Internet**, il faut aller dans un cybercafé ou bien, si l'on dispose d'un ordinateur personnel, s'abonner auprès d'un fournisseur d'accès (une centaine de francs par mois environ).
• **Les smileys en fin de phrase**, indiquent l'humeur de l'interlocuteur. Pour les lire, il faut pencher la tête à gauche.

IRA

L'Armée républicaine irlandaise est un groupe paramilitaire, d'obédience catholique, qui lutte pour mettre fin à la souveraineté anglaise sur l'Irlande du Nord.

• Le 30 janvier 1972 eut lieu le *Bloody Sunday* (le dimanche sanglant) : des militaires anglais protestants tuèrent 13 Irlandais catholiques.
• En mai 1996, les électeurs de l'Ulster ont élu un Forum de 110 membres qui sera chargé de discuter avec Londres et Dublin de l'avenir de la province. Le Sinn Fein obtient 15 % des voix, mais il ne pourra participer au Forum tant que l'IRA n'acceptera pas un nouveau cessez-le-feu.

Gerry Adams est, depuis 1983, le chef du Sinn Fein.

L'IRA (*Irish Republican Army*) a été créée en 1919, au début de la révolte pour l'indépendance, par le principal parti nationaliste : le Sinn Fein (« Nous-mêmes »). L'Irlande était alors entièrement sous domination britannique. Les attaques de l'IRA contre les forces de sécurité britanniques, suivies de représailles, ont provoqué la mort de centaines de civils jusqu'à la partition de l'île en 1922. L'Irlande du Nord (Ulster, capitale Belfast) est restée britannique, avec une majorité de protestants, et l'Irlande du Sud (Eire, capitale Dublin) est devenue « l'État libre d'Irlande », république catholique à 95 %.

LA « SALE GUERRE »

L'IRA a repris les armes au début des années 70, après que des troubles eurent éclaté entre catholiques et protestants en Irlande du Nord. Les premiers incidents sérieux ont eu lieu à Londonderry en 1968 quand les catholiques se virent refuser l'égalité des droits, alors qu'ils représentaient près de 40 % de la population. Les années suivantes ont été marquées par des campagnes d'attentats de l'IRA d'une part, et des extrémistes protestants d'autre part, dans les deux Irlande et aussi en Angleterre.

LE DIFFICILE CHEMIN VERS LA PAIX

À partir de 1993, le gouvernement britannique établit en secret des contacts avec l'IRA. Cette reprise du dialogue portera ses fruits puisque, le 31 août 1994, l'IRA annonce un cessez-le-feu inconditionnel et illimité dans le temps. En 1995, les pourparlers de paix commencent, prévoyant notamment la reconnaissance par Londres du droit des Irlandais du Nord à déterminer leur avenir.

Mais depuis février 1996, ces négociations sont troublées par une reprise des attentats de l'IRA. La stratégie armée semble l'emporter de nouveau, signe des difficultés inhérentes à ce processus de paix. Travaillistes et conservateurs britanniques n'ayant pas d'opinion divergente sur le conflit, les élections de 1997 ne seront pas déterminantes dans l'évolution de ce processus.

"La stratégie armée semble l'emporter de nouveau

islam

En 570 après notre ère, Mahomet naît à La Mecque, en Arabie. Un jour, alors qu'il médite dans une grotte, l'archange Gabriel lui apparaît et lui annonce que Dieu l'a choisi pour être son messager. Jusqu'à la fin de sa vie, Mahomet recevra ainsi des messages divins. Ces messages ont été transcrits dans le Coran, qui comprend 114 chapitres ou « sourates » et qui sert de guide aux musulmans.

LES PRINCIPES DE L'ISLAM

Tous les musulmans respectent la « charia ». Il s'agit d'une loi qui régule différents aspects de la vie quotidienne : les actes rituels, la vie de famille, mais aussi le commerce ou la justice. Cette loi repose sur cinq obligations fondamentales, appelées les « cinq piliers de la religion » :
• la profession de foi : « Il n'y a qu'un seul Dieu, Allah, et Mahomet est son prophète » ;
• la prière, cinq fois par jour ;
• le jeûne, pendant le ramadan ;
• le pèlerinage à La Mecque, au moins une fois dans sa vie ;
• l'aumône : offrande obligatoire aux pauvres.

L'islam est une religion monothéiste (un seul Dieu) dont le principe fondamental est la soumission inconditionnelle à Dieu (Allah).

Voir aussi : **FIS, GIA**, intégrisme

UNE RELIGION CONQUÉRANTE

En 632, Mahomet meurt sans laisser de fils. Sa succession divise les musulmans en deux courants : les sunnites et les chiites. Les sunnites représentent la grande majorité des musulmans dans le monde : environ 90 %. Modérés, ils admettent certains assouplissements de la religion et leurs options politiques sont le plus souvent modernistes et libérales. Au contraire, les chiites sont portés à l'extrémisme. Ils rejettent les valeurs occidentales et forment les grands courants intégristes. Au pouvoir en Iran, ils imposent par exemple aux femmes de porter le tchador, un voile noir qui dissimule leur visage.

Avec plus d'un milliard d'adeptes, l'islam est aujourd'hui la deuxième religion du monde.

La Mecque se situe en Arabie Saoudite, à 75 kilomètres de Djeddah. Pendant le pèlerinage, tous les ans, elle reçoit 2 millions de visiteurs (six fois sa population). Cinq fois par jour, où qu'ils soient dans le monde, les musulmans se tournent dans sa direction pour prier.

Sur l'ensemble des musulmans dans le monde :
• **29 % sont indiens ;**
• **19 % sont malais ;**
• **17 % sont arabes ;**
• **12 % sont turcs ;**
• **8 % sont perses.**

IVG

L'IVG, interruption volontaire de grossesse, consiste à provoquer l'expulsion d'un fœtus avant qu'il soit viable.

Voir aussi : contraception

• **Environ 45 millions d'avortements sont pratiqués chaque année dans le monde, dont vingt millions d'avortements clandestins.**

• **500 femmes meurent encore chaque année dans le monde des suites d'un avortement réalisé dans de mauvaises conditions.**

• **Au point de vue légal, le fœtus n'est considéré comme viable que 180 jours après la fécondation.**

L'IVG est autorisée en France, sous certaines conditions, depuis 1975, date à laquelle la loi Veil fut votée par le Parlement. Elle peut être pratiquée avant la fin de la dixième semaine de grossesse, à condition que la femme estime que son état la met en situation de détresse.

L'IVG est par ailleurs possible à tout moment de la grossesse si deux médecins attestent que la santé de la femme est en danger ou que l'enfant à naître est atteint d'une affection incurable : on parle alors d'avortement thérapeutique.

Une histoire mouvementée

Tout au long de l'histoire, l'avortement a suscité des débats passionnés. Jusqu'à la loi Veil, il était considéré comme un crime et se pratiquait illégalement dans des conditions sanitaires souvent épouvantables. Les années 60 et 70 ont vu, avec les mouvements de libération de la femme, se développer de nombreux groupes de pression demandant la légalisation de l'avortement. À l'inverse, depuis que l'IVG est autorisée, des ligues anti-avortement se sont constituées. En Europe, l'avortement est légalisé dans tous les pays sauf l'Irlande et Malte.

Trois étapes obligatoires

La procédure d'IVG est précise et réglementée. La femme qui décide d'avorter doit se rendre le plus tôt possible chez son médecin pour dater la grossesse, puis consulter dans un centre agréé (Planning familial ou autre) qui lui remet une attestation obligatoire après un entretien approfondi destiné à vérifier qu'elle ne peut ou ne veut pas garder son enfant. Enfin, elle doit rapporter cette confirmation écrite à son médecin qui lui indique l'établissement habilité à pratiquer l'IVG.

Différentes techniques

La technique choisie varie en fonction de l'âge de la grossesse. Dans les toutes premières semaines, on peut utiliser le RU 486, baptisé « pilule-avortement ».

Pour une grossesse plus avancée, l'aspiration (méthode Karman) est pratiquée : une canule reliée à une pompe aspirante est introduite dans l'utérus. Cette intervention se fait sous anesthésie locale ou générale dans un établissement hospitalier. La méthode mixte (combinaison des deux méthodes précédentes) est la plus couramment employée.

Un vaccin abortif est également en cours d'expérimentation.

LES COMMANDOS DE LA VIE

Les partisans de la révision de la loi Veil, baptisés « commandos anti-IVG », considèrent que chaque avortement est un crime. Regroupés dans des mouvements comme Trêve de Dieu, SOS tout-petits et Source de vie, ils manifestent dans la rue, occupent les hôpitaux, s'enchaînent aux tables d'opération, s'emparent des stocks de RU 486... Rien ne les arrête, pas même les condamnations prononcées contre eux par les tribunaux pour délit d'entrave à l'avortement. Mais ce mouvement n'est rien à côté de celui qui sévit aux États-Unis où plusieurs médecins pratiquant des avortements ont été assassinés.

jet set
jeux de rôles
JO
JT
judaïsme

Kremlin

jet set

L'expression jet-set ou jet-society désigne l'ensemble de personnalités du monde du spectacle, de la politique ou des affaires, qui ont en commun d'être très riches et qui sont habituées aux voyages en avion, privé le plus souvent (le jet).

La presse qui relate la vie des membres de la jet se vend bien.
- *Gala* : 500 000 exemplaires.
- *Match* : 1 200 000 exemplaires.
- *Stern* (Allemagne) : 1 400 000 exemplaires.
- *Gente* (Italie) : 800 000 exemplaires.
- Une photo de la princesse Caroline se vend jusqu'à 8 millions de francs. En comparaison, une photo de Madonna ne s'achète désormais « que » 1 million de francs.

Contrairement à l'aristocratie et à la bourgeoisie, la jet-set ne constitue pas une classe sociale. Les individus qui la composent viennent de tous les pays et de tous les horizons. Comme leur argent…

UNE TRIBU MOBILE
Tout le monde peut faire partie de la jet à condition d'avoir assez d'argent et de respecter certaines règles. Ainsi, la jet déteste rester trop longtemps au même endroit. Elle a pourtant des lieux de résidence principale privilégiés : New York, Londres et Paris. Le reste du temps, pareille à un troupeau, la jet connaît de fréquentes transhumances, avec arrêts obligés à Gstaadt en hiver, à Cannes ou Monaco au printemps, à Marbella et Saint-Tropez en été. Mais les modes changent vite et avec elles les lieux où il est indispensable de se montrer.

LE GRAND ÉTALAGE
Comment dépenser son argent sans se cacher ? Tel est le grand problème du membre de la jet. Réponse : en voyageant bien sûr, en achetant des maisons, villas ou hôtels particuliers, en louant des suites à l'année dans des palaces et en organisant des fêtes somptueuses où l'on invite d'autres membres de la jet exclusivement et surtout quelques journalistes qui pourront raconter ce qu'ils ont vu. Car le rôle de la jet-society est d'alimenter les chroniques mondaines des magazines et de faire fonctionner les industries de luxe.

PAS DE PROBLÈMES POUR LADY DI !

En 1994, au plus fort de ses soucis conjugaux, la princesse Diana ne se laissait pas abattre. Témoin, le montant de ses dépenses publié par le *Daily Mail* : 133 952 F de manucure, 11 936 F de produits pour le corps, 6 240 F de parfums, 5 824 F de crèmes solaires, 540 800 F de vêtements, 79 040 F de chaussures, 15 592 F de raquettes de tennis, 4 320 F de maillots de bain, et même 25 480 F pour cinq nuits à Bali sous la tente !

Les jeux de rôles, d'origine américaine, sont arrivés en Europe au début des années 80. On trouve sur le marché des jeux comportant un livre de règles avec la liste des personnages et les caractéristiques des aventures, mais on peut aussi inventer soi-même un jeu et des règles. Le nombre de joueurs n'est pas limité, cependant, il faut au minimum 2 joueurs, la moyenne étant de 6 ou 7.

UN MAÎTRE DU JEU QUI MANIPULE

Le jeu est dirigé par un maître du jeu qui choisit le contexte dans lequel les participants vont évoluer (Moyen Âge, préhistoire, futur…), imagine le décor (château, ville médiévale…) et raconte l'histoire. Il est neutre car il joue le rôle d'arbitre mais détient tous les droits puisque c'est lui qui dirige les opérations. Chaque joueur incarne un personnage qui va évoluer dans le contexte défini (chevalier, astronaute…) et tenter d'atteindre le but fixé par le maître du jeu (anéantir un puissant sorcier au Moyen Âge…). Les personnages ont des caractéristiques qui les définissent (comptabilisées en points de force, d'habileté, d'endurance…).

… ET DES JOUEURS QUI DÉCIDENT

Le maître du jeu demande aux joueurs ce qu'ils veulent faire face à

Dans un jeu de rôles, chaque joueur devient un personnage inventé par le maître du jeu et agit en fonction de l'histoire et des règles que celui-ci a déterminées.

une situation. Les joueurs se concertent car ils ne sont pas rivaux, ils décident ensemble (il peut cependant y avoir des décisions indépendantes). Lors des combats, on joue aux dés pour savoir si les joueurs vont gagner contre les adversaires inventés par le maître du jeu. En fonction de la réaction des joueurs et du résultat des batailles, le maître du jeu invente la suite.

ATTENTION DANGER !

Si certains adultes sont passionnés par les jeux de rôles, ce sont principalement les adolescents qui s'y livrent. Il arrive que certains d'entre eux, psychologiquement fragiles, se prennent au jeu à tel point que leur personnage devient pour eux une seconde personnalité. Ainsi, des joueurs se sont donné la mort à la suite du décès de leur héros au cours d'une aventure, et l'on peut s'inquiéter de l'importance que prennent ces jeux parmi les jeunes.

En 1973, l'Américain Gary Gigax invente le premier jeu de rôles, *Donjons et Dragons* : directement inspiré par *Le Seigneur des anneaux,* la trilogie de J.R.R. Tolkien, il reste, depuis sa création, l'un des jeux de rôles les plus pratiqués dans le monde.

A GUERRE EN COULEUR

paint ball est un dérivé des jeux de rôles : c'est un jeu « grandeur nature » i se passe dans le temps présent ou dans le futur. Les parties se déroulent ns la nature ou dans des locaux désaffectés. Plusieurs équipes opposées s unes aux autres tentent d'atteindre un but commun. Les joueurs se mbattent avec des pistolets dont les balles en plastique sont remplies de inture. Les balles explosent lorsqu'elles touchent l'adversaire.

JO

Ensemble de compétitions sportives réunissant les athlètes de tous les pays et se déroulant tous les quatre ans, en hiver et en été.

Quand ?

• 1912 : les femmes sont enfin autorisées à participer… à la natation.
• 1936 : première flamme olympique et quatre médailles d'or pour l'Américain Jesse Owens. Hitler refuse de lui serrer la main… parce qu'il est noir.
• 1972 : attentat palestinien contre la délégation israélienne. Les Jeux sont interrompus. On ne respecte plus la trêve…

Qui ?

Pierre de Coubertin (1863-1937) : c'est à lui qu'on doit les jeux Olympiques modernes et l'enseignement du sport à l'école.

En 1996, les jeux Olympiques ont fêté leurs cent ans. En un siècle, ce qui n'était au départ qu'une grande fête du sport est aussi devenue une entreprise économique très rentable.

Un peu d'histoire
C'est en avril 1896, à Athènes, qu'ont eu lieu les premiers jeux Olympiques modernes. Ils existaient déjà, en Grèce justement, près d'un siècle avant J.-C. Les Jeux se déroulaient alors à Olympie tous les quatre ans et étaient l'occasion d'une trêve de toutes les guerres et conflits. Les athlètes étaient entièrement nus et les femmes exclues du stade et des gradins ! En 394 apr. J.-C., les jeux ont été interdits… pour cause de tricheries et de dopage !

Sport et économie
Les jeux Olympiques n'ont cessé de se développer. En 1896, on comptait 245 athlètes de 13 pays, 10 épreuves et 50 000 spectateurs. À Atlanta, du 19 juillet au 4 août 1996, ils étaient 11 000 athlètes de 197 pays pour 271 épreuves, devant 2 millions de spectateurs et plus de 3 milliards de téléspectateurs ! Les JO sont devenus une belle affaire économique pour les pays organisateurs : création d'emplois saisonniers, forte augmentation du tourisme, vente des droits de retransmission télévisée. C'est pourquoi les pays sont nombreux à poser leur candidature auprès du CIO (Comité international olympique). Les prochains Jeux d'été auront lieu à Sydney, en Australie, en l'an 2000.

L'abréviation JT désigne familièrement le journal télévisé. Le JT est une plage d'information quotidienne où reportages, commentaires et invités sont introduits par un présentateur.

Voir aussi : Audimat, censure, **CNN**, télévision

Le JT (qu'en France on surnomme souvent « le 20 heures ») est l'une des émissions les plus regardées à la télévision. Certaines éditions, correspondant à une forte actualité, figurent dans les hit-parades d'audience. Le JT rythme la journée des téléspectateurs, mais aussi celle des hommes politiques qui préparent leurs fameuses « petites phrases » destinées à résumer leur action politique et à mettre en valeur leur image.

"Le JT est l'une des émissions les plus regardées à la télévision"

LES JEUNES BOUDENT LE JT
Aujourd'hui, le JT souffre d'un vieillissement de son audience accompagné d'un effritement, et ce en Europe comme aux États-Unis. Des rendez-vous d'information plus diversifiés, comme les journaux de 6 minutes sur la chaîne française M6 conviennent mieux à un public jeune. Les chaînes « tout info » comme CNN ou Euro News et les « contre-journaux » comme les Guignols de l'Info sur Canal + représentent également une concurrence.
C'est pour ces raisons qu'en novembre 1996 est lancé sur M6 un magazine hebdomadaire : « Dis-moi tout », qui explique avec pédagogie l'actualité aux jeunes pour les aider à décrypter l'information.

STAR OU PORTE-PAROLE DISCRET
Dans certains pays, les animateurs du JT deviennent des stars. Le contraste est frappant avec le journal de la chaîne publique allemande ARD qui est présenté en alternance par 7 hommes ou femmes non journalistes, choisis pour leur capacité à s'effacer devant l'information. Il n'y a qu'une caméra et le présentateur lit les notes qu'il tient à la main dans un décor voulu le plus neutre possible.

UNE GRANDE ÉQUIPE
Derrière le présentateur, il y a une rédaction de reporters, de journalistes spécialisés et de correspondants à l'étranger qui préparent tous les ingrédients du journal. Sur la chaîne ABC, qui présente le JT le plus regardé des États-Unis, 800 personnes composent la rédaction.

• **Peter Jennings, animateur du premier journal américain, celui d'ABC, gagne 10 millions de dollars par an.**
• **Son concurrent Dan Rather, sur CBS, reçoit 5 millions de dollars par an.**
• **Patrick Poivre d'Arvor, présentateur vedette du premier journal français sur TF1, gagne 4,8 millions de francs par an (environ 1 million de dollars).**

JT ET CENSURE

Dans de nombreux pays, la télévision reste un monopole d'État et la tranche d'information est considérée comme devant refléter l'opinion du gouvernement. La Chine, la Libye, la Corée du Nord, le Turkménistan, Cuba, l'Irak, l'Ouzbékistan, la Syrie, la Birmanie et le Viêt-nam ont été dénoncés par l'association Reporters sans Frontières comme les dix gouvernements exerçant la plus forte censure.

judaïsme

Le judaïsme est la première religion mono-théiste, c'est-à-dire affirmant la croyance en un dieu unique. Mais le judaïsme est plus qu'une religion, car être juif, c'est aussi appartenir à un peuple.

Voir aussi : antisémitisme, Moyen-Orient, révisionnisme

Quand ?

• **L'année juive se déroule selon un calendrier particulier basé sur le cycle de la Lune. 1997 équivaut à l'année juive 5757.**

• **Shabbat : chaque semaine, du vendredi soir au samedi soir, tout travail est interdit. Les Juifs orthodoxes n'utilisent même pas l'électricité.**

• **Chaque automne, les Juifs observent 10 jours de pénitence qui prennent fin avec Yom Kippour, le jour du Grand Pardon. Les autres grandes fêtes sont Rosh Haschana (Jour de l'An), Pessah (Pâques) et Hanouka (fête des Lumières).**

• **À l'âge de treize ans, les garçons passent leur Bar-Mitsva qui marque l'accès à la majorité religieuse.**

Le judaïsme recouvre un phénomène social, spirituel et culturel lié à l'histoire spécifique du « peuple élu ». Pour les Juifs, cette histoire, narrée dans la Torah (« la Loi »), longue et riche d'événements douloureux, s'étend de l'appel adressé par Dieu à Abraham jusqu'au retour partiel en Israël. Depuis la destruction du premier temple de Jérusalem (en 587 av. J.-C.), les Juifs vivaient dispersés à travers le monde (la diaspora).

RELIGION ET ÉTAT

À la fin du XIXe siècle, sous l'impulsion de Theodore Herzl, le mouvement sioniste a revendiqué la création d'un foyer national juif en Palestine pour échapper à l'antisémitisme. L'État d'Israël fut créé en 1948 après la Shoah (élimination systématique des Juifs d'Europe par les nazis). Mais la majorité (environ 75 %) des Juifs vivent toujours hors d'Israël où ils représentent de nombreuses communautés. Celles-ci permettent à Israël de bénéficier d'importants soutiens, notamment aux États-Unis.

UN VOISINAGE DIFFICILE

La création de l'État d'Israël a donné naissance au problème palestinien. Condamnés à émigrer ou à vivre en territoire occupé, les Palestiniens ont revendiqué leur droit à une terre et à un État propre en Palestine. Pour se faire reconnaître et respecter par ses voisins arabes (Égypte, Jordanie, Liban, Syrie), Israël a dû très vite mener des guerres. Grâce à ses victoires militaires en 1956 et 1967, Israël a occupé des territoires qui ne lui étaient pas destinés au départ (la Cisjordanie, Gaza, le plateau du Golan).

LE TUNNEL DE LA DISCORDE

En septembre 1996, le percement « archéologique » d'un tunnel met le feu aux poudres à Jérusalem. Ce tunnel, qui court le long du mur des Lamentations, haut lieu de prières juif, débouche sur la via Dolorosa, le chemin de croix du Christ, et longe l'esplanade des Mosquées, troisième lieu saint de l'islam. À l'annonce de la reprise des travaux, gelés pendant dix ans, la ville arabe s'enflamme. Les affrontements sont réprimés par l'armée israélienne au prix de nombreux morts.

"Certains confondent règles religieuses et lois de l'État"

L'Organisation de libération de la Palestine (OLP) dirigée par Yasser Arafat est aujourd'hui le principal partenaire de l'État hébreu dans la recherche de la paix. Un certain nombre de territoires occupés lui ont déjà été restitués.

JUDAÏSME ET EXTRÉMISME

Comme toutes les religions, le judaïsme a ses extrémistes.

Certains confondent règles religieuses et lois de l'État. Ainsi, certains colons qui vivent dans les territoires occupés refusent de renoncer au rêve du Grand Israël pour la paix. Le 4 novembre 1995, le Premier ministre israélien Yitzhak Rabin a été assassiné par un extrémiste israélien qui lui reprochait les concessions faites aux Palestiniens.

• **Le judaïsme se transmet par la mère et seulement par elle. Les conversions sont rares, longues et très difficiles.**
• **Les rabbins orthodoxes voient d'un assez mauvais œil les mariages mixtes. Les libéraux sont plus tolérants.**
• **Les ashkénazes sont les Juifs d'Europe de l'Est. Leur langue est le yiddish. Les séfarades viennent d'Afrique du Nord ou d'Orient. Certains parlent le ladino. Les falachas étaient autrefois installés en Éthiopie. Entre 1980 et 1985, la plupart ont émigré en Israël. La langue des prières est l'hébreu, c'est également la langue parlée en Israël.**

Kremlin

Le Kremlin est le lieu de travail des autorités politiques russes à Moscou. Ce monument est le symbole du pouvoir.

Voir aussi : communisme

À l'origine, le mot *kremlin* (ou *kremnik*) signifie « forteresse » en russe. Des kremlins existent dans le centre de toutes les vieilles villes de Russie. Celui de Moscou est, bien sûr, le plus connu.

Avant 1712, le Kremlin était la demeure des tsars de Russie. Puis Pierre le Grand décida de déplacer la capitale à Saint-Pétersbourg et il fallut attendre 1918 pour que Moscou redevienne le lieu du pouvoir central. Les communistes étaient alors arrivés à la tête du pays ; le Kremlin devint le symbole de leur puissance, mais également des mystères qui entouraient les dirigeants.

UNE FORTERESSE AU CŒUR DE MOSCOU

Le Kremlin est situé sur la place Rouge, au bord de la rivière Moskova. Il ressemble à une immense forteresse qui s'étend sur près de vingt-huit hectares entourés d'une muraille de plus de deux kilomètres. Les monuments et palais qui s'élèvent à l'intérieur de cette muraille résument l'histoire de la Russie. Les tours et les cathédrales ont été construites sous le règne des tsars du XVIe au XVIIIe siècle. À côté de ces magnifiques monuments, on trouve les constructions beaucoup plus froides et utilitaires de la période socialiste, tel l'immense palais des Congrès qui compte 800 salles, dont une de 6 000 places.

LE SYMBOLE DU POUVOIR

Le Kremlin évoque toujours la puissance et le secret qui ont longtemps entouré le pouvoir communiste, autoritaire et centralisé. Le drapeau rouge, à l'emblème de la faucille et du marteau, a d'ailleurs longtemps flotté sur la forteresse qui abritait les sièges du Soviet suprême et du parti communiste de l'URSS. Le Soviet suprême, organe principal de l'État soviétique, a été remplacé en 1993 par l'Assemblée fédérale, composée d'un conseil de la fédération et d'une douma (chambre) d'État. On murmure même qu'il existait toute une série de passages secrets menant vers le KGB (la police politique)…

Aujourd'hui, le parti communiste n'est plus au pouvoir et le drapeau rouge a été remplacé fin 1991 par le drapeau russe.

Depuis le démantèlement, cette année-là, de l'Union soviétique, le Kremlin est la résidence du président russe Boris Eltsine, élu au suffrage universel en juin 1991 et réélu en 1996.

"Le Kremlin évoque toujours la puissance et le secret qui ont longtemps entouré le pouvoir communiste…"

laïcité *voir* **intégrisme**
laser
licenciement
lobby
Loto

Maastricht
   voir **Union européenne**
Macédoine *voir* **Balkans**
Macintosh *voir* **ordinateur**
mafia
Maison-Blanche
majorité
maladies génétiques
manga
marchés financiers *voir* **Bourse**
marketing
marque
Matignon
médecines parallèles
Médecins du Monde
   voir **ONG**
Médecins sans frontières
   voir **ONG**
médias
météo
méthadone *voir* **drogue**
Microsoft *voir* **ordinateur**
Minitel
minorités
mise en examen
monarchie
mondialisation
monnaie unique *voir* **euro**
Moyen-Orient
MST
multimédia
mundial
mur de Berlin *voir* **réunification**
myopathie
   voir **maladies génétiques**

laser

Le laser (abréviation de « Light Amplification by Stimulated Emission of Radiations » est un faisceau de rayonnement cohérent, c'est-à-dire un concentré de lumière.

Un rayon laser peut détruire une cible située à plusieurs kilomètres. Des recherches sont menées actuellement visant à augmenter la puissance de ce « rayon de la mort » ; on pourrait ainsi fabriquer des armes capables de détruire des missiles nucléaires en vol ou des satellites grâce à des lasers à gaz de haute puissance. C'est le projet « guerre des étoiles ».

La caractéristique du laser est de produire une lumière intense et très directive. Il existe des lasers de différentes puissances, permettant toutes sortes d'applications dans de nombreux domaines : industriel, médical, militaire, etc. Elles paraissent sans limites, et il est probable que le laser trouvera, dans les années à venir, de nouveaux débouchés encore inconnus aujourd'hui.

UN OUTIL DE PRÉCISION

Le laser a été inventé dans les années 60 grâce aux progrès de la mécanique quantique, de l'optique et de l'électronique. Tandis que le faisceau d'une lampe torche, par exemple, perd sa forme et sa puissance avec la distance, le rayon laser, au contraire, conserve un aspect et une intensité identiques sur toute sa longueur. Il permet ainsi de viser une cible avec précision. Il est utilisé sur certains fusils militaires, mais aussi pour creuser des tunnels (matérialisation de l'axe). Des lasers équipent également les lecteurs de CD afin de pouvoir lire les minuscules informations inscrites sur les disques.

UN RAYON À HAUTE ÉNERGIE

Dans l'industrie, le laser permet de fondre des corps extrêmement résistants (comme le tungstène), de souder des matériaux très petits (circuits intégrés) ou très gros (carrosseries automobiles), de découper des substances très dures (diamants ou rubis de montres) ou au contraire très souples (tissus pour la confection de vêtements).

UN INSTRUMENT MÉDICAL RÉVOLUTIONNAIRE

En médecine, le laser a rendu banales des opérations délicates comme le traitement du décollement de la rétine. On utilise pour cela un « bistouri laser » qui effectue une microsoudure dans le fond de l'œil en quelques secondes, presque sans douleur et sans anesthésie. Le laser est également utilisé pour soigner la peau (traitement d'un défaut de pigmentation ou effacement d'un tatouage) ainsi que pour détruire des cellules cancéreuses ou certaines caries dentaires.

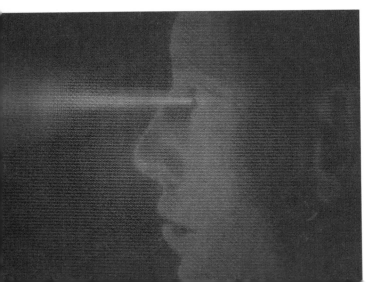

Représentation de la vision des couleurs.

licenciement

Un chef d'entreprise peut décider de se séparer d'un de ses salariés en le licenciant, à condition d'avoir un motif « réel et sérieux » et de remplir un certain nombre de formalités. Un licenciement peut être collectif, quand il concerne plusieurs salariés d'une entreprise, ou individuel quand il ne touche qu'un salarié.

Le licenciement est la rupture, à l'initiative de l'employeur, du contrat de travail à durée indéterminée d'un de ses salariés.

Voir aussi : plan social, syndicats

"Tout licenciement doit avoir une cause réelle et sérieuse..."

DIFFÉRENTS LICENCIEMENTS

• *Licenciement économique*. La baisse d'activité économique contraint parfois le chef d'entreprise à licencier pour éviter un dépôt de bilan. Depuis 1986, les chefs d'entreprise peuvent licencier leur personnel pour des motifs économiques, sans avoir à demander l'autorisation préalable à l'inspecteur du travail. Toutefois, les syndicats peuvent saisir l'Inspection départementale du travail.

• *Licenciement pour faute professionnelle ou faute grave*. L'employeur peut se séparer d'un de ses salariés qui a commis une faute grave. Quelques exemples : le salarié travaille pour la concurrence ; il s'absente souvent et sans autorisation ; il s'approprie des objets ou de l'argent appartenant à l'entreprise…

• *Licenciement abusif*. Tout licenciement doit avoir une cause réelle et sérieuse, sinon le chef d'entreprise devra indemniser son salarié ; il peut même être contraint de le réintégrer dans ses effectifs. Tout salarié peut contester les conditions de son licenciement auprès du tribunal des prud'hommes, s'il considère que celui-ci est abusif.

LA PROCÉDURE

Le chef d'entreprise qui veut licencier doit convoquer le salarié concerné à un entretien préalable par lettre recommandée précisant l'objet de l'entretien. Le salarié doit se rendre à cet entretien où il peut se faire assister par la personne de son choix (élu du personnel, délégué syndical ou autre). L'employeur est ensuite tenu d'envoyer au salarié, en recommandé avec accusé de réception, une lettre de licenciement prévoyant la date exacte de la fin du contrat de travail, les modalités de préavis et de calcul des indemnités qui lui seront versées. Au moment de son départ, il devra lui remettre un certificat de travail (ne portant aucune mention pouvant nuire au salarié) et un solde de tout compte, prouvant que le salarié a touché tout ce qui lui est dû.

L'INDEMNITÉ DE LICENCIEMENT

Les salariés ont droit à une indemnité légale de licenciement. Le minimum légal, prévu par le Code du travail, s'élève à un dixième de mois (salaire moyen des trois derniers mois) par année de présence dans l'entreprise. L'indemnité prévue par la convention collective est due si elle est supérieure au minimum légal.

Les plans sociaux qui aboutissent à des licenciements collectifs se multiplient ces dernières années. Quelques exemples de licenciements collectifs en France :

• **La Direction des constructions navales (DCN)** va supprimer 6 200 emplois jusqu'en 1998 à Brest, Cherbourg, Toulon, Lorient et Indret.

• **Le Crédit lyonnais** mettra fin à 5 000 contrats de travail d'ici fin 1998.

• **L'Aérospatiale** va supprimer 3 100 emplois d'ici fin 1998 à Châtillon, Suresnes, Bourges, Toulouse, Nantes, Saint-Nazaire.

lobby

Le lobby, ou groupe de pression, représente une partie de la population d'un pays ayant les mêmes intérêts et qui s'organise pour les défendre.

• **Aux États-Unis, les groupes de pression sont connus et enregistrés à la Chambre des représentants. Chaque trimestre, les lobbies déclarent leurs recettes et leurs dépenses. C'est le cas, par exemple, des anciens du Viêt-nam ou des propriétaires d'armes à feu.**
• **En Grande-Bretagne, le lobby des opposants à la chasse au renard participe au financement du Parti travailliste.**

À la différence d'un parti politique, un lobby n'exerce pas le pouvoir, mais il informe les décideurs et tente de les influencer en défendant les intérêts de ses membres. Il s'organise pour conseiller les différentes instances institutionnelles (gouvernement, Parlement, commissions, etc.). Les individus se regroupent dans des associations, des syndicats, des mouvements, des confédérations qui les représentent et défendent leurs thèses.

LES SPÉCIALITÉS DU LOBBYING
Des entreprises spécialisées, sociétés de conseil, cabinets d'avocats ou d'experts, surveillent le fonctionnement des institutions, l'élaboration des lois, les travaux des députés. Leur travail consiste à convaincre les politiques que telle mesure sera impopulaire ou inefficace, et à les informer des risques qui en découlent.
Actuellement, les groupes de pression concentrent leurs efforts de lobbying sur la Commission européenne, à Bruxelles, où ils ont noué de véritables réseaux d'information leur permettant d'avoir accès aux textes en préparation qu'ils cherchent à faire modifier.

IL SUFFIT DE S'ORGANISER
Le lobbying coûte cher : il faut payer des experts, disposer d'un nombre suffisant de représentants, posséder une réelle capacité d'organisation, avoir accès aux médias. C'est pourquoi le lobby n'est pas, au final, représentatif de toute la population. Les chômeurs, par exemple, n'ont pas les moyens de s'organiser en groupe de pression. Un lobby peut être puissant dans un pays et peu efficace dans un autre : c'est le cas, par exemple, des écologistes allemands qui n'ont qu'à élever la voix pour être entendus, alors que leurs homologues français n'impressionnent personne étant donné leur poids électoral...

DE PUISSANTS LOBBIES
En France, le lobby paysan est particulièrement efficace malgré le nombre restreint d'agriculteurs. Lorsque l'action de lobbying s'est révélée insuffisante, il lui reste toujours la possibilité de faire entendre sa voix en manifestant de façon spectaculaire pour obtenir ce qu'il demande (subventions, aides, etc.). Le CNPF (Conseil national du patronat français) est également un lobby très puissant. On lui reproche cependant de défendre en priorité les grandes entreprises, parfois au détriment des PME, pourtant plus nombreuses dans le pays.

LES DANGERS DU LOBBYING
Certains lobbies peuvent faire avancer leurs thèses, même si elles présentent des conséquences négatives pour d'autres membres de la communauté. Entre 1989 et 1995, le lobby des éleveurs est intervenu avec insistance auprès de l'Union européenne pour étouffer les soupçons nés de la maladie de la vache folle.

Loto

Pour jouer au Loto, on coche 6 numéros sur une grille qui en compte 49. On dépose son bulletin dans un débit de tabac ou un lieu de vente agréé par la Française des Jeux. La grille simple coûte 2 francs, mais toutes sortes de combinaisons sont possibles et le prix peut aller jusqu'à 1 680 francs pour un bulletin à dix numéros qui participe aux quatre tirages de la semaine. Beaucoup de joueurs misent sur leur date d'anniversaire ou celle de leurs proches. Pour toucher ses gains, qui ne sont pas imposables, le gagnant doit présenter son bulletin, mais il n'est pas tenu de décliner son identité.

Le Loto est un jeu de hasard très populaire en France, car le joueur peut espérer gagner une grosse somme d'argent.

Une chance sur...

Un joueur possède une chance sur 13 983 816 de trouver les 6 bons numéros, une chance sur 2 330 636 de trouver 5 numéros plus le complémentaire, une chance sur 55 491 de trouver 5 numéros, une chance sur 1 032 de trouver 4 numéros, une chance sur 57 de trouver 3 numéros... Bonne chance !

Le Loto a plus de 20 ans

Le premier tirage du Loto eut lieu le 15 mai 1975. À l'époque, il n'y avait qu'un seul tirage par semaine, le mercredi. Aujourd'hui, on en est à quatre tirages par semaine (deux le mercredi et deux le samedi). Les joueurs, dont 95 % participent à deux tirages, peuvent se rendre dans 15 000 lieux de vente répartis dans toute la France.

Le Loto est géré par la Française des Jeux, dont 72 % appartiennent à l'État. En temps de crise, les jeux se portent bien : plus le chômage progresse, plus les Français jouent au Loto. Ils ont misé pas moins de 65 milliards de francs en 1992.

Un impôt caché

Les sommes gagnées ne sont pas imposables, car les impôts ont été prélevés à la source : 30 % des mises et de 10 à 30 % des gains. Avec le Loto, l'État gagne à tous les coups : sur 27 milliards de francs de chiffre d'affaires, l'État touche 7 milliards, les lieux de vente 2,2 milliards, et la Française des Jeux 2,6 milliards. Les gagnants, eux, se partagent 15,4 milliards, soit à peine plus de 55 % du total.

• **En 1995, Bruno, un employé de banque d'Hazebrouck (Nord), reçoit 69 378 690 francs.**
• **42 888 230 francs ont été gagnés en 1996 à Aubagne (Bouches-du-Rhône), et 50 480 970 francs à Montreuil (Seine-Saint-Denis).**

mafia

Une mafia est une organisation secrète qui fonctionne selon ses propres règles, ne reconnaît pas les lois de la société et tire sa fortune de différents trafics, dont celui de la drogue.

Voir aussi : corruption, drogue, faux, racket

• **En Sicile :** 142 familles (ou clans).
• **Aux États-Unis :** 24 familles, placées sous l'autorité d'un *Capo* (chef).
• **Chiffre d'affaires des mafias siciliennes et américaines : 250 milliards de $,** dont plus de 120 milliards pour la Cosa Nostra américaine. 1/3 provient de la drogue.

À l'origine, le mot « Mafia » désignait une organisation unique basée en Sicile qui, au début du XXe siècle, développa un contre-pouvoir pour s'opposer au nouvel État italien. Depuis, la mafia sicilienne a étendu son influence à d'autres pays, les États-Unis notamment. D'autres mafias ont émergé au Japon, en Chine et dans les anciens pays communistes d'Europe orientale, notamment en Russie.

LA MAFIA SICILIENNE

À la fin du XIXe siècle, lorsque l'unité italienne se réalise sous l'égide des provinces du nord du pays, certaines régions au fort particularisme, comme la Sicile, protestent violemment. Au fil du temps, la résistance populaire devient une société secrète basée sur des clans familiaux qui contrôle toute l'île. Après la Seconde Guerre mondiale, la mafia conçoit une véritable stratégie d'infiltration de la société et des institutions italiennes. Au début des années 80, des magistrats se lancent dans la guerre antimafia ; certains sont assassinés, comme le juge Falcone, mais de nombreux dirigeants sont arrêtés et leurs procès révèlent les compromissions du pouvoir politique avec la mafia.

DES MAFIAS QUI SE DÉVELOPPENT

Aux États-Unis, ce sont des émigrés italiens qui développent la mafia dans les années 20 et rivalisent d'audace à l'époque de la Prohibition. Le plus célèbre d'entre eux est Al Capone. La mafia américaine est surtout implantée dans les grandes villes.
En Russie, la chute du communisme et le chaos qui a suivi favorisent l'émergence de gangs qui pratiquent le racket et la corruption à une très grande échelle.

LES MOTS DE LA MAFIA

Cosa Nostra : « notre maison » en italien. C'est le nom de la mafia sicilienne.
La Camorra est la mafia napolitaine.
Omerta : la loi du silence. Dans la mafia toute personne qui parle à l'extérieur est menacée de mort.
Parrain : chef d'une mafia.
Repenti : personne qui avoue son appartenance à la mafia et accepte de collaborer avec la police. Brisant l'omerta, le repenti risque sa vie.
Blanchiment de l'argent : donner une apparence licite à de l'argent que l'on s'est procuré de façon frauduleuse.

Maison-
Blanche

La Maison-Blanche, « White House » en américain, est la résidence officielle du président des États-Unis, à Washington.

Voir aussi : Constitution

Le site de la Maison-Blanche, au bord de la rivière Potomac, a été choisi en 1792 par le président George Washington. Mais c'est son successeur, John Adams, qui s'y installa le premier en 1800, alors que la construction n'était pas encore achevée. Depuis, tous les présidents des États-Unis se sont succédé dans cette demeure. La Maison-Blanche est ainsi devenue le siège du pouvoir exécutif américain.

UN TOIT POUR GOUVERNER

John Adams avait écrit ces mots à sa femme : « Puissent seuls des hommes honnêtes et sages gouverner sous ce toit. » Cette profession de foi est aujourd'hui gravée dans le marbre de la cheminée de la salle à manger officielle.

LA VIE À LA MAISON-BLANCHE

À la différence d'autres chefs d'État, le président des États-Unis laisse visiter sa résidence. Tous les matins, quelque 6 000 visiteurs sont admis à pénétrer dans une dizaine des 130 pièces de cette vaste demeure. Mais la Maison-Blanche est surtout le lieu de travail du Président. Ses conseillers sont installés dans l'aile ouest, tandis que l'entourage de son épouse, la *first lady*, occupe l'aile est. Il y a plusieurs salons où sont reçus tous les grands de ce monde :

le salon des réceptions diplomatiques, le salon bleu ou encore la salle à manger officielle qui peut accueillir 140 convives.

LE SIÈGE DU POUVOIR EXÉCUTIF

Dans le langage courant, « Maison-Blanche » est synonyme de « présidence des États-Unis ». C'est là que sont prises toutes les grandes décisions. Le président américain dispose de pouvoirs considérables. Élu pour quatre ans au suffrage universel indirect, il détient le pouvoir exécutif. Il est à la fois chef d'État et chef de gouvernement, il dirige la diplomatie, peut déclarer la guerre avec l'accord du Sénat, signe et promulgue les lois, possède le droit de grâce… Travaillant volontiers depuis le célèbre « bureau ovale », il est assisté de son cabinet personnel, le *White House Office*, constitué d'hommes très proches et qui disposent également d'un pouvoir important.

La Maison-Blanche tient son nom de sa couleur. Construite par l'architecte irlandais James Hoban sur le modèle de la résidence du duc de Leinster de Dublin, elle a été incendiée en 1814 et reconstruite en 1817. C'est pour dissimuler les traces de l'incendie que ses briques ont été repeintes en blanc.

"Puissent seuls des hommes honnêtes et sages gouverner sous ce toit"

majorité

En politique, la majorité est le parti ou l'ensemble des partis qui a remporté le plus grand nombre de suffrages lors d'une élection.

Voir aussi : gauche/droite, gouvernement, Parlement

• **La domination de la minorité par la majorité est encore plus flagrante dans les pays où vivent des minorités ethniques. Les minorités arménienne et kurde ont ainsi longtemps été persécutées en Turquie et en Irak.**
• **La chute du communisme a réveillé de façon dramatique le problème des minorités nationales en Russie et dans les Balkans.**

Dans les démocraties, le pouvoir est issu des urnes. La majorité qui s'est manifestée par le suffrage universel désigne ceux qui auront le pouvoir de gouverner. Ainsi, en Grande-Bretagne et en Allemagne, le Premier ministre et le chancelier sont les leaders du parti qui a remporté les élections législatives. En France, le Premier ministre est choisi par le président de la République dans la majorité parlementaire. Ce principe est traditionnellement appliqué par les présidents de la Ve République bien qu'il ne soit pas formellement stipulé par la Constitution.

JUSTICE ET MAJORITÉ

Le principe majoritaire peut sembler évident. Toutefois, ceux qui le contestent s'appuient sur deux points :
• La majorité peut n'être que relative, c'est-à-dire qu'un parti peut avoir recueilli plus de voix que les autres partis en lice mais moins de 50 % des voix (la majorité absolue). Un gouvernement peut donc n'émaner que de 20 ou 30 % des suffrages et, de ce fait, sa légitimité devient sujette à contestation.
• Un gouvernement peut avoir obtenu une très courte majorité absolue, soit par exemple 51 % des voix. Ce 1 % au-delà de la majorité absolue donne-t-il le droit d'imposer à tous sa vision des choses ?

LA MAJORITÉ GOUVERNE... ET LA MINORITÉ ?

Le principe majoritaire peut être considéré comme inférieur à d'autres principes tels que le droit de protection des minorités et le droit à l'expression de l'opposition. Aux États-Unis, jusque dans les années 60, les Blancs majoritaires en nombre étaient les seuls susceptibles d'être élus. Les Noirs subissaient alors une discrimination permanente. En France, après la chute de Napoléon, l'opposition de gauche fut persécutée par la droite qui avait remporté une majorité écrasante de suffrages aux élections censitaires de 1815. Le principe majoritaire, qui présente l'avantage de l'efficacité, est en compétition permanente avec le droit à la libre expression de l'opposition.

maladies

génétiques

Les maladies génétiques sont provoquées par une anomalie de l'information codée dans les chromosomes, sur les gènes. De ce fait, elles apparaissent souvent très tôt après la naissance et durent toute la vie.

Elles peuvent être transmises par les parents (maladies héréditaires) ou acquises par altération (mutation) d'un gène de l'embryon pendant son développement. Elles peuvent concerner les garçons (hémophilie, myopathie), les filles (syndrome de Turner) ou les individus des deux sexes. Le risque d'apparition de certaines maladies dues à des mutations (comme la trisomie 21 ou mongolisme) augmente avec l'âge des parents.

DU GÈNE À LA MALADIE

Le développement de chaque individu obéit au « bagage génétique » dont il est porteur : sexe, couleur des yeux, forme du visage, tout est codé dans les gènes transmis en quantité égale par le père et la mère. S'ils sont anormaux, absents ou en trop grand nombre, certains gènes favorisent l'apparition de maladies. Les unes sont relativement bénignes (comme le daltonisme, anomalie de vision des couleurs), les autres sont graves (comme la mucoviscidose).

Certaines ne se manifestent que si l'individu est porteur de deux gènes identiques, transmis par les deux parents (maladie « récessive »). D'autres apparaissent en présence d'un seul gène anormal (maladie « dominante »). D'autres encore sont « multifactorielles », c'est-à-dire qu'elles nécessitent plusieurs gènes pour s'exprimer (diabète sucré, polyarthrite rhumatoïde).

LES MALADIES CHRONIQUES

Aucune maladie génétique ne peut être guérie, car elle « fait partie » de l'individu, mais la plupart peuvent

Voir aussi : génie génétique

être traitées. Ainsi, les hémophiles, dont le sang ne coagule pas normalement, peuvent recevoir des substances coagulantes pour éviter les hémorragies.

L'état des patients atteints de mucoviscidose, dont les sécrétions naturelles épaisses gênent la respiration et la digestion, est amélioré par la kinésithérapie respiratoire et les enzymes pancréatiques ajoutés à leurs aliments.

LE DÉPISTAGE ET LA PRÉVENTION

Si un couple a des antécédents familiaux de maladie génétique, on pratique une « enquête génétique » pour savoir s'ils sont porteurs de gènes anormaux. Les possibilités de prévention sont limitées : lorsque le risque d'avoir un enfant atteint est très élevé (hémophilie, mucoviscidose), on déconseille la grossesse… On l'interrompt si le fœtus est atteint. D'autre part, on peut dépister certaines maladies à la naissance (phénylcétonurie) ou pendant la grossesse de la mère (trisomie 21), en prélevant du sang ou des cellules du fœtus grâce à un examen spécifique : l'amniocentèse.

• **Maladie héréditaire** : qui se transmet de parents à enfants. Elle est toujours génétique. Exemples : l'hémophilie, la mucoviscidose.

• **Malformation congénitale** : qui apparaît à la naissance. N'est pas obligatoirement génétique. Exemples : le bec-de-lièvre, les anomalies cardiaques.

• **Maladie génétique** : qui est due à la présence, l'absence ou l'anomalie d'un ou de plusieurs gènes. N'est pas toujours héréditaire. Exemple : la trisomie 21.

"Les possibilités de prévention sont limitées…"

manga

Composé de deux idéogrammes, le terme japonais manga signifie littéralement « image dérisoire ». Il désigne la bande dessinée japonaise et, par extension, les films d'animation et tous leurs produits dérivés comme les jouets et les célèbres collections d'images.

• **Un** *otaku* **est un fan entre les fans, qui connaît tout du manga. Au début, se faire traiter d'otaku était presque une insulte. Aujourd'hui, l'otaku est fier de l'être !**

Comme la BD européenne, le manga existe au Japon depuis la fin du XIXᵉ siècle. Mais il a fallu attendre le début des années 80 pour que l'Europe le découvre et se passionne. Depuis, la mangamania est devenue un phénomène de mode.

MANGA ET BD

À la différence de notre BD, le manga est dans 90 % des cas en noir et blanc et publié sous forme de livre de poche de 180 pages environ. Chaque histoire est très longue et s'étend sur plusieurs volumes, de 5 à 50! Là où les Européens décrivent une situation en deux images, les Japonais en font dix. C'est ce qui fait le dynamisme du manga, sa variété et son succès. Au Japon, il existe des mangas pour tous les publics, de tous les âges : des romantiques, véritables « séries roses », des historiques, des policiers et de nombreuses séries « hard » marquées par le sexe et la violence. En Europe, ils sont avant tout réservés aux 6-25 ans.

UNE NOUVELLE CULTURE

C'est la télévision, désireuse d'acheter des programmes tout faits et à bas prix, qui a introduit les premiers mangas animés. Depuis, la génération Goldorak a grandi avec *Les Chevaliers du zodiaque* et *Dragon Ball Z*. Pour la première fois, enfants et adolescents n'ont plus pour seule référence les cartoons américains, comme ceux de Walt Disney, mais s'ouvrent à une nouvelle culture. Une culture orientale plus ancienne, plus spirituelle et moins matérialiste que la culture américaine, prétendent les défenseurs du manga qui ont pour tâche de redorer son image auprès de la plupart des adultes qui s'inquiètent de sa violence presque banalisée.

LES MANGAS CULTES

Pour les uns, c'est *Akira*. Premièr BD et premier dessin animé export internationalement, cette œuvre d Katsuhiso Otomo écrite en 1982 constitué la preuve éclatante que l manga pouvait raconter une belle his toire, avec des dessins de qualité Véritable épopée de science-fiction, cer tains la comparent à *2001 : l'Odyssée d l'espace*, ou la rapprochent des œuvre de Mœbius.

Pour les autres, c'est *Les Chevaliers d zodiaque* de Masashi Kurumada. Douz chevaliers correspondant chacun à u signe du zodiaque dans une histoir mêlant mythologie grecque et mytholo gie orientale. On est proche, dit-on, d *l'heroic fantasy*.

marketing

Les moyens dont dispose la « science » marketing sont nombreux : enquêtes et études de marché et de motivation (qualitative et quantitative), publicité, promotion sur le lieu de vente (PLV), stimulation du personnel de vente, promotion, etc. L'utilisation des fichiers informatiques a ouvert de nouveaux horizons au marketing. Nous sommes entrés dans l'ère du « marketing direct ». Tout le monde s'y met, même les partis politiques.

Vient de l'anglais « market » (marché). C'est l'ensemble des moyens dont dispose une organisation ou une entreprise pour influencer les comportements du public auquel elle s'adresse.

LE MARKETING DIRECT

Grâce à l'informatique, on peut aujourd'hui constituer d'immenses fichiers. En recoupant les informations, les entreprises ciblent efficacement leurs actions. Les promotions, les offres ne sont ainsi envoyées qu'aux personnes susceptibles d'être intéressées.

NE PAS ALLER TROP LOIN

Des instances de surveillance ont été mises en place. Elles veillent à ce que les fichiers ne contiennent pas d'informations sur la vie privée, les convictions politiques, religieuses, etc. Les techniques trop agressives sont interdites, notamment celles qui font croire au client qu'il a gagné à un concours.

VIVE LES FIDÈLES !

La fidélisation est le nouveau souci des hommes de marketing. Ils ont compris qu'un client satisfait en valait deux ! Un acheteur fidèle est beaucoup plus rentable qu'un nouveau client. À partir de ce constat, les entreprises de vente par correspondance soignent leurs meilleurs clients en leur envoyant des petits cadeaux personnalisés, en les faisant profiter de promotions… Les cartes de fidélité se multiplient, même dans les grandes surfaces. Par ailleurs, les distributeurs jugent que la télévision est le média le plus efficace pour faire connaître un produit, devant l'affichage, la presse magazine et la radio.

• **Le directeur du marketing** effectue des analyses de marchés, teste les produits et conçoit des plans de commercialisation.
• **Le responsable des études de marché** analyse la concurrence et réalise des enquêtes avec ses propres moyens ou avec l'aide de sociétés spécialisées.
• **Le chef de produit** est chargé de la mise en œuvre et du contrôle des études marketing.

ANTI-PUB

Un spot publicitaire diffusé à la télévision britannique en décembre 1995 en a surpris plus d'un. D'un humour féroce dénonçant les méfaits de l'alcool au volant, il ne ressemblait pas du tout aux films très ennuyeux diffusés habituellement à l'approche des fêtes par le gouvernement. Et pour cause, car il était diffusé par un brasseur de bière. Bilan très positif pour la marque…

marque

Nom ou signe qui permet de distinguer un produit, un objet ou un service d'un autre.

Voir aussi : faux, publicité

• **63 000 marques sont déposées en France.**
• **Les contrefaçons représentent 5 % du commerce mondial.**

McDonald's, Novotel, Yves Rocher et Pronuptia, par exemple, fonctionnent en franchise.

Les marques sont omniprésentes dans notre société de consommation. Certaines existent depuis très longtemps, sans qu'elles aient pris une ride (Coca-Cola, par exemple). D'autres disparaissent à peine apparues sur le marché.

COMMENT LA FAIRE CONNAÎTRE ?

Installer une marque implique de la faire connaître en y associant un certain nombres d'images destinées à influencer le public pour provoquer l'impulsion d'achat. Ce rôle est plus particulièrement dévolu à la publicité. Certaines marques servent de locomotives pour lancer de nouveaux produits dont le succès sera assuré par la notoriété de ces marques.

FIDÈLES ET INFIDÈLES

La crise économique a entamé la fidélité des consommateurs aux grandes marques. Si la qualité du produit est constante, son prix est cependant supérieur à celui d'un produit « sans marque ». D'où l'apparition de chaînes de magasins bon marché (ED l'épicier, Leader Price) qui commercialisent des produits à des prix très bas en réduisant les coûts d'emballage, de publicité, de promotion, etc.

Les adolescents sont considérés comme des dévoreurs de marques. Malheureusement pour les fabricants, ils changent d'avis comme de chemise, ou de baskets, et passent d'un label à l'autre sans crier gare. Les spécialistes du marketing se penchent attentivement sur leurs modes de vie pour essayer d'anticiper la prochaine mode ou déclencher de nouveaux besoins.

QUI SE CACHE DERRIÈRE LES MARQUES ?

Beaucoup de marques ont été rachetées par de grands groupes industriels. LVMH, spécialisé dans les produits de luxe, regroupe des marques aussi prestigieuses que le champagne Moët et Chandon, le cognac Hennessy, les parfums Christian Dior, Kenzo, Guerlain et le maroquinier Louis Vuitton. D'autres comme Hermès sont restées des entreprises familiales.

La franchise s'est également développée en France depuis quelque temps. Ce système, très répandu aux États-Unis (en américain : *franchising*), consiste pour le franchiseur à accorder au franchisé le droit d'exploiter sa marque en contrepartie d'une participation financière, ce qui permet de multiplier les points de vente sans courir de gros risques financiers.

Matignon

L'hôtel Matignon est le lieu de résidence du chef du gouvernement français depuis 1935.

Voir aussi : DOM-TOM, grève, gauche/droite

Le nom de Matignon est en particulier associé à celui des accords qui y ont été signés, en 1936, en 1968 et en 1988.

LES ACQUIS DU FRONT POPULAIRE

En 1936, le gouvernement du Front populaire, dirigé par Léon Blum, a conclu un ensemble d'accords avec les représentants syndicaux à la suite du mouvement de grève et d'occupation d'usines du mois de juin. Ces accords ont donné naissance, notamment, à la semaine de 40 heures et aux 15 jours de congés payés dont pouvaient pour la première fois bénéficier les salariés des secteurs privé et public. Ils ont été menés par un gouvernement socialiste qui jouissait de la confiance des ouvriers. Ces derniers ont accepté les ouvertures réformistes des accords et n'ont pas mené à son terme l'ambition révolutionnaire qui était à l'œuvre dans les mouvements de grève.

LA FIN D'UNE RÉVOLUTION

Les accords de Matignon en 1968 se déroulent dans un contexte de grèves étudiants/ouvriers plus subi et plus désordonné. Le gouvernement concède, notamment, une augmentation des salaires substantielle et obtient alors le retour au travail des ouvriers.

UN RÉFÉRENDUM À VENIR

C'est un tout autre conflit que concluent les accords de 1988. Le gouvernement socialiste de Michel Rocard parvient à calmer une situation insurrectionnelle en Nouvelle-Calédonie, île du Pacifique sous administration française, où les indigènes étaient en conflit violent avec les autorités. En juin 1988, les accords sont signés entre leur représentant et le gouvernement français : ils définissent la possibilité pour les Calédoniens de déterminer leur appartenance à la France, par référendum, à une date ultérieure.

À Paris, le VIIᵉ arrondissement est le mieux surveillé par la police : c'est là que se trouvent le ministère de l'Éducation nationale, l'hôtel Matignon, l'Assemblée nationale, le ministère des Affaires étrangères et de nombreuses ambassades...

LES LIEUX DU POUVOIR

Les médias ont pris l'habitude de nommer certaines institutions non plus par leur nom véritable mais d'après le nom des lieux qu'elles occupent. Ainsi le ministère des Finances est souvent surnommé Bercy, le ministère de l'Intérieur la place Beauvau, et le ministère des Affaires étrangères le Quai d'Orsay (à ne pas confondre avec le quai des Orfèvres qui est le siège parisien de la police).

médecines
parallèles

Ce terme désigne toutes les médecines qui n'appartiennent pas à la médecine officielle. Les professionnels de ces disciplines ne sont pas tous des médecins.

En France :
- **10 000 médecins pratiquent l'homéopathie. La plupart l'associent à d'autres thérapeutiques, mais 1 500 la pratiquent seule.**
- **10 à 30 % de la population utilise l'homéopathie.**
- **Le marché des médicaments homéopathiques représente 400 millions de francs.**
- **1 500 à 2 000 ostéopathes font 4 millions de consultations par an.**
- **12 000 médecins pratiquent la mésothérapie.**

Il n'y a pas une mais plusieurs médecines parallèles, également appelées médecines douces, alternatives, différentes… Elles sont utilisées pour soigner toutes sortes de maladies, mais leur efficacité est rarement prouvée scientifiquement, à la différence de la médecine dite classique.

UN SUJET POLÉMIQUE
Ces médecines sont tantôt aux mains de médecins qui ont adjoint ces spécialités à leur pratique, tantôt aux mains de charlatans. Elles se retrouvent ainsi sans cesse au centre de polémiques et de querelles, surtout quand elles s'adressent à des malades porteurs de pathologies graves ou incurables. Le risque est lié à l'amalgame fait entre des disciplines sérieuses, ayant fait leurs preuves par ailleurs (comme l'acupuncture ou l'homéopathie), et des élucubrations de farfelus ou d'escrocs, qui s'emparent des angoisses de leurs contemporains pour engranger de somptueux bénéfices.

DANS L'AIR DU TEMPS
Par opposition à la médecine officielle, qui traite une pathologie, un symptôme, la plupart de ces médecines prétendent traiter la personne dans son intégralité. Elles trouvent un écho certain chez de nombreux patients qui reprochent à la médecine d'être de plus en plus technique, parcellaire et déshumanisée. Elles coïncident également avec la volonté actuelle d'une partie de la population de retrouver ses racines, de vivre en meilleure harmonie avec la nature, de s'intéresser à des cultures lointaines, etc.

DES PRATIQUES TRÈS VARIÉES
Certaines de ces spécialités s'intéressent particulièrement à l'étude du terrain chez le patient (antécédents, rythmes biologiques, personnalité, goûts, comportement, etc.) avant d'établir un diagnostic. Les disciplines sont nombreuses et variées : certaines ne dépassent pas les limites d'un pays, voire d'une région ; d'autres sont connues et pratiquées dans le monde entier. Les bases sont également diverses : il peut s'agir de théories scientifiques, philosophiques ou même de symboles. On a ainsi vu un « médecin » prescrire une potion à base de plantes carnivores à un malade atteint d'un cancer, en lui expliquant

LE CANCER, UNE BONNE AFFAIRE

Quand la médecine officielle s'avoue impuissante, certains malades atteints de pathologies graves se tournent volontiers vers les médecines parallèles. Certains charlatans se sont spécialisés dans ce domaine en offrant des traitements miracles à des prix prohibitifs. Les résultats sont difficilement mesurables, et le facteur psychologique peut aussi jouer un rôle bénéfique, c'est pourquoi on ne peut se contenter de dénigrer ce genre de pratiques. Les chiffres sont peu fiables, car les patients ne disent pas facilement qu'ils ont recours à ces médecines, mais les dernières enquêtes montrent qu'aux États-Unis plus de la moitié des malades atteints d'un cancer suivent en marge de leur traitement officiel un traitement parallèle et que 8 % ne suivent que le traitement parallèle.

En France, un millier de médecins pratiquent l'acupuncture.

le plus sérieusement du monde que ce produit avait pour but de « dévorer » son cancer.

ACUPUNCTURE

Cette médecine chinoise remonte à la préhistoire et fut introduite en France par des missionnaires. Elle s'appuie sur la doctrine du Tao, qui distingue deux formes complémentaires de l'énergie, le Yin et le Yang, qui tendent tous deux vers un équilibre jamais réalisé. Elle consiste à piquer au moyen d'aiguilles différents points du corps afin d'agir sur la circulation de l'énergie. Plus de 800 points sont répertoriés. En France, l'acupuncture est enseignée en faculté de médecine et seuls des médecins sont autorisés à la pratiquer. Elle est remboursée par la Sécurité sociale.

HOMÉOPATHIE

Cette méthode thérapeutique, introduite en France au XIXᵉ siècle par Samuel Hahnemann, eut très vite de nombreux adeptes. Selon Hahnemann, « toute substance susceptible de déterminer certaines manifestations chez l'homme sain est susceptible, chez l'homme malade, de faire disparaître des manifestations analogues ». Cette pratique est basée sur trois principes : la loi de similitude (citée plus haut), la notion d'infinitésimalité (la souche de la maladie mélangée à une dilution est inoculée au malade en doses infinitésimales) et l'individualisation (« il n'y a pas des maladies, mais des malades », toujours selon Hahnemann). L'homéopathie, qui fait l'objet d'un diplôme officiel, est pratiquée par des médecins.

OSTÉOPATHIE ET CHIROPRAXIE

Ces deux méthodes manuelles sont considérées comme « irrationnelles et anti-scientifiques » par l'Académie nationale de médecine.
L'ostéopathie a pour but de restaurer les mobilités nécessaires à la bonne santé par des manipulations de la colonne vertébrale et des membres.
La chiropraxie s'intéresse plus particulièrement aux relations existant entre la colonne vertébrale et l'appareil nerveux : elle est basée sur des techniques de manipulation vertébrale ou musculaire.
Ces spécialités ne sont pas remboursées par la Sécurité sociale ; les traitements sont parfois très coûteux.

MÉSOTHÉRAPIE

Cette méthode consiste à injecter, avec une aiguille spéciale, des doses minimes de médicaments actifs au plus près du siège de la douleur ou de la maladie.
Elle traite la douleur (arthroses, tendinites, névralgies, sciatiques, etc.) mais aussi les infections, les allergies et même la presbytie et certaines myopies ou surdités. Elle est pratiquée par des médecins et donc remboursée par la Sécurité sociale.

• **Les guérisseurs. Pour « guérir » leurs patients, ils utilisent surtout le magnétisme, l'hypnotisme et les plantes. Appelés aussi rebouteux, ils exercent en général en toute illégalité. En Allemagne, les guérisseurs sont reconnus par l'État après contrôle devant une commission officielle et leurs patients sont remboursés par les organismes sociaux.**

médias

Télévision, radio et presse sont des médias, ils permettent de s'adresser au public, à qui ils proposent de l'information, des loisirs et d'innombrables ouvertures sur la culture.

Voir aussi : Audimat, autoroutes de l'information, censure, communication, multimédia, télévision, radio

"Le quatrième pouvoir, celui des médias, est exercé au nom de la liberté d'information du citoyen"

Les dépenses audiovisuelles des consommateurs européens :

- **Investissements publicitaires TV : 28 %**
- **Récepteurs TV : 19 %**
- **Redevance TV : 13 %**
- **Cassettes enregistrées : 8 %**
- **Magnétoscopes : 8 %**
- **Câble : 6 %**
- **Abonnements TV à péage : 5 %**
- **Achat tickets cinéma : 5 %**
- **Caméras vidéo : 4 %**
- **Cassettes vierges : 3 %**

Ce mode de calcul de l'Observatoire européen de l'audiovisuel prend en compte la part d'investissements publicitaires que l'on paye en achetant des produits de consommation dans les magasins. On découvre ainsi que la télévision privée n'est pas aussi gratuite qu'elle en a l'air !

Le public entretient une relation ambiguë avec les médias. Il a besoin d'eux pour obtenir de l'information, mais il sait aussi que les médias ne sont pas totalement objectifs. Ils dépendent, de manière différenciée selon les pays et selon leur nature, du pouvoir politique et du pouvoir économique. La recherche de l'audience, liée au besoin de ressources publicitaires, entraîne les médias à rechercher le consensus destiné à attirer le public le plus large.

UN QUATRIÈME POUVOIR

Le quatrième pouvoir, celui des médias, est exercé au nom de la liberté d'information du citoyen. Les médias observent les trois autres pouvoirs : exécutif, législatif et judiciaire. Ils en expliquent les mécanismes et en dénoncent les dérives. Il n'y a pas de démocratie sans liberté des médias. Les États ne s'y trompent pas : sur 185 États qui siègent aux Nations unies, plus de la moitié ne respectent pas la liberté de la presse et pratiquent la censure. Mais à rechercher toujours plus le spectacle, générateur d'Audimat, et à trop fréquenter les pouvoirs dont ils parlent, les médias ont tendance à refléter la société de manière inexacte.

PRESSE À SCANDALE ET TRASH TV

En fonction du public qu'ils cherchent à toucher, les médias ont un contenu très différent. L'Angleterre, par exemple, voit se côtoyer une

LE PUBLIC A SON AUTONOMIE DE PENSÉE

L'impact des médias est difficilement mesurable. L'exemple du référendum sur le traité de Maastricht en France (1992) a montré que, si la quasi-totalité des médias français étaient proeuropéens, la moitié des Français ne l'étaient pas. De même, lors de la campagne présidentielle en Russie (1996), tous les médias, qui craignaient le retour de la censure, ont soutenu Boris Eltsine. Il a été élu, mais 47 % des Russes n'ont pas voté pour lui.

presse extrêmement sérieuse et bien documentée à l'image du *Times*, et une autre qui vit de la révélation de scandales touchant les personnalités, comme le *Sun*. Ces deux quotidiens ont pourtant le même propriétaire, le magnat australo-américain Ruppert Murdoch. Les associations de consommateurs dénoncent la *trash TV*, ou télé poubelle, qui fait appel au voyeurisme du téléspectateur en privilégiant le spectaculaire et la violence.

LA PAROLE AU PUBLIC

En cette fin de millénaire, le public qui était autrefois l'utilisateur des médias en devient également l'un des acteurs. Les émissions se multiplient où le témoignage, souvent très émouvant, tient lieu de raisonnement. La parole des chercheurs et des spécialistes s'efface devant la présentation de vécus individuels (reality-shows). L'arrivée du multimédia renforce cette tendance car, par le biais de l'interactivité, l'individu peut exprimer toujours plus facilement son opinion, dialoguer avec un invité sur le plateau, proposer sa réponse à un jeu...

LES NOUVEAUX MÉDIAS

Les autoroutes de l'information vont permettre une offre tellement importante que l'on ignore si les médias de masse vont durer encore plus de quelques dizaines d'années. Internet présente une alternative : sur son réseau, on peut tout dire et tout trouver... à condition d'abandonner la consommation passive et de manier activement la souris. Mais la presse, la radio et la télévision peuvent y trouver une nouvelle écriture et de nouveaux développements.

FAIRE PRESSION SUR LES OPINIONS PUBLIQUES

Les médias, en rendant publiques des informations dramatiques auparavant cachées, impressionnent l'opinion qui fait ensuite pression sur les États. L'Organisation mondiale contre la torture souligne l'importance de ce rôle, car les crimes les plus graves ne sont pas seulement niés par leurs auteurs, mais aussi parfois par des observateurs de bonne foi qui les estiment improbables. Ainsi, l'élimination physique des enfants de la rue au Brésil par des escadrons de la mort était considérée comme une rumeur jusqu'à ce que les médias s'en mêlent et provoquent l'ouverture d'enquêtes.

météo

Abréviation de météorologie. C'est l'étude scientifique des phénomènes atmosphériques qui permet de prévoir les conditions climatiques à un endroit donné.

Voir aussi : satellite

• **El Nino est l'un des phénomènes qui intrigue le plus les météorologues. Ce courant d'air chaud naît tous les 5 ou 10 ans dans l'océan Pacifique et son influence perturbe tous les climats.**
• **L'effet papillon : en exagérant à peine, les spécialistes disent qu'un vol d'insectes en Amazonie peut provoquer un cyclone dans le Pacifique. En météo, tous les phénomènes sont liés, ce qui rend les prévisions difficiles.**

La science météorologique a fait d'immenses progrès et rend de grands services dans de nombreux domaines, c'est pourquoi elle représente un enjeu économique très important. Par extension, la météo désigne les émissions de radio et de télé indiquant, région par région, le temps qu'il fera le lendemain ou pendant le week-end. Ces émissions rencontrent un énorme succès et battent tous les records d'audience.

DE PLUS EN PLUS FIABLE
La météo permet aujourd'hui de prévoir le temps à l'avance pour des zones assez précises. Les progrès scientifiques – et notamment l'invention des satellites d'observation – ont considérablement amélioré les prévisions. Grâce à de gigantesques ordinateurs, on peut prévoir le temps jusqu'à cinq ou six jours à l'avance. La météo est fiable à 80 % du jour au lendemain. Cinq jours à l'avance, elle l'est encore à 60 %…

ENJEU ÉCONOMIQUE
Agriculteurs, responsables de chantiers, marins… Nombreux sont ceux qui ont besoin de connaître le temps à l'avance pour travailler ou faire des économies. Les compagnies aériennes, par exemple, tiennent compte de la force et de la direction des vents pour doser le kérosène nécessaire à leurs avions. Les organisateurs d'événements sportifs ou de manifestations de plein air sont également très intéressés par l'annonce d'un orage ou d'une averse qui viendrait interrompre le match ou la fête prévus l'après-midi !
Pour 1 franc investi dans l'étude de la météo, on estime que l'économie nationale gagne 5 à 10 francs.

LE TEMPS, C'EST DE L'ARGENT
Les professionnels ne sont pas les seuls à s'intéresser au temps… Pour organiser leur week-end, les particuliers consultent aussi la météo. Le bulletin météo est le moment de plus forte écoute à la télévision. Du coup, les publicitaires veulent tous faire passer leurs annonces avant ou après l'émission, et les tarifs sont vertigineux. La météo représente moins de 1 % du temps d'antenne, mais elle rapporte presque 20 % des recettes publicitaires.
Les services météo sur Minitel rencontrent également un énorme succès. Comme aux États-Unis, des chaînes consacrées à la météo se créent peu à peu en Europe.

Minitel

Le Minitel est le premier terminal d'un réseau qui relie le consommateur à divers services par l'intermédiaire du téléphone.

Voir aussi : Internet

Création française, le Minitel est entré dans les foyers français au début des années 80. Les premiers ont été expérimentés à Rennes et à Vélizy.

Diffusé gratuitement, il a tout de suite conquis un public important.

"Un Français sur trois est utilisateur des services télématiques"

ANNUAIRE ET MESSAGERIE ROSE

Contrairement à ce qui avait été prévu par les techniciens des Télécom, c'est la messagerie, et avant tout la messagerie rose, qui a fait les premiers succès du Minitel. Se sont ensuite développés les services : commande pour la vente par correspondance, réservation de billets, inscriptions à l'université, services bancaires ou horaires SNCF. Le service phare du Minitel reste l'annuaire électronique (3611) dont la consultation est gratuite les trois premières minutes.

QUEL AVENIR ?

Un Français sur trois est utilisateur des services télématiques. À travers le Minitel, 1/5 de la population française a expérimenté un jour ou l'autre une forme de commerce électronique. Cependant, le Minitel n'a pas beaucoup évolué depuis dix ans. L'Association française de télématique propose que le Minitel soit intégré au téléphone de base du futur, qui deviendrait un téléphone à écran. Celui-ci pourrait être un moyen pour les Français de se renseigner et d'effectuer leurs achats à distance. Car le Minitel leur est familier, alors que 60 % d'entre eux ignorent le sens même du mot Internet.

Combien ?

- 20 % des foyers français équipés.
- 14 millions d'utilisateurs.
- 6 millions et demi de Minitel.
- 760 millions d'appels et 23 millions d'heures de connexion à l'annuaire électronique en 1995.
- 25 000 services Télétel disponibles.
- 1,1 milliard d'appels et 84 millions d'heures de connexion au service Télétel en 1995.
- 373 millions d'appels au service Télétel entre janvier et avril 1996.

PÈRES NOËL COÛTEUX ET OFFRES D'EMPLOI BIDONS

France Télécom doit surveiller les services télématiques qui parfois n'observent aucune déontologie. En 1994, ont fleuri des services Père Noël par téléphone qui visaient à faire durer les communications en exploitant la crédulité des enfants. Dix de ces services ont été suspendus. France Télécom surveille aussi de près les services d'offres d'emploi dont certains, ruineux et peu fiables, ont dû également être interdits.

minorités

Groupes minoritaires dont les caractéristiques historiques, linguistiques ou culturelles sont différentes des autres habitants d'un pays.

Voir aussi : apartheid, Balkans, majorité

• **Le 29 mai 1991, la Croatie proclame son indépendance.**
• **En 1992, Rigoberta Menchu, qui défend la minorité indienne au Guatemala, obtient le prix Nobel de la paix.**

• **Les Kurdes sont plus de 20 millions et leur territoire s'étend sur plus de 500 000 km².**
• **L'ex-Yougoslavie est entrée en guerre (1992) quand les minorités serbes de Croatie et de Bosnie ont voulu être rattachées à la Serbie.**
• **Au Pérou, les Indiens sont exterminés par l'armée et les trafiquants de drogue.**

On parle en général de minorité quand les membres d'une communauté sont moins bien traités que le reste de la population. Certains groupes minoritaires se sentent opprimés et se révoltent en déclenchant des guerres contre l'État dans lequel ils vivent. D'autres se replient sur eux-mêmes.

MINORITÉS OU MAJORITÉ ?

Une minorité peu nombreuse au niveau national peut être majoritaire dans une région. Elle réclame alors souvent des changements de frontières, que ce soit par la création d'un pays ou par le rattachement à un autre État. Ces revendications sont à l'origine de nombreux conflits.

Certaines minorités peuvent avoir un territoire plus vaste que les États qu'il chevauche. C'est le cas du Kurdistan, à cheval sur la Syrie, la Turquie, l'Irak, l'Iran et l'Azerbaïdjan (le territoire kurde est plus grand que la Syrie).

Aux États-Unis, marqués dès leur origine par un grand brassage de races et de nationalités, le poids des minorités ne cesse d'augmenter. Les Blancs qui forment aujourd'hui 75 % de la population, seront tout juste majoritaires en 2050 face aux Hispaniques (25 %), aux Noirs (15 %) et aux Asiatiques (8 %).

COMMENT LES PROTÉGER ?

Les minorités font souvent l'objet de discriminations. Il peut leur être difficile de pratiquer leur religion ou de parler leur langue. Pour les protéger, le droit international a édicté des règles mais, au nom de la non-ingérence dans les affaires intérieures d'un pays, rien n'est prévu pour les faire respecter...

Les membres des minorités sont généralement moins riches que les autres habitants du pays. Le développement économique devrait permettre d'apaiser les tensions.

COMMENT VIVRE ENSEMBLE ?

L'exemple de la Suisse montre que les minorités ne sont pas forcément un problème pour un État : la majorité de langue allemande vit depuis des siècles en bonne entente avec les minorités de langues française et italienne.

De plus, il peut arriver que ce soit la minorité qui, dans un pays, opprime la majorité. En Afrique du Sud, après les années terribles de l'apartheid, où la majorité noire était opprimée par la minorité blanche, le processus engagé par Nelson Mandela, élu président en avril 1994, tente de rétablir la justice sans recourir à la violence. La nouvelle Consitution de 1996 interdit toute discrimination.

mise
en examen

Procédure d'instruction demandée par le juge et notifiée par le procureur de la République signifiant à un individu qu'il est soupçonné d'avoir participé à un crime ou à un délit et qu'il doit se tenir à la disposition de la justice.

Voir aussi : affaires

Avec la multiplication des scandales politico-financiers, le nombre de mises en examen ne cesse d'augmenter. Beaucoup d'élus et de chefs de grandes entreprises, soupçonnés le plus souvent de détournement de fonds, d'usage de faux ou d'abus de biens sociaux, font ainsi la une des journaux. Mais cette médiatisation risque de nuire au bon déroulement de la justice.

"Selon les pays, on parle aussi de mise en accusation ou d'inculpation"

LA PRÉSOMPTION D'INNOCENCE
La mise en examen ne constitue pas une preuve de culpabilité. Tant que durent l'enquête et l'instruction, les personnes sont toujours présumées innocentes et quiconque les présenterait comme coupables pourrait être poursuivi en diffamation. Selon les pays, on parle aussi de mise en accusation ou d'inculpation. Mais les conséquences sont les mêmes. Une personne mise en examen peut être laissée en liberté ou incarcérée (c'est ce que l'on appelle la détention préventive, qui est parfois limitée à six mois).
Dans les deux cas, elle a le droit de se faire défendre par un avocat qui a toujours accès à l'ensemble du dossier où figurent les différents éléments de l'enquête. Lorsque c'est nécessaire, l'avocat peut aussi demander la liberté provisoire de son client.

PROCÈS OU NON-LIEU
À la fin de l'instruction et lorsque des preuves suffisantes sont réunies contre elle, la personne mise en examen est jugée : devant le tribunal correctionnel en cas de délit et devant la cour d'assises pour un crime. Dans le cas où elle est innocentée (acquittée) et si elle a été emprisonnée de façon abusive et injuste, elle peut réclamer des dommages et intérêts, dont le montant varie en général de 10 000 à 300 000 francs.
Après un an de mise en examen et en l'absence de tout jugement, elle peut bénéficier d'une ordonnance de non-lieu qui tend à prouver que le juge a fait une erreur en la soupçonnant. On comprend alors pourquoi les avocats d'un individu mis en examen ont tout intérêt à faire traîner l'enquête en demandant des suppléments d'investigation. Dans le cas de personnages haut placés, on peut aussi compter sur des appuis non négligeables et des pressions politiques et financières pour retarder le travail de la justice.

• **En 1993 en France, sur 60 000 personnes mises en examen dans différentes affaires dont l'instruction est terminée, 7 000 ont bénéficié d'un non-lieu, 2 550 ont été renvoyées devant la cour d'assises et 42 000 devant le tribunal correctionnel.**

• **Entre 1994 et 1996, Bernard Tapie est l'une des personnalités françaises dont les mises en examen successives auront été les plus commentées : comptes du club de football Olympique de Marseille, affaire du match VA-OM, affaire du voilier le *Phocéa*…**

monarchie

La monarchie est une forme de régime politique où le pouvoir est théoriquement exercé par une seule personne.

*Un mariage princie
Charles d'Angleterre épou
Lady Di en juillet 198*

Où ?

Les monarchies
- **En Europe :** Belgique, Danemark, Espagne, Norvège, Pays-Bas, Royaume-Uni, Suède.
- **En Afrique :** Maroc.
- **En Asie :** Arabie Saoudite, Japon, Jordanie, Malaisie, Népal, Thaïlande.
- **En Océanie :** Tonga

Qui ?!

- Il n'y a qu'un seul État au monde où le roi soit élu : la Malaisie. Le souverain est élu pour cinq ans parmi les neuf sultans du royaume.

Aujourd'hui, monarchie ne signifie plus absolutisme. Les rois sont presque toujours des démocrates et ils n'exercent que rarement la réalité du pouvoir. Ils garantissent l'identité et la stabilité de leur pays.

UN SYMBOLE HISTORIQUE

En Europe, monarchie rime désormais avec démocratie et régime parlementaire. Les rois n'interviennent plus dans la vie politique. Comme Juan Carlos en Espagne, les souverains qui disposent du pouvoir préfèrent y renoncer.

La monarchie étant héréditaire, les rois et les reines symbolisent le lien avec l'Histoire. Ils incarnent la conscience nationale.

Les monarchies du nord de l'Europe ont renoncé au faste qui entourait les cours des siècles passés. 70 % des Scandinaves se déclarent satisfaits de leur monarchie. La couronne anglaise, elle, a conservé un certain apparat. La famille royale fait rêver, même si les déboires conjugaux de Charles et Diana défraient la chronique et entachent l'image des Windsors.

LA PLUS ANCIENNE MONARCHIE

La monarchie anglaise est la plus ancienne du monde, elle remonte au VIIe siècle, il y a près de 50 générations. C'est une monarchie constitutionnelle : le Parlement, élu mais tenant ses pouvoirs d'une charte royale, contrôle les finances et le pouvoir exécutif.

Face aux critiques, ses partisans soulignent que la famille royale anglaise coûte environ 35 centimes par an et par habitant. Mais la « liste civile » de la reine s'élève, pour la période 1991-2000, à 7,9 millions de livres, sans parler de sa fortune personnelle qui en fait la femme la plus riche du monde : 5 à 15 milliards de livres, dont les trois plus gros diamants du monde (les Étoiles d'Afrique de 530 et 310 carats et le célèbre Ko-I-Noor), quelques châteaux et une bonne partie de la ville de Londres… le tout libre d'impôts et de taxe d'habitation !

36 HEURES SANS ROI

En 1990, le très catholique roi des Belges Baudouin Ier abdique durant 36 heures pour ne pas avoir à promulguer la loi sur la dépénalisation de l'avortement. Le Conseil des ministres assure la Régence. Une fois la loi passée, le roi des Belges a repris son règne.

mondialisation

Depuis la Seconde Guerre mondiale, le monde connaît un processus de libéralisation des échanges commerciaux, autour du GATT organisé en « rounds » (par exemple l'Uruguay Round), cycles de négociations internationales où les États s'engagent à baisser leurs droits de douane et autres protections de leurs marchés nationaux.

Cette libéralisation s'accompagne d'un processus de régionalisation sur le modèle de l'Union européenne (ALENA pour l'Amérique du Nord, ANSEA pour l'Asie du Sud-Est…).

Aucun pays ne peut plus s'isoler du reste de la planète : la mondialisation rend les économies dépendantes les unes des autres.

La libéralisation des marchés financiers

Les marchés financiers servent à faire se rencontrer les agents ayant des capitaux à prêter et les entreprises ayant besoin d'argent pour investir.

Autrefois, cette affectation se faisait au niveau national : l'épargne nationale finançait, pour l'essentiel, l'investissement national. Avec la libéralisation des marchés financiers, elle est à présent mondiale : si, par exemple, les marchés considèrent que les investissements en France ne sont pas assez rentables, l'épargne française financera l'investissement dans d'autres pays. Parce qu'ils influent aussi sur la valeur des monnaies, les grands marchés financiers de la planète (Tokyo, New York, Londres, Francfort) dictent souvent leur loi aux gouvernements.

Les échanges entre pays sont de plus en plus nombreux. La planète devient une zone économique unique et les entreprises sont multinationales. C'est la mondialisation.

Voir aussi : Bourse, GATT, protectionnisme, Union européenne

La multinationalisation des entreprises

Les entreprises ne se contentent pas d'intervenir sur leurs marchés d'origine, elles cherchent à vendre leurs produits sur les marchés extérieurs, s'exposant alors à la concurrence des firmes déjà présentes sur ces marchés et donc à la nécessité de baisser leurs coûts. Pour ce faire, elles ne vont plus nécessairement produire dans leurs pays d'origine, mais là où cela leur coûtera le moins cher : c'est la délocalisation.

Les délocalisations contribuent donc à détruire les emplois les moins qualifiés dans les pays riches. Mais elles permettent aux entreprises de dégager des bénéfices, de conquérir des parts de marchés et donc d'assurer leur survie et… de créer de nouveaux emplois.

Mondialisation et chômage

Certains voudraient instaurer des règles défensives et rétablir un certain protectionnisme. Mais les pays industrialisés tirent d'énormes bénéfices de la mondialisation des économies.

On pourrait, en revanche, exiger le respect de certaines règles sociales essentielles, comme l'interdiction du travail des enfants ou la liberté syndicale dans les pays où la main-d'œuvre est moins chère.

- **15 % des investissements mondiaux sont réalisés en Chine.**
- **99 % des produits Nike (entreprise américaine) sont fabriqués en Asie.**

- **5 % de la population mondiale vit dans un autre pays que celui où elle est née.**
- **Une chemise fabriquée aux États-Unis pour 1,76 $ revient à 0,15 $ lorsqu'elle est faite en Inde.**
- **Quand un ouvrier français gagne 100 francs, un Taïwanais en gagne 41, un Chinois 16, un Indien 5 et un Vietnamien 2 !**

Moyen-Orient

Ensemble des pays riverains du golfe Persique, de la mer Rouge et de la Méditerranée orientale. Ils comprennent le Proche-Orient, qui inclut l'Égypte, Israël, le Liban, la Syrie et la Turquie. À l'exception d'Israël, ces pays sont de culture arabe et l'on y pratique majoritairement l'islam.

CE MODÈLE DE BOUÉE A SPÉCIALEMENT ÉTÉ CONÇU — POUR LA MER MORTE — REGRETS ÉTERNELS

Combien ?

• **Plus de 65 % des réserves mondiales de pétrole se trouvent au Moyen-Orient, dont un quart en Arabie Saoudite. Les pays du golfe Persique assurent chaque année 30 % de la production de pétrole.**

Quoi ?

• **Le Likoud et les travaillistes : les deux principaux partis en Israël.**
• **L'Intifada, ou « guerre des pierres » : entre 1987 et 1992, c'est un mouvement de révolte de la jeunesse palestinienne dans les territoires occupés (Cisjordanie, Gaza).**

Les quinze pays qui forment le Moyen-Orient ont toujours été le cadre de rivalités parce qu'ils se trouvent au carrefour de l'Europe, de l'Afrique et de l'Asie, et parce qu'ils ont vu naître les civilisations les plus anciennes et les trois grandes religions monothéistes (le judaïsme, le christianisme et l'islam). La découverte de réserves de pétrole considérables a encore attisé les convoitises.

LA RÉGION LA PLUS INSTABLE DU MONDE

Quatre conflits principaux, animés régulièrement par de nouvelles guerres, ont perturbé le Moyen-Orient depuis cinquante ans : le conflit israélo-arabe, celui du Liban, la guerre Iran-Irak et la guerre du Golfe. Il faut y ajouter de nombreuses rivalités ethniques ou religieuses qui ensanglantent la région : au Kurdistan irakien et turc, au Yémen, ou encore les actions terroristes intérieures en Égypte ou en Arabie Saoudite.

Mais ce sont la création de l'État d'Israël en 1947 et l'exode des Palestiniens qui ont provoqué les tensions les plus graves dans la région.

Cette situation a longtemps alimenté l'hostilité à l'encontre de l'État juif. Depuis 1993, un accord entre l'OLP (Organisation de libération de la Palestine) et Israël a permis d'établir un processus de paix, remis en cause lors de l'assassinat de Yitzhak Rabin, le 4 novembre 1995 et par l'arrivée d'un nouveau gouvernement en Israël, dirigé par Benjamin Netanyahou (juin 1996).

LES ACCORDS D'OSLO

En janvier 1993, Israël et l'OLP veulent relancer le processus de paix. Shimon Peres, Yasser Arafat et leurs émissaires travaillent secrètement dans la maison du ministre des Affaires étrangères norvégien, Johan Jorgen Holst. Cette diplomatie souterraine donnera naissance aux accords d'Oslo, ratifiés le 13 septembre 1993 à Washington.

Le 10 décembre 1994, Yasser Arafat, Yitzhak Rabin et Shimon Peres se partagent le prix Nobel de la paix à Oslo.

MST

Les MST (maladies sexuellement transmissibles) désignent des centaines de virus, microbes et bactéries qui se propagent d'un individu à l'autre au cours de rapports sexuels non protégés.

Voir aussi : préservatif, sida, virus

On estime à 250 millions le nombre de personnes infectées tous les ans dans le monde par une MST. Certaines peuvent être relativement bénignes et vite soignées, d'autres, en revanche, sont parfois mortelles.

DE LA SYPHILIS AU SIDA

Auparavant appelées maladies vénériennes (du nom de Vénus, déesse de l'Amour), longtemps considérées comme « honteuses », les MST alimentent à nouveau les conversations en raison de leur multiplication et de l'apparition récente de la plus grave d'entre elles : le sida. Les MST ont toujours existé et furent parfois de véritables fléaux. Ainsi, la syphilis (ou vérole) a ravagé l'Europe et l'Asie au XVIe siècle. C'est seulement au milieu du XXe siècle, grâce aux antibiotiques, que l'on est parvenu à la soigner. On a pu croire à cette époque que l'on vaincrait les MST. Malheureusement, la libération des mœurs dans les années 70 s'est accompagnée de l'apparition de nouvelles infections et d'une plus forte résistance aux traitements de celles déjà connues. La multiplication des échanges d'un pays et d'un continent à l'autre a également favorisé l'extension de ces maladies. Avec l'hépatite B, et plus encore le sida, les MST sont redevenues une cause de mortalité.

« MIEUX VAUT PRÉVENIR... »

Comme leur nom ne l'indique pas, les MST ne se transmettent pas exclusivement au cours de relations sexuelles ; l'échange de seringues est aussi une occasion de contamination. Pour lutter contre l'extension des MST que l'on ne parvient pas toujours à soigner, le mieux est d'éviter la contamination ; la prévention a donc un rôle essentiel à deux niveaux : d'une part, en utilisant systématiquement des préservatifs au cours des rapports sexuels, d'autre part en incitant les personnes susceptibles d'être infectées à se faire dépister et traiter. Lorsqu'on décèle une MST chez un individu, il est impératif que celui-ci prévienne son ou ses partenaires sexuels, afin qu'ils se soignent le cas échéant.

• **Nombre de cas de MST par an, sida mis à part : 333 millions.**

• **Population la plus exposée : les 20-24 ans.**

DES CONSÉQUENCES GRAVES

On peut être infecté par certaines MST sans qu'aucun signe extérieur ne permette de le savoir. Il est donc essentiel d'être vigilant et de se protéger. En effet, certaines MST peuvent entraîner des complications irréversibles : hépatite et sida mettent directement la vie en danger. Non traitée ou mal traitée, une salpingite (inflammation des trompes chez la femme) peut rendre stérile et d'autres MST favorisent le développement de cancers.

multimédia

Le multimédia est le mariage de l'image, du son et de l'écrit sur un support informatique. Les données peuvent être stockées sur un CDI ou un CD-ROM ou encore être accessibles sur un réseau comme Internet.

Voir aussi : Internet, ordinateur

Il est difficile de prévoir les réactions du public face à des innovations technologiques qui peuvent entraîner des résistances. Aux États-Unis, d'après plusieurs sondages :
• 1/3 des cadres sont cyberphobes ;
• 1/4 des adultes n'ont jamais utilisé un ordinateur ni même programmé un magnétoscope.

Pour le commerce, les études, le travail ou les loisirs, le multimédia va bouleverser les possibilités actuelles. Il réunit dans une aventure commune les industriels des télécommunications, de l'informatique et de l'audiovisuel.

L'ORDINATEUR MULTIMÉDIA

Tous les ordinateurs ne sont pas encore des machines multimédia. Une certaine puissance est nécessaire pour lire des données telles que les images animées. L'ordinateur multimédia permet de lire les informations stockées sur les réseaux en ligne comme Internet, ou sur un CD-ROM.

INTERACTIVITÉ ET INFORMATION EN TEMPS RÉEL

L'interactivité permet de vagabonder dans un texte. Parmi les milliers de pages que peut offrir une encyclopédie sur CD-ROM, on trouve facilement, avec une série de mots-clés, les cinq lignes que l'on cherchait pour compléter un exposé. Les CD-ROM permettent de stocker sur une simple galette des informations qui occuperaient l'équivalent d'un rayonnage de bibliothèque. Ce sont des produits « off line ». L'autre option consiste à aller chercher sur les réseaux « on line » ces informations stockées dans des banques de données. Bibliothèques d'universités, vidéo à la demande, commandes de repas, opérations bancaires ou jeux de réseau, le « on line » permet à la fois l'interactivité et l'information en temps réel.

LE TÉLÉTRAVAIL

Le télétravail, en permettant le labeur à distance, va bouleverser les années à venir. Dès aujourd'hui, des entreprises occidentales font établir leur comptabilité par des sociétés installées à Hong-Kong, car les prix

CD-ROM, CDI, DVD

Le CD-ROM est apparu en 1985. Son essor date de 1992. On dit que c'est un produit « beige » car il est lié à l'ordinateur. Le CD-ROM a une puissance de mémoire équivalente à environ 450 disquettes informatiques. Il peut contenir près de 300 000 pages de texte. Le CD-I, le Compact Disc interactif, est une invention de la marque Philips. Il se lit sur un écran de télévision et non sur un ordinateur, si bien qu'il est classé produit « brun ». Il est commercialisé depuis 1991. Le DVD est imprimé sur deux faces, chacune offrant l'équivalent de 133 minutes d'enregistrement vidéo ou de huit Compact Disc. Il se lira sur l'ordinateur et la télévision. Il est en voie de commercialisation.

LE MULTIMÉDIA AU SERVICE DE LA MAISON

Les spécialistes de la micro-informatique parient sur une convergence entre la télévision, l'ordinateur et la chaîne hi-fi. Dans quelques années, il y aura un serveur informatique dans chaque maison et un ordinateur dans toutes les pièces avec liaison centrale à Internet. Dans la cuisine, la machine proposera un contrôle du four et du lave-vaisselle ainsi que des recettes de cuisine, des conseils diététiques et les adresses des livreurs de repas à domicile. Ailleurs, il contrôlera l'éclairage, le téléphone, le chauffage et les appareils audiovisuels.

• **Mr PC Head** est un prototype d'ordinateur sur lequel travaille Compaq, la marque numéro un de l'ordinateur individuel. C'est un personnage avec des oreilles décollées, une casquette plate, un gros ventre et des pieds violets.
Il contient un micro-ordinateur, une chaîne stéréo, un téléphone et une télévision.

• **Bill Gates**, le patron du numéro un des logiciels, Microsoft, qui a fait de lui l'homme le plus riche des États-Unis, rêve d'un ordinateur-portefeuille où l'on pourra lire les cours de la Bourse tout en regardant la photo numérisée de ses enfants.

• **Nicolas Negroponte**, chercheur au Massachusetts Institute of Technology (MIT), pense que les informaticiens ont négligé l'aspect de l'ordinateur, qui rebute souvent le public. Il rêve d'un ordinateur aussi doux qu'un tissu de velours qui reposerait près du lit et qui chanterait des berceuses à son utilisateur !

y sont plus avantageux. Dans d'autres sociétés, encore très rares, les bureaux ont même été supprimés ! Le personnel se retrouve pour des réunions régulières mais travaille ailleurs qu'au siège. Le temps de travail n'est alors plus un critère et seule compte la rentabilité du salarié.

UN NOUVEAU PRODUIT

Un nouveau produit, le DVD, apparaît sur le marché. Issu de l'alliance des neuf principaux constructeurs électroniques mondiaux, ce disque audio-vidéo-informatique rassemble toutes les compétences. Malheureusement, l'accord entre industriels n'ayant pas été total, on n'évitera pas deux normes de lecture : NTSC aux États-Unis et Pal en Europe. Les industriels souhaitent ainsi mieux contrôler les importations non autorisées et les ventes de disques à travers le monde.

mundial

Nom donné à la coupe du monde de football lorsqu'elle a lieu en Espagne ou dans un pays d'Amérique du Sud. Mais le mot est passé dans l'usage courant et les pays francophones parlent désormais de « mondial ».

Voir aussi : hooligan

Coupe du monde 1998 :
• **Capacité du Stade de France : 80 000 places.**
• **Nombre de spectateurs attendus : 2,5 millions.**
• **Nombre de téléspectateurs prévus : 3,7 milliards.**
• **10 000 journalistes couvriront l'événement (100 chaînes de télévision, 150 radios).**

Créée en 1928, la coupe du monde de football s'est déroulée pour la première fois en 1930. Épreuve phare de ce sport, elle a lieu tous les quatre ans et permet d'importants bénéfices commerciaux.

UNE COMPÉTITION AU SOMMET

Les compétitions de foot sont nombreuses : championnats nationaux, Ligue des champions, coupe de l'UEFA (Union Européenne de Football Association)… Mais dans toutes ces manifestations, ce sont les clubs de chaque pays qui s'affrontent et le rayonnement des compétitions est forcément limité. Le Mundial est un événement pla-nétaire, puisque sa phase finale rassemble 32 équipes nationales, venues du monde entier, garantissant ainsi un spectacle (et un suspens) de haut niveau.

Pour participer au Mundial, un pays doit se qualifier en remportant un certain nombre de matchs éliminatoires. Seuls le tenant du titre et le pays organisateur sont automatiquement sélectionnés. La prochaine coupe du monde, en 1998, se déroulant en France, les Brésiliens et les « tricolores » sont d'ores et déjà assurés d'y participer.

FOOT ET FRIC

Au-delà du plaisir du jeu, le foot est aussi, pour les professionnels, un moyen de gagner vite beaucoup d'argent. Véritables stars, les meilleurs joueurs sont payés à prix d'or et les clubs se les « échangent », moyennant des sommes astronomiques (on appelle cela un transfert). En 1993, la Juventus de Turin a « racheté » Gianluca Vialli à la Sampdoria de Gênes pour 135 millions de francs ! Les clubs sont financés essentiellement par la publicité et les sponsors, des subventions des fédérations nationales et… par la télévision ! Sport vedette dans le monde entier, le foot est le chouchou des chaînes qui se livrent à une guerre sans merci pour obtenir les droits de retransmission. Pour le Mundial, les enchères n'en finissent pas de grimper. Les télévisions, elles, gagnent à leur tour de l'argent grâce aux spots publicitaires diffusés avant les rencontres et pendant la mi-temps. Le ballon au pied et les billets dans les poches. Vive le sport !

nappe phréatique
narcodollar *voir* **dollar**
nationalisation
nationalisme
navette *voir* **shuttle**
négationnisme
  voir **révisionnisme**
néonazisme
Nikkei *voir* **Bourse**
Nintendo
non-prolifération
norme
nucléaire
numérique

nappe phréatique

Réserve naturelle d'eau douce située dans le sous-sol, se constituant grâce à l'infiltration des eaux de pluie.

Voir aussi : désertification, pollution

La plus grande nappe phréatique d'Europe est située en Alsace avec 2 milliards de m³ de réserve d'eau. Elle est menacée de pollution par les nitrates et les pesticides qui s'infiltrent lentement dans le sous-sol. Si elle était contaminée, et à condition d'arrêter les rejets polluants, il faudrait attendre plus de 30 ans avant de retrouver une eau pure.

On considère que l'eau stockée dans ces véritables châteaux d'eau souterrains demeure naturellement propre puisqu'elle est protégée par des dizaines de mètres de terre et de roches. Mais la sécheresse, le traitement chimique des sols et des récoltes, l'irrigation et la pollution finissent par rendre les nappes phréatiques fragiles.

LES RÉSERVES DE LA PLANÈTE

Les nappes phréatiques représentent 21,8 % des réserves d'eau douce disponibles sur la planète. Elles peuvent être situées plus ou moins profondément dans le sol. Ce sont les pluies d'hiver qui alimentent ces réservoirs souterrains. La vitesse d'infiltration de l'eau dépend de la géologie du terrain. Le voyage peut ainsi durer plusieurs années à travers la craie. Il sera plus rapide à travers le granit et le schiste dont les fissures facilitent le passage de l'eau.

MENACES SUR LES ROBINETS

Les roches qui protègent les nappes phréatiques sont des filtres naturels. Pourtant, les eaux de pluie entraînent avec elles des substances polluantes comme les engrais ou les pesticides utilisés dans l'agriculture. La migration de ces éléments vers la nappe phréatique peut être très lente (de 10 à 20 ans), mais dès lors qu'ils ont contaminé l'eau souterraine, il est impossible d'agir et d'enrayer cette pollution. La nappe phréatique devient alors inutilisable pour la production d'eau potable.

DES RÉSERVES INÉPUISABLES ?

L'agriculture pompe dans les nappes pour satisfaire ses besoins d'irrigation au risque de les assécher ou de les rendre inexploitables. Ainsi, les pompages excessifs des réserves proches du littoral font descendre leur niveau en dessous de celui de la mer, l'eau salée coule alors dans la nappe et se mélange à l'eau douce. Sous les déserts se trouvent des nappes très profondes qui se sont constituées il y a des millions d'années. Malheureusement, comme les précipitations sont très insuffisantes, ces nappes ne se renouvellent pas : une exploitation éventuelle les détruirait définitivement.

"Ce sont les pluies d'hiver qui alimentent ces réservoirs souterrains"

Le débat sur les nationalisations est avant tout politique. Il oppose les tenants du libéralisme, pour qui l'intervention de l'État fausse les règles du jeu économique, aux partisans d'un État dirigiste et planificateur, chargé de corriger les mauvais fonctionnements (notamment sociaux) du système. Mais la réalité est plus complexe.

Prise de contrôle par l'État d'une entreprise privée, au nom de l'intérêt national. Les personnes expropriées sont généralement indemnisées par l'État, qui devient l'actionnaire majoritaire ou unique de la société concernée.

Voir aussi : actions, privatisation

TROIS VAGUES

En France, l'essentiel des nationalisations s'est fait en trois phases.
• 1936-1937 : le Front populaire (gouvernement de Léon Blum) nationalise la Banque de France, les industries d'armement et les chemins de fer.
• 1945-1946 : sous l'autorité du général de Gaulle, le gouvernement issu de la Résistance nationalise Renault, Air France, plusieurs banques et compagnies d'assurances, dont le Crédit lyonnais…
• 1981-1982 : après l'élection de François Mitterrand, la gauche fait passer sous contrôle de l'État 36 banques et toute une série d'entreprises industrielles : Bull, Thomson, Matra…

DES OBJECTIFS DIVERS

L'État est-il un bon patron ? Difficile à dire. Cela dépend des cas et des critères retenus. Les nationalisations n'ont pas toujours le même objectif. Ainsi, c'est pour sanctionner la collaboration de Louis Renault avec l'occupant allemand, pendant la guerre, que son entreprise sera ensuite remise à la collectivité. Dans d'autres cas, il s'agit d'empêcher la faillite, comme pour les chemins de fer en 1937 ou la sidérurgie en 1978. C'est ainsi un gouvernement de droite, dirigé par Raymond Barre, qui nationalise Usinor et Sacilor.

En 1981, la situation est différente. Pour le nouveau pouvoir, les nationalisations doivent permettre de restructurer l'industrie et sauvegarder les emplois. Des milliards de francs sont engloutis dans les sociétés nationalisées, très mal en point. Mais rapidement, l'État n'a plus les moyens de les renflouer. Il leur demande alors de faire des bénéfices. Comme dans le privé.

Du point de vue des entreprises concernées, le bilan semble plutôt positif : en quelques années, celles qui perdaient de l'argent se sont redressées. Mais à quel prix ! En une dizaine d'années, elles ont supprimé 150 000 emplois en France.

• **En 1981-1982, 1 million de personnes, possédant des actions d'entreprises alors nationalisées, sont indemnisées. Coût pour l'État : 40 millions de francs.**
• **Cette politique dote la France du plus gros secteur industriel public de tous les pays occidentaux : il rassemble alors 16 % des emplois des entreprises françaises, contre 10 %.**

nationalisme

Le nationalisme est une doctrine adoptée par ceux qui considèrent l'appartenance à une nation comme une valeur supérieure à l'appartenance à tout autre groupe.

• **Le nationalisme consiste parfois à exiger que les pays ne soient formés que d'un seul peuple et d'une seule langue. Ceux qui défendent cette vision refusent, par exemple, une Belgique formée de la Wallonie et des Flandres.**
• **Parfois, des peuples qui parlent la même langue, sont séparés en deux nations : c'est le cas de la Corée, divisée depuis 1952, et de la Chine, scindée en deux États en 1949.**

Deux visions du nationalisme s'affrontent : celle pour qui la nation est une donnée préexistante et celle qui la considère comme un objet construit par les individus.

UNE ENTITÉ PRÉEXISTANTE

La nation est le résultat de la géographie du pays (dont les fleuves et les montagnes, par exemple, dessinent les frontières), de la langue (tous ceux qui parlent une même langue peuvent être appelés à former une même nation) et du sang (tous ceux qui descendent d'un même peuple sont des nationaux). Les Allemands, par exemple, ont très longtemps fondé leur idée de la nation sur de telles définitions. Aujourd'hui encore, le droit allemand ne reconnaît la nationalité allemande qu'à ceux qui peuvent justifier d'un proche ascendant allemand. Être né de parents présents et travaillant sur le sol allemand ne suffit pas pour être allemand.

UNE CONSTRUCTION DES HOMMES

Selon la deuxième définition, la nation est la forme que choisit une communauté donnée pour vivre ensemble. Dans ce cas, le nationalisme (l'aspiration à la nation) précède la nation, ou, plus précisément, la construit. Ainsi, lorsque les Allemands ont annexé l'Alsace en

1871, les Français pouvaient estimer, en vertu du choix collectif qui était le leur, que les Alsaciens étaient français, bien qu'ils ne parlassent pas la langue française.

UNE ATTITUDE SOUVENT AGRESSIVE

Au-delà de ces définitions, le nationalisme est l'expression d'une valorisation de la nation à laquelle on appartient, et à laquelle on accorde l'essentiel de ce que l'on est et de ce que l'on fait.

Les nationalistes prônent souvent une politique étrangère agressive. Ce sont leurs idées qui ont, en grande partie, provoqué les deux dernières guerres mondiales et bien des conflits récents à travers la planète.

LA TCHÉTCHÉNIE

Après la fin du monopole du parti communiste en Union soviétique, les peuples qui formaient l'Union se sont révoltés et ont réclamé leur indépendance. La guerre qui sévit en Tchétchénie en est un exemple : les Tchétchènes revendiquent la possibilité de rompre tout lien avec la Russie et de former un État indépendant.

"... la nation est la forme que choisit une communauté donnée **pour vivre ensemble... "**

soldats tchétchènes en lutte pour l'indépendance de leur pays.

• Certains pays, déchirés par les nationalismes, ont su trouver les moyens politiques d'éviter un conflit armé. Ainsi la Tchécoslovaquie, qui a donné naissance en 1993 à deux États distincts : la République tchèque (capitale Prague) et la Slovaquie (capitale Bratislava).
• Au cœur de l'Europe occidentale, les nationalismes sont à l'origine de vives tensions et d'actions terroristes en Irlande du Nord, en Corse et au Pays basque.

LA GUERRE EN EX-YOUGOSLAVIE

Le cas est exemplaire sur le territoire de l'ancienne Yougoslavie. Lorsque le maréchal Tito dirigeait la Yougoslavie, de la fin de la Seconde Guerre mondiale à 1980, il estimait que le nationalisme ne reposait pas sur l'appartenance à une langue ou à un peuple, mais à la reconnaissance d'idées, de valeurs et d'intérêts communs.

Ainsi, des peuples d'origine et de religion différentes (les Serbes, les Bosniaques, les Croates, notamment) ont pu vivre ensemble et valoriser l'idée d'une nation yougo-slave. Après la mort de Tito, certains politiques ont défendu l'idée que la nation « Yougoslavie » n'était qu'une construction artificielle, et n'avait donc pas d'existence réelle. Seule comptait, pour eux, l'appartenance à une religion ou à une ethnie données pour se dire « national ». Il n'existe plus de Yougoslaves, mais des Serbes, des Bosniaques, des Croates, des Slovènes.

Ce sont ces deux conceptions du nationalisme qui caractérisent l'histoire de ce pays et permettent d'expliquer les événements tragiques d'aujourd'hui.

néonazisme

Le néonazisme est l'expression contemporaine du nazisme, au-delà des frontières allemandes. Les adeptes du néonazisme sont des nostalgiques du national-socialisme et arborent volontiers la svastika ou croix gammée.

Voir aussi : antisémitisme, racisme, révisionnisme, skinheads

• La vente de souvenirs nazis (brochures, médailles, uniformes) est interdite par la loi, de même que l'incitation à la haine raciale et la tenue de propos antisémites.

• Dans certains marchés aux puces, des casquettes ayant appartenu à d'anciens nazis se vendent illégalement de 2 000 à 3 000 francs.

• Dans les mois qui suivirent la réunification allemande (1990), les groupes néonazis connurent une activité inquiétante. En mai 1993, un incendie criminel causa la mort de cinq ressortissants turcs à Solingen.

Le nazisme, ou national-socialisme, est la doctrine nationaliste et raciste énoncée au début des années 1920 par Adolf Hitler dans son ouvrage *Mein Kampf*. Mises en pratique à partir de 1933, ces idées ont conduit à la Seconde Guerre mondiale.

PEUT-ON RIRE DE TOUT ?

LA DOMINATION DU MONDE PAR LES ARYENS

En s'appuyant sur de pseudo-thèses scientifiques, Hitler considérait qu'il existait une hiérarchie entre les peuples et que les Allemands d'origine aryenne formaient une race supérieure destinée à conquérir le monde. Selon Hitler, les Allemands étaient même investis de la mission d'exterminer le peuple juif, jugé inférieur à tous les autres et particulièrement nuisible, ainsi que d'autres minorités comme les Tziganes et les homosexuels.

Entre 1939 et 1945, les nazis mirent ainsi l'Europe à feu et à sang, et envoyèrent 6 millions de Juifs périr dans des camps d'extermination.

DES APPARENCES DIVERSES

Aujourd'hui, certains groupuscules d'extrême droite prônent les mêmes idées fanatiques qu'Adolf Hitler. Généralement violents, ces individus ont en fait peu de liens avec les anciens nazis allemands, réfugiés hors d'Europe ou décédés ; il n'en sont pas moins extrêmement dangereux et en constante augmentation.

Les néonazis forment le plus souvent des petits groupes, organisés autour d'un chef autoritaire et d'une structure hiérarchique militaire. Ils commettent des actions criminelles contre des groupes d'immigrés (Maghrébins, Turcs) ou de Juifs, car ils regrettent que Hitler n'ait pu mener à bien son programme d'extermination. Ils attirent à eux aussi bien des jeunes gens de milieux aisés que des adolescents en proie à la marginalisation et à l'exclusion du marché du travail.

ILS S'ATTAQUENT MÊME AUX MORTS !

La propagande en faveur du nazism et le négationnisme ou révisionnism sont condamnés par la loi. Néanmoin on trouve en Europe de nombreu néonazis, en particulier dans les mou vements d'extrême droite ou chez le skinheads.

Ces fanatiques ont été soupçonnés d s'être livrés à de nombreuses exa tions, comme la profanation du cime tière juif de Carpentras en 1990.

Nintendo

Jeu électronique, sur TV ou portable, pour adolescents. La marque japonaise Nintendo est leader mondial des consoles de jeux vidéo.

Nintendo et son concurrent Sega incarnent la réussite du jeu électronique personnel qui s'est imposé comme un phénomène de société du XXᵉ siècle. On parle de « génération Nintendo ».

LA GUERRE DES MONDES

Tempête dans l'univers des jeux vidéo ! Depuis 1995, l'arrivée du géant Sony bouleverse le marché des consoles, jusque-là aux mains presque exclusives de Nintendo et Sega. Symbole d'une nouvelle génération de consoles avec images en trois dimensions, la PlayStation de Sony a déjà été vendue en France à 300 000 exemplaires !
Mais avec ses 150 millions de consoles et Game Boy vendus depuis 1983, Nintendo (neuvième entreprise japonaise bénéficiaire à la Bourse de Tokyo) tient encore le haut du pavé.

SUPER MARIO BROS !

Il s'appelle Mario. Ce petit personnage à grosse moustache et casquette bouffante est devenu, grâce à la console et au Game Boy (console portable) Nintendo, une véritable star des cours d'écoles du monde entier. Depuis quinze ans, les aventures électroniques de Mario, Zelda, Donkey Kong et autres Sonic (le personnage fétiche de Sega) captivent des millions d'adeptes, y compris des adultes.

UN PHÉNOMÈNE DE MASSE

Les jeux vidéo occupent à eux seuls environ un tiers du marché des jeux et jouets. Un raz de marée qui est sujet à polémique. Certains psychologues et parents estiment que ces jeux solitaires favorisent le repli sur soi et l'isolement. D'autres, au contraire, vantent les mérites de ces distractions qui développent l'adresse et la vivacité d'esprit et permettent d'évacuer les pulsions guerrières. Accompagnées de leur musique entêtante, les images des jeux vidéo produisent une sorte de fascination. Il est arrivé qu'elles provoquent des crises chez des enfants épileptiques.

UNE CULTURE NINTENDO ?

La « génération Nintendo » n'ignore plus rien de la logique de l'électronique et de l'informatique. Elle paraît ainsi en phase avec l'univers technique d'aujourd'hui. Mais les jeux électroniques encouragent aussi la consommation (après quelques mois sur le marché, un jeu passe pour démodé) et semblent gommer toutes disparités culturelles d'un pays à l'autre.

- 1889 : création de la société **Nintendo**, fabricante de jeux de cartes.
- 1982 : lancement au Japon du premier jeu électronique **Mario**.
- 1983 : lancement au Japon de la première console familiale.
- 1988 : arrivée en Europe de la console NES 8 bits.
- 1989 : lancement du Game Boy et du jeu Tetris aux États-Unis.
- 1990 : **Game Boy** et Tetris débarquent en France.
- 1996 : lancement de la **Nintendo 64**, nouvelle génération de consoles de jeu vidéo 16 bits en 3 dimensions, fabriquée en collaboration avec **Silicon Graphics**.

non-prolifération

La non-prolifération marque la volonté d'empêcher la multiplication des armes nucléaires dans le monde.

Voir aussi : nucléaire, veto

• **Les pays officiellement nucléaires :
États-Unis, Russie, France, Grande-Bretagne et Chine.**
• **Les pays qui ont l'arme et qui n'ont pas signé le TNP : Israël, Inde, Pakistan.**
• **Les pays du TNP qui cherchent à se doter de l'arme atomique : Irak, Iran, Corée du Nord.**
• **Le Brésil et l'Argentine ont abandonné ensemble leur programme nucléaire alors qu'ils étaient sur le point de fabriquer des bombes.**

Le traité de Non-Prolifération (TNP) a été signé en 1970 par la majorité des pays de la planète. Les États qui possèdent l'arme nucléaire se sont engagés à ne pas aider les autres à s'en doter. Les pays non nucléaires ont officiellement renoncé à se la procurer.

LA DISSUASION

Pendant longtemps, les pays possédant la bombe atomique se comptaient sur les doigts d'une main. Détenue uniquement par les grandes puissances, l'arme atomique était brandie comme une menace suprême que personne ne mettrait à exécution : c'était l'époque de la dissuasion. Aujourd'hui, de nombreux pays pourraient avoir accès à la bombe atomique (soit par leurs propres moyens, soit grâce à l'aide d'un pays tiers) et le risque de prolifération est pris très au sérieux.

UN TRAITÉ INÉGALITAIRE

Le TNP est inégalitaire puisqu'il distingue les pays détenteurs de l'arme nucléaire et les autres. Bien que contesté, il a été reconduit pour une durée illimitée à la conférence de New York de mai 1995. Le principe n'est pas équilibré, mais les pays non nucléaires ont tout de même intérêt à y adhérer pour entrer dans une logique de limitation des armes dans le monde.

Les pays dotés de l'arme atomique (USA et ex-URSS surtout) donnent des gages de bonne volonté en procédant à un certain désarmement.

LA NON-PROLIFÉRATION EST-ELLE GARANTIE ?

Certains pays n'ont pas adhéré au TNP et, parmi eux, quelques-uns comme l'Inde se sont dotés de l'arme nucléaire. À l'intérieur même du TNP, des États comme l'Irak ne jouent pas le jeu. Ils sont régulièrement rappelés à l'ordre et font l'objet d'enquêtes internationales.

Depuis la dislocation de l'empire soviétique, on peut craindre que des savants russes ne vendent leur savoir – ou des composants – au plus offrant (25 tonnes de plutonium ne sont pas localisées dans ce pays). Heureusement, la fabrication de la bombe atomique n'est pas à la portée de tous : c'est compliqué, très coûteux et difficile à dissimuler…

DES ENJEUX RÉGIONAUX

Quand on n'a pas la bombe, on a tout intérêt à ce que son adversaire ne l'ait pas non plus. C'est ainsi que les pays arabes voudraient que les puissances nucléaires fassent pression sur l'État d'Israël (qui possède l'arme atomique) pour qu'il adhère au TNP.

"...la norme un critère de qualité et de compatibilité"

Du latin « norma », équerre, la norme est un état qui fait figure de règle, de loi, particulièrement en matière technique.

La norme renvoie à ce qui est habituel, conforme à une moyenne. On parle ainsi de norme de croissance ou de norme sociale. Elle peut prendre aussi forme de règlement, comme les normes sanitaires. Mais dans le domaine de l'industrie et de la consommation, la norme est un critère de qualité et de compatibilité.

UN REPÈRE POUR LE CONSOMMATEUR

Qui n'a jamais entendu parler de norme ? Elle est présente dans tous les secteurs de l'activité économique. Dans le cadre de l'internationalisation du marché et de la libre concurrence, il est de plus en plus difficile de contrôler les chaînes de production puis de distribution. La norme sert alors de repère au consommateur et l'invite à ne pas se laisser flouer. Du petit commerce jusqu'au prestataire de services en passant par l'activité industrielle, elle détermine les caractéristiques auxquelles le produit fabriqué ou proposé doit répondre.
En France, la norme NF est accordée aux produits répondant tout à la fois à des critères de qualité et de sécurité évalués sous la responsabilité de l'AFNOR. S'ils veulent avoir les meilleures chances de leur côté et vendre leur production au-delà du marché national, les fabricants français se tournent dorénavant vers la norme européenne (CE).

LA DÉFINITION D'UN STANDARD

Dans le secteur industriel, la norme garantit la conformité du produit proposé avec d'autres produits de marques différentes. Ainsi, des consortiums d'industriels peuvent se mettre d'accord pour définir un format, un type, un standard qui soient les mêmes pour tous. L'intérêt est double : pour l'usager qui n'est pas prisonnier d'une marque mais qui peut combiner des éléments différents, pour le fabricant qui ne s'enferme pas dans un marché restreint. Imaginons un logiciel qui ne serait conçu que pour un ordinateur, ou encore un magnétophone qui ne saurait lire qu'une seule marque de cassettes... Cette norme dite technique tend donc à simplifier, rendre plus efficace et plus rationnelle la production.

NF : logo en forme d'ovale bleu, apposé sur le produit ou le service. Créé en 1938, il signifie normes françaises. Environ 1 600 normes NF sont établies par an. Elles sont accordées sous la responsabilité de l'AFNOR (Association française de normalisation) : 17 500 normes ont été accordées par l'AFNOR depuis sa création.

NF COMME SÉCURITÉ

De toutes sortes, en couleur ou parfumés, en simple latex ou gravés, fabriqués en France, à Taïwan ou en Belgique, les préservatifs se vendent sous de multiples marques. Mais gare aux mauvaises surprises ! Comment choisir ? Un préservatif n'est sûr que s'il a été testé et répond aux normes NF. Les autres sont désormais interdits à la vente, sauf à passer par des circuits parallèles...

nucléaire

84

Vient du mot latin « nucleus », noyau. Le mot nucléaire désigne tout ce qui est relatif au noyau de l'atome et à l'énergie qu'on peut en extraire.

Voir aussi : déchets, non-prolifération, pollution, Tchernobyl

• 5 pays détiennent aujourd'hui l'arme atomique. Il s'agit des 5 membres permanents du Conseil de sécurité de l'ONU : la France, le Royaume-Uni, la Chine, la Russie et les États-Unis.
• D'autres pays, dits « du seuil », la détiennent non-officiellement ou sont près de la détenir, dont l'Inde, le Pakistan, Israël, l'Iran et l'Irak (avant la guerre du Golfe).

Un atome est formé d'un cœur de très petite taille que l'on appelle le noyau. Ce dernier est constitué de nucléons, particules contenant des protons (chargés positivement) et des neutrons (sans charge), entourés d'électrons dont la charge négative correspond exactement à celle des protons. La physique nucléaire a pour objet d'établir les propriétés des noyaux atomiques.

L'ÉNERGIE NUCLÉAIRE

La fission des noyaux d'éléments lourds (comme l'uranium) et la fusion des noyaux d'éléments légers (comme l'hydrogène ou le deutérium) dégagent une grande quantité d'énergie que l'on appelle « énergie nucléaire ». Ces deux technologies sont aujourd'hui utilisées dans la fabrication de bombes nucléaires. Mais la technologie civile ne maîtrise que la fission de l'atome. On espère pouvoir un jour exploiter l'énergie de fusion, beaucoup plus avantageuse et moins polluante. Le cœur d'une étoile comme le Soleil n'est autre qu'un formidable réacteur de fusion thermonucléaire à l'intérieur duquel l'hydrogène (l'élément le

"Aujourd'hui près de 20 % de la production mondiale d'électricité est d'origine nucléaire"

plus léger et le plus abondant de l'Univers) se transforme peu à peu en éléments plus lourds tels le carbone, l'azote, l'oxygène, le fer, etc.

NUCLÉAIRE CIVIL ET MILITAIRE

Grâce à ses multiples applications scientifiques (médecine, production d'électricité, etc.), le nucléaire est fort utile à l'humanité. Mais l'arme nucléaire, considérée par les pays qui la détiennent comme une arme dissuasive destinée à éviter les guerres, fait courir un grand risque à la planète au cas où elle tomberait dans des mains criminelles.

DE DANGEREUSES ALLUMETTES

L'obtention d'énergie par la fusion de l'atome présente de grands avantages par rapport à la fission.

Tout d'abord, elle produit moins de déchets et sa matière première, l'hydrogène, est le principal élément constitutif de l'eau que l'on trouve en quantité sur notre Terre, recouverte aux deux tiers d'océans. Les matières nécessaires à la fission, comme l'uranium, sont très coûteuses à extraire, à enrichir et difficiles à recycler.

Le problème vient des extraordinaires conditions de chaleur et de pression nécessaires au phénomène de fusion. Dans la fabrication de bombes H, le problème a été résolu en entourant la charge d'hydrogène par une ceinture de bombes atomiques « normales » (appelées allumettes) dont l'explosion permet de recréer les conditions propices à la fusion.

• **Aujourd'hui près de 20 % de la production mondiale d'électricité est d'origine nucléaire. En France, ce pourcentage atteint 75 %.**

• **4 pays (les États-Unis, la France, le Japon et la Russie) fournissent 65 % de la production mondiale d'électricité nucléaire.**

• **15 minutes : c'est le temps qu'un missile américain tiré d'un sous-marin nucléaire met en moyenne pour atteindre sa cible potentielle.**

• **1 tonne d'uranium enrichi a une valeur énergétique de 500 000 tonnes d'équivalent-pétrole (tep).**

LE PRIX DE LA DÉFAITE À HIROSHIMA

Le 28 juillet 1945, le Japon rejette une nouvelle fois les ultimatums alliés de reddition. Les Américains prennent la décision de bombarder Hiroshima. La bombe de 4 500 kilos, surnommée *Little Boy* et recouverte de signatures et d'injures à l'adresse des Japonais, attend depuis quelques jours à Tinian, à 6 250 kilomètres. Le 6 août, à 8h15, le B29 *Enola Gay* largue la bombe sur Hiroshima. 51 secondes s'écoulent entre le largage et l'explosion. Dans un rayon de 3 kilomètres autour de l'épicentre, tous les immeubles sont détruits, soit par le souffle, soit par le feu. 243 000 personnes décéderont immédiatement ou dans les années suivantes de maladies liées à la contamination. Le 9 août, une deuxième bombe américaine tombe sur Nagasaki.

numérique

Technique de codage des données sous forme de nombres (0 et 1) correspondant à des signaux électriques. Le numérique est le langage de l'ordinateur. Il s'oppose à l'analogique.

Voir aussi : puce, ordinateur, synthétiseur

- **Bit** : vient des mots anglais *binary* et *digit* et désigne la plus petite unité du numérique, c'est-à-dire 0 ou 1.
- **Bouquet numérique** : ensemble de programmes (radio et/ou télévisuels) diffusés sur un canal numérique unique.
- **DAB** (*digital audio broadcasting* : diffusion audio-numérique) : la radio de l'an 2000 qui offrira un son de qualité numérique et des « services associés » (images et textes sur un écran couplé au poste de radio).
- **Numérisation** : procédé consistant à transformer un texte, une image ou un son en un produit numérique.
- **Morphing** : modification en continu d'une image.

Le numérique envahit tous les équipements modernes : téléphone, radio, télévision, instruments de musique, photographie, appareils électroménagers, etc.
Partout où il y a des « puces », il y a du numérique.

LA « RÉVOLUTION NUMÉRIQUE »

Le numérique a fait son apparition dans le grand public avec les disques lasers (disques compacts ou, en anglais, *Compact Disc*). Sur un CD, la musique est enregistrée sous forme de minuscules trous et bosses, correspondant à des 0 et des 1, lisibles par un rayon laser. En musique, le numérique garantit une reproduction de grande qualité sur un support quasiment inusable. En photographie, il permet de visionner les clichés sur un téléviseur ou micro-ordinateur.

NUMÉRIQUE CONTRE ANALOGIQUE

Les magnétophones à cassettes, les magnétoscopes ou encore les vieux disques vinyle fonctionnent selon la technologie « analogique », c'est-à-dire que plus le courant électrique est intense, plus le son est fort, grave ou aigu. Dans les appareils numériques, au contraire, le son (ou l'image) est transmis sous la forme de ces fameux 0 et 1 par un signal électrique constant. Le numérique

permet de traiter, de stocker et de transmettre les données de manière extrêmement performante. Il assure aussi une compatibilité avec les ordinateurs. Voilà pourquoi il s'impose aujourd'hui.

LANGAGE DE CHIFFRES

L'ordinateur ne connaît qu'un seul langage : celui des 0 et des 1. La lettre « A », par exemple, correspond à une combinaison de 0 et de 1 tandis que « B » correspond à une autre combinaison et ainsi de suite. Les informations sont stockées sous forme de « fichiers » informatiques.

CRÉATION NUMÉRIQUE

Au cinéma ou à la télévision, le numérique permet de réaliser, grâce à l'ordinateur, toutes sortes d'effets spéciaux (collages, retouches d'images, morphing, etc.).
Deux acteurs peuvent, par exemple, tourner une scène commune sans jamais se rencontrer. Mais cette immense facilité de trucage risque aussi de conduire à des dérives : l'image que nous voyons à l'écran sera-t-elle toujours le reflet exact de la réalité ?

obligations *voir* **Bourse**
OLP *voir* **Moyen-Orient**
ONG
ONU
OPA
opposition
ordinateur
oscar
OTAN

ONG

Les Organisations non gouvernementales sont des associations visant au mieux-être de l'humanité. Elles se distinguent des entreprises par leurs buts, mais aussi des institutions gouvernementales auxquelles elles peuvent s'opposer.

Voir aussi : droits de l'homme

• **Née en 1971 à l'occasion de la guerre du Biafra, l'ONG Médecins sans frontières envoie chaque année plus de 2 000 volontaires sur le terrain. Près d'un million de donateurs particuliers apportent en France 60 % des fonds qui s'élèvent à environ 350 millions de francs.**
• **Médecins du Monde envoie environ 600 volontaires par an sur les missions d'urgence à l'étranger et 1 700 bénévoles travaillent dans les centres d'accueil en France. Les dons privés atteignent également environ 60 % des 250 millions de francs de ressources.**

Une intervention de Médecins sans frontières, au Rwanda.

Les ONG sont innombrables ; elles répondent à des motivations extrêmement diverses et leurs méthodes peuvent être très spécifiques. Néanmoins, elles ont toutes une vocation humanitaire. Dans le cadre d'échanges souvent internationaux, elles proposent des moyens aux plus démunis et tentent de corriger les inégalités entre les hommes.

DES BUTS NON LUCRATIFS

La raison d'être et le fonctionnement des ONG se fondent sur un souci de justice et de partage. Ce souci peut s'exprimer dans les domaines scientifiques, médicaux, culturels, éducatifs, etc. Mais leur

terrain privilégié reste souvent la protection des droits de l'homme et l'action pour le développement des pays pauvres. C'est encore ce souci de justice ou de partage qui explique le fonctionnement d'une ONG : l'action de volontaires bénévoles (non rémunérés) est essentielle et son financement dépend, pour l'essentiel, des dons (de personnes privées ou d'entreprises) en plus des subventions accordées par les institutions gouvernementales ou internationales.

Le mouvement associatif international remonte fort loin dans l'histoire et fut longtemps lié à des motivations religieuses, notamment chrétiennes. C'est toujours le cas du Secours catholique qui s'appuie sur le message du Christ prônant une plus grande générosité entre les hommes. Les motivations politiques, le plus souvent ancrées à gauche, furent également à l'origine de certaines ONG ; des internationales ouvrières proches du commu-

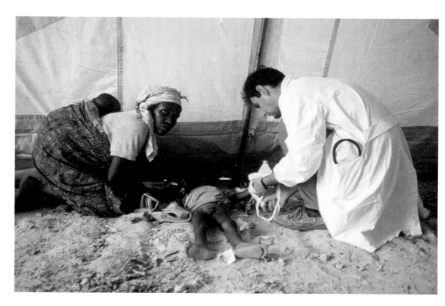

L'ACTION POUR LE DÉVELOPPEMENT

Les ONG ont toujours été très présentes aux côtés des pauvres. Ainsi les associations religieuses et leurs missionnaires qui se sont implantés dans les pays colonisés. Elles répondaient à une double vocation : venir en aide à des populations démunies et convertir le plus de gens possibles à leur foi. Depuis une trentaine d'années, la décolonisation s'est effectuée. Le rôle des ONG en faveur du développement du tiers-monde s'est encore accru, mais il a beaucoup évolué. Il s'agit de moins en moins d'associations religieuses. En outre, de nombreuses ONG estiment désormais qu'elles ne sont pas là pour apporter indéfiniment une aide matérielle et technique venue de l'Occident ; il s'agit plutôt d'aider les populations locales à mettre elles-mêmes en place des structures capables de répondre durablement à leurs problèmes. On s'oriente de plus en plus vers un partenariat entre ONG du nord et leurs homologues du sud.

La Croix-Rouge est née à la fin du XIXe siècle pour venir en aide aux victimes de guerre et pour inciter les belligérants à respecter certains principes humanitaires. Son principe de neutralité l'oblige à ne jamais se mêler de la politique des États qui acceptent sa présence en échange de son silence. Ce principe a montré ses limites lors de la Seconde Guerre mondiale, quand la Croix-Rouge n'a pas dénoncé nettement les camps d'extermination nazis.

nisme répondirent ainsi aux organisations chrétiennes.

UN DÉVELOPPEMENT CONSIDÉRABLE

Depuis les années 70, on assiste non seulement à une prolifération des ONG, mais aussi à une reconnaissance durable de leur action dans l'opinion publique. Les ONG sont de plus en plus présentes, notamment dans les conflits internationaux où elles jouent un rôle d'alerte auprès des gouvernements et des médias.

La fin du XIXe siècle a connu des guerres meurtrières, contre lesquelles se sont mobilisées les énergies : on voulait venir en aide aux victimes, en leur offrant des moyens techniques, mais sans se mêler de la politique des États. C'est par exemple le cas de la Croix-Rouge, fondée en 1863 par Henri Dunant. Depuis une vingtaine d'années, cette tradition a été maintenue, mais avec une vision élargie de l'ac-

tion humanitaire. Les années qui ont suivi Mai 68 ont indéniablement été à l'origine de cette évolution. Nombre de militants de gauche, très sensibilisés aux problèmes du tiers-monde ont été déçus par l'action strictement politique et ont voulu agir sur le terrain, avec rapidité et efficacité. C'est notamment le cas en France, avec Médecins sans frontières et Médecins du Monde qui soulignent la responsabilité de chacun envers les victimes de la guerre, de la dictature, des crises économiques. Dans le monde entier, Amnesty International lutte pour les droits de l'homme et la démocratie. La dégradation du climat social depuis quinze ans a amené ces ONG à agir non seulement à l'étranger, mais aussi plus près de nous, en Europe, auprès des populations exclues.

Depuis une dizaine d'années, les ONG se consacrant à la préservation de l'environnement ont le vent en poupe : Greenpeace, WWF…

ONU

L'Organisation des Nations unies rassemble la quasi-totalité des peuples de la planète. Elle a pour but de maintenir la paix et la sécurité dans le monde. Si besoin est, elle peut envoyer ses soldats, les « casques bleus », mettre fin à un conflit.

Voir aussi : pays en voie de développement, pays non-alignés

DES GENDARMES EN BLEU

Les casques bleus sont les gendarmes de l'ONU : au nombre de 80 000 en 1994, ils ont pour rôle de s'interposer entre deux adversaires. Légèrement armés, ils ne peuvent tirer que s'ils sont attaqués. Cette ligne de conduite est difficile à mettre en œuvre sur le terrain et réduit souvent les casques bleus à l'impuissance.

• **185 États sont membres de l'ONU. 7 sont toujours à l'écart** : il s'agit de la Suisse, de Taïwan, du Vatican et de 4 petits pays du Pacifique.
• **Le secrétaire général** : élu pour cinq ans par l'Assemblée générale, il représente l'ONU et se voit souvent chargé de missions de médiation ou de conciliation. L'actuel titulaire du poste est le Ghanéen Kofi Annan, élu en décembre 1996.

Depuis sa création en 1945, jusqu'à l'effondrement du bloc communiste (1989), l'action de l'ONU a été paralysée par la guerre froide et la rivalité entre les États-Unis et l'URSS. Aujourd'hui, l'ONU multiplie les interventions armées de ses casques bleus. Elle conduit actuellement douze missions de maintien de la paix dans le monde.

DES ACTIVITÉS ÉCONOMIQUES, SOCIALES ET CULTURELLES

Par l'intermédiaire de nombreux organismes qui lui sont rattachés, l'ONU poursuit des actions dans des domaines autres que purement

politiques : on peut citer l'UNICEF (Fonds d'urgence des Nations unies pour l'enfance), l'UNESCO (Organisation des Nations unies pour l'éducation, la science et la culture), l'OMS (Organisation mondiale de la santé), la BIRD (Banque internationale pour la reconstruction et le développement) ou le HCR en charge des réfugiés.

CINQ MEMBRES PERMANENTS

Tous les États indépendants et souverains sont représentés à l'Assemblée générale de l'ONU mais cinq d'entre eux seulement ont un réel pouvoir. Il s'agit de la Chine et des

Un camp de réfugiés Hutus en avril 1995.

AÏRE : INTERVENIR OU PAS ?

n 1994 au Rwanda, les deux ethnies du pays s'affrontent. Les Hutus, qui sont u pouvoir, organisent un véritable génocide contre les Tutsis (800 000 morts). a communauté internationale ne parvient pas à empêcher le massacre. Elle ide cependant les Tutsis à reconquérir le pouvoir. Les Hutus fuient pour échapp er aux représailles et se réfugient au Zaïre dans de gigantesques camps où 'ancienne armée Hutu impose sa loi et lance une guérilla à la frontière rwan- aise. À l'automne 1996, la guerre fait rage et les vivres ne parviennent plus ans les camps. Les organisations humanitaires s'affolent : elles craignent un génocide par la faim ». Elles lancent un appel au secours et somment l'ONU 'envoyer des troupes. Après quelques semaines de tergiversations, l'ONU écide enfin d'intervenir. Les milices qui gardaient les camps fuient, et les réfugiés-prisonniers » décident en masse de rentrer chez eux, au Rwanda... a question reste posée : fallait-il intervenir au Zaïre ?

• **Signée le 26 juin 1945 par cinquante pays, la charte de San Francisco est l'acte fondateur de l'ONU.**
• **En 1988, les casques bleus ont été les lauréats du prix Nobel de la paix.**

quatre vainqueurs de la Seconde Guerre mondiale : la France, la Grande-Bretagne, les États-Unis et la Russie. Ces cinq pays, qui sont aussi les cinq grandes puissances nucléaires, siègent au Conseil de sécurité de l'ONU en compagnie de dix autres, élus pour deux ans. On parle aujourd'hui d'accueillir deux nouveaux membres permanents : l'Allemagne et le Japon.

DE NOUVEAUX POUVOIRS

Tous les membres du Conseil de sécurité doivent être d'accord pour engager une action de maintien de la paix. Pendant la guerre froide, l'opposition de l'URSS a bloqué toute action crédible de l'ONU. En 1989-1990, l'effondrement du bloc communiste laissa la voie libre aux Occidentaux, cependant dominés par la superpuissance américaine. En 1991, l'ONU s'engagea ainsi

derrière les Américains dans la guerre du Golfe. La Russie ne fut pas en mesure de s'y opposer, la Chine s'abstint et le Conseil de sécurité autorisa l'usage de la force contre l'Irak de Saddam Hussein s'il ne se retirait pas du Koweit. L'Irak fut vaincu en 42 jours.

L'ÉCHEC DE LA FORPRONU

Toutes les interventions de l'ONU ne sont pas aussi efficaces. L'action des Nations unies en ex-Yougoslavie a été particulièrement critiquée. Une force de protection internationale, la Forpronu, fut déployée en Bosnie en 1992. Cette opération, la plus coûteuse menée par l'ONU, n'a pourtant réussi à empêcher ni la guerre, ni les massacres de civils en Bosnie. En 1995, des casques bleus furent même pris en otages par les Serbes de Bosnie, qui les filmèrent attachés, impuissants et humiliés.

• **L'ONU compte deux langues de travail : le français et l'anglais, et six langues officielles : anglais, chinois, espagnol, français, russe et arabe.**

• **C'est à New York, au bord de l'East River, sur la presqu'île de Manhattan, que se trouve le siège des Nations unies.**

"Tous les États indépendants et souverains sont représentés à l'Assemblée générale de l'ONU..."

OPA

Proposition faite aux actionnaires d'une société cotée de vendre leurs titres pour un prix supérieur au cours de la Bourse. L'OPA (offre publique d'achat) est soumise à une stricte réglementation qui assure l'égalité d'information et de traitement entre petits et gros actionnaires.

Voir aussi : actions, Bourse

• **Peu fréquentes en France au début des années 80, les OPA sont aujourd'hui monnaie courante. Bon an, mal an, 30 à 40 offres sont rendues publiques. En 1994, 31 OPA ont eu lieu à la Bourse de Paris, pour un montant total de 7,5 milliards de francs. En 1995, on en compta 50, pour 16,2 milliards.**

• **Certaines OPA sont particulièrement mouvementées. On peut citer la bataille entre Schneider et Framatome autour de Télémécanique (1988). Vainqueur, Schneider a dépensé 7 milliards.**

Autorisées en France depuis 1966, les OPA se sont banalisées depuis une dizaine d'années. Mais elles conservent une image un peu sulfureuse.

AMI OU ENNEMI ?

L'OPA amicale, qui est la plus fréquente, permet à une entreprise d'en acheter une autre, après négociation entre dirigeants. Dans ce cadre, l'acheteur peut s'engager par exemple à maintenir les emplois de la société qu'il convoite. Pour les deux entreprises, cette formule amicale est la plus simple et la moins coûteuse, puisqu'elle évite d'éventuelles surenchères ultérieures.

Du point de vue des actionnaires, qui ont intérêt à voir monter les prix, une OPA hostile, donnant lieu à une bataille boursière, est en revanche plus intéressante.

LA BRUTALITÉ DES MOTS

Quand elle est inamicale, l'offre publique d'achat est une véritable agression, dont la violence se reflète dans le vocabulaire alors employé : prédateur, attaque, bataille, raid, cible, riposte, proie, dépeçage...

Relativement rares, ces OPA inamicales ont des effets néfastes pour les sociétés : elles poussent les firmes visées à dépenser beaucoup d'argent pour se défendre en rachetant en Bourse leurs propres titres, à un prix plus élevé que celui proposé par l'attaquant.

UNE STRATÉGIE FINANCIÈRE

Certains raids n'ont aucune logique industrielle. L'objectif de « l'agresseur » est de faire un gros bénéfice. Après avoir « dépecé sa proie », il revend les morceaux (branches d'activités, filiales, usines) au plus offrant, pour un prix globalement supérieur au coût de l'OPA. Même si elle n'aboutit pas, l'opération peut être financièrement fructueuse pour l'agresseur (ou « raider », dans le jargon boursier).

Ainsi, même lorsque l'OPA lancée il y a quelques années sur Gillette par le financier américain Ronald Perelman échoua, ce dernier put négocier au prix fort le rachat, par Gillette, des actions déjà en sa possession. Du coup, Gillette dut retarder la commercialisation de son nouveau rasoir Sensor, faute de pouvoir financer la campagne de lancement.

opposition

La forme et le rôle de l'opposition changent selon la nature du régime politique.

En matière politique, l'opposition désigne l'ensemble des forces qui sont adversaires d'un gouvernement ou d'une majorité donnés.

Voir aussi : dictature, terrorisme

DICTATURE ET OPPOSITION

Les dictatures ou pays totalitaires considèrent que l'existence d'une opposition nuit à l'intérêt du pays. Les dictateurs tentent alors par tous les moyens de dissoudre toute formation, même minime, de groupes jugés dangereux, et de bâillonner leurs moyens d'expression (censure sur la presse).

Dans les situations les plus sévères, l'action d'opposition passe par un certain nombre de moyens, qui peuvent paraître anodins mais qui sont extrêmement dangereux pour ceux qui les mettent en œuvre. Siffloter *La Marseillaise* sur le passage d'un soldat allemand pendant l'Occupation en France était un acte d'opposition. En Albanie, où la religion était réprimée, prononcer publiquement des prières était un acte d'opposition.

"Majorité et opposition peuvent être amenées gouverner ensemble, un pays"

L'OPPOSITION DANS LES DÉMOCRATIES REPRÉSENTATIVES

Dans les régimes démocratiques, l'existence et le fonctionnement des oppositions sont fondés en grande partie sur les élections. Lorsqu'un gouvernement est élu, les opposants se réunissent, forment un ou plusieurs partis politiques et prépa-

rent les élections suivantes. Ils misent sur une possible alternance des formations représentées au gouvernement suite à une défaite électorale du parti gouvernemental. En Grande-Bretagne, où le Premier ministre peut décider des élections législatives à tout moment et où les suffrages sont partagés entre deux grands partis, l'opposition est très structurée. Le parti minoritaire forme un gouvernement de l'ombre, ou *shadow cabinet*, destiné à assumer les fonctions gouvernementales en cas d'alternance et à rendre celle-ci crédible aux yeux des électeurs.

UNION NATIONALE ET COHABITATION

Majorité et opposition peuvent être amenées à gouverner ensemble un pays. C'est le cas pendant des conflits armés ou des crises économiques majeures qui mettent en danger l'existence même d'une nation : on parle alors de gouvernement d'union nationale, ouvert aux principales forces politiques. Dans la France d'aujourd'hui, on parle de cohabitation lorsque le président de la République et le Premier ministre appartiennent à des familles politiques opposées. Deux cohabitations eurent lieu de 1986 à 1988, puis de 1993 à 1995.

• **Dans les dictatures (comme en Chine), s'opposer est un geste extrêmement courageux, car la torture ou la privation de droits fondamentaux sont souvent employées contre les opposants.**
• **Dans l'ex-URSS, les opposants qui contestaient la toute-puissance du parti communiste étaient appelés des dissidents.**

ordinateur

Appareil électronique effectuant toutes sortes de travaux grâce à des programmes appelés logiciels. C'est l'invention majeure du XXe siècle. La science des ordinateurs s'appelle l'informatique.

Voir aussi : Internet, multimédia, numérique, piratage, virus

• **L'ENIAC**, le premier ordinateur inventé en 1946 par Joseph Von Neuman, pesait 30 tonnes et effectuait 5 000 additions à la seconde.

• Le **CRAY** est l'ordinateur le plus puissant du monde. Fabriqué par la firme américaine Intel, il peut calculer 1 000 milliards d'opérations à la seconde (1 téraflop) ! Il contient 9 000 microprocesseurs Pentium Pro 200 Mhz.

• Les deux grands systèmes d'ordinateurs personnels sont le **PC** (créé par IBM en 1981) et le **Macintosh** (développé par Apple à partir de 1984).

Les ordinateurs sont partout ! Ils font fonctionner les trains, les avions, les feux rouges, les usines, les banques, les hôpitaux ou les exploitations agricoles. À la maison, l'ordinateur permet de s'instruire, de se divertir, de travailler, de gérer et de communiquer.

Une machine puissante mais stupide

L'ordinateur n'a pas d'intelligence comparable à l'intelligence humaine. S'il peut, par exemple, jouer aux échecs et affronter les plus grands champions, c'est en raison de sa capacité à effectuer de nombreux calculs à des vitesses prodigieuses. Si l'on comparait un ordinateur à une voiture, le moteur serait le microprocesseur, le coffre le disque dur permettant de stocker les dossiers, le tableau de bord l'écran et le permis de conduire le logiciel. Au fil des années, les ordinateurs sont devenus de plus en plus puissants, de plus en plus petits et de moins en moins chers.

UN VOCABULAIRE GUERRIER

Peste, virus, pirates, explosion, course folle, fichage, verrouillage, danger, pièges, bombes, cheval de Troie, guerre... L'informatique a bouleversé notre environnement quotidien, privé et professionnel, dans des proportions si importantes et à une telle vitesse que cela suscite une véritable psychose, qui transparaît dans le vocabulaire. Certains dangers sont imaginaires, mais d'autres, comme le fichage, sont bien réels. Tout le monde s'accorde ainsi à penser que la maîtrise des systèmes informatiques est une des priorités de notre société.

UN OUTIL INDISPENSABLE

Actuellement, un salarié sur deux travaille sur ordinateur. Au bureau, l'ordinateur permet de taper des textes, de gérer des fichiers et de communiquer avec le reste de l'entreprise. L'informatique, qui permet d'éviter toutes sortes de tâches répétitives et fastidieuses, a supprimé des emplois mais créé des métiers nouveaux (programmeurs, techniciens, opérateurs, concepteurs, etc.).

L'ordinateur encourage le développement du « télétravail », c'est-à-dire le travail à distance comme la vente, le secrétariat ou la création artistique à domicile. Plus besoin de se rendre au bureau ! Lorsque nous téléphonons ou lorsque nous réservons un billet de train, nous utilisons aussi, sans le savoir, des ordinateurs.

L'ORDINATEUR À LA MAISON

Les premiers ordinateurs individuels (micro-ordinateurs) sont apparus dans les années 70 aux États-Unis dans la Silicon Valley. On parle de « mythe du garage », car nombre de ces machines ont été mises au point par des bricoleurs de génie dans leurs garages. L'ordinateur n'est pas encore aussi répandu dans les foyers que la télé-vision, mais il s'impose néanmoins, depuis 1994-1995, avec l'avènement du multimédia (qui mêle texte, son et image) et des CD-ROM. Branché sur le réseau Internet, un micro-ordinateur permet de communiquer avec le monde entier.

AUTANT D'ESPOIRS QUE DE CRAINTES

L'informatique fait progresser la science, modernise le travail et améliore le confort de tous les jours mais impose aussi de nouvelles contraintes. C'est un outil complexe, au fonctionnement abstrait, qui envahit de plus en plus notre vie quotidienne. À ce titre, l'ordinateur fait peur ! Dès que quelque chose se détraque (erreur sur une fiche de paie, explosion d'une fusée en vol...), on a tendance à accuser l'ordinateur. En fait, l'ordinateur ne se trompe jamais, c'est toujours une erreur humaine, ou bug (fausse manipulation, bug de programmation, virus...), qui est à l'origine d'un dysfonctionnement.

• En France, un foyer sur cinq est équipé d'un micro-ordinateur contre un sur trois aux États-Unis.

"L'ordinateur n'a pas d'intelligence comparable à l'intelligence humaine"

oscar

Cette récompense cinématographique américaine est remise chaque année, sous la forme d'une statuette, aux meilleurs artistes et techniciens du cinéma.

- **Walt Disney a été le plus couronné :** vingt-six fois !
- **Le film qui a obtenu le plus grand nombre d'oscars est** *Ben-Hur* **(six en 1959).**
- *Vol au-dessus d'un nid de coucou* **de Milos Forman (1975) a reçu les cinq récompenses majeures.**
- **Le réalisateur John Ford a obtenu quatre oscars, ainsi que l'actrice Katherine Hepburn.**

En 1927, l'Academy of Motion Picture Arts and Sciences, créée par Louis Mayer, patron de la MGM (Metro Goldwin Mayer), décide de remettre des récompenses. Cedric Gibbons dessine un homme nu plongeant une épée dans une bobine de film. George Stanley en fait une statuette en alliage de cuivre et d'étain. Depuis 1929, à Hollywood, un jury composé de professionnels du cinéma la remet chaque année, lors d'une cérémonie pour récompenser et rendre hommage à leurs pairs.

UN NOM LÉGENDAIRE

Appelée officiellement Academy Award, cette statuette a été baptisée « oscar » en 1931. Pas moins de trois personnes revendiquent la paternité de ce surnom : Margaret Herrick, bibliothécaire de l'Académie, qui trouvait qu'elle ressemblait à son oncle Oscar ; Sidney Skolsky, échotier d'Hollywood, et la grande actrice Bette Davis !

LE PALMARÈS

Vingt-trois statuettes pour vingt-trois disciplines sont remises chaque

LA MECQUE DU CINÉMA

Hollywood (« Bois de houx » en anglais) doit son nom au ranch sur lequel la ville a été bâtie. En 1911, l'installation des studios de cinéma Nestor dans cette bourgade de 4 000 habitants scella le destin de la « Mecque du cinéma ». Rattachée à l'agglomération urbaine de Los Angeles, la ville compte à présent plus de 200 000 habitants. Entre 1927 et 1948, la suprématie des studios cinématographiques d'Hollywood, contrôlés par les grandes compagnies (les Majors), est totale. C'est alors que sont créés tous les nouveaux genres du cinéma américain : la comédie musicale avec Vincente Minelli, la comédie légère (« comédie américaine ») avec Frank Capra, le film noir (film policier, de gangsters) avec Howard Hawks, le western avec John Ford, les superproductions avec Cecil B. De Mille et le dessin animé avec Walt Disney. Les stars se font construire de somptueuses villas sur Beverly Hills. Le déclin s'annonce après la guerre, quand Hollywood traverse une crise très grave avec la guerre froide et le maccarthysme. Mais la ville a gardé aujourd'hui sa spécificité cinématographique et les studios se sont reconvertis partiellement pour la télévision.

CÉSAR, L'OSCAR DES FRANÇAIS

En 1976, Georges Cravenne crée les césars, calqués sur les oscars américains. Le nom, très proche du nom américain, a en fait deux origines : il rend hommage à Raimu pour son personnage inoubliable dans le film de Marcel Pagnol et également au sculpteur César qui a réalisé la statuette remise aux gagnants. Des professionnels du cinéma français désignent 4 ou 5 noms selon les catégories : ce sont les « nominés ». Un vote final, effectué au mois de mars, désigne les vainqueurs acclamés lors d'une cérémonie retransmise en direct à la télévision. En 1996, Annie Girardot fit un discours très émouvant en recevant le césar du meilleur second rôle féminin pour sa prestation dans *Les Misérables* (de Claude Lelouch), et le césar du meilleur film fut remis à Mathieu Kassovitz pour *La Haine*.

• Charlie Chaplin n'a eu qu'un seul oscar, en 1972, pour *Les lumières de la ville*, soit vingt ans après la sortie de son film. Il avait alors 83 ans !
• La star des stars, Marilyn Monroe, n'a jamais reçu d'oscar !
• Derniers oscars : *Danse avec les loups* (1990), *Le Silence des agneaux* (1991), *Impitoyable* (1992), *La Liste de Schindler* (1993), *Forrest Gump* (1994), *Braveheart* (1995).

année. Les cinq récompenses principales sont : meilleur film, meilleur acteur, meilleure actrice, meilleur scénario et meilleur réalisateur. Elles couronnent presque toujours des productions américaines. Un oscar spécial est réservé au meilleur film étranger.

LE PARRAIN DES INDIENS
En 1973, Marlon Brando refusa l'oscar qui lui était décerné pour son rôle dans *Le Parrain*, de Francis Ford Coppola. Une jeune fille apache vint lire, lors de la cérémonie, un texte qu'il avait écrit pour expliquer les raisons de son refus : le mauvais traitement réservé aux Indiens dans les films américains.

VENISE, CANNES, BERLIN
C'est à Monte-Carlo en 1898 que la toute première récompense de cinéma fit son apparition lors d'un festival. Depuis, d'autres prix sont attribués chaque année dans le monde entier lors de festivals ou de cérémonies. Les plus prestigieuses sont : le Lion d'or du festival de Venise, l'Ours d'or du festival de Berlin et, par-dessus tout, la Palme d'or du festival de Cannes.

OTAN

L'Organisation du traité de l'Atlantique Nord est la principale organisation militaire occidentale. Créée au lendemain de la Seconde Guerre mondiale, l'Alliance atlantique compte aujourd'hui 16 membres qui ont signé un pacte d'assistance mutuelle afin de se défendre contre toute attaque venue de l'Est.

Voir aussi : communisme

"Les seize alliés de l'OTAN bénéficient de la protection nucléaire américaine...

Environ 150 000 soldats américains stationnent en Europe dans le cadre de l'OTAN, principalement en Allemagne et en Grande-Bretagne.

Plusieurs bases américaines sont installées en Méditerranée, où croise depuis 1945 la VIe flotte (20 000 hommes à bord de 2 porte-avions et 25 navires d'escorte).

C'est parce que les États-Unis craignaient, en 1945, une nouvelle guerre contre l'URSS et ses alliés communistes, qu'ils se sont associés à onze États d'Europe de l'Ouest, par un accord de défense commun. Le traité a été signé en 1949. La Grèce, la Turquie, l'Allemagne de l'Ouest et l'Espagne y ont adhéré par la suite.

Une amitié compliquée

Dévastés par la guerre, les pays européens ont éprouvé le besoin de se rassembler autour des États-Unis pour défendre leurs régimes démocratiques. Cette protection repose sur la formidable puissance des armements américains, seule capable, pendant quarante ans, de s'opposer à l'URSS en cas de conflit. Mais la France du général de Gaulle, soucieuse de son indépendance, s'est retirée dès 1966 du système militaire tout en demeurant membre de l'Alliance.

Vers un élargissement

Depuis la réunification de l'Allemagne et l'effondrement des régimes communistes au début des années 90, plusieurs pays de l'ancien pacte de Varsovie (organisation militaire opposée à l'OTAN et liée à l'ex-URSS) souhaitent rejoindre l'OTAN. Dans l'attente d'un probable élargissement, on a proposé à la Pologne et à la Hongrie de souscrire à un « partenariat pour la paix ».

Un fonctionnement centralisé

Les seize alliés de l'OTAN bénéficient de la protection nucléaire américaine qui, avec les armes atomiques britanniques et éventuellement françaises, doit dissuader tout pays agresseur. L'emploi des armements classiques est harmonisé. De l'aviation à la marine, en passant par le calibre des cartouches, le renseignement ou le carburant des chars, les membres de l'OTAN peuvent utiliser en commun les moyens dont ils disposent.

Établi en Belgique, le secrétariat général de l'OTAN coordonne les opérations et les manœuvres. Deux grands états-majors, l'un pour la marine, l'autre pour toutes les autres armes, contrôlent les commandements régionaux répartis dans le monde.

parlement

Le parlement est le lieu où se rassemblent des représentants du peuple investis du pouvoir législatif.

Voir aussi : Bundestag, Constitution, élections, gouvernement

Mirabeau (1749-1791), orateur et homme politique français : « **Nous sommes ici par la volonté du peuple et nous n'en sortirons que par la force des baïonnettes.** »

626 députés élus au suffrage universel dans les quinze pays de l'Union européenne forment le parlement européen. Depuis 1979, son siège est à Strasbourg. Il donne son avis sur les projets de loi et vote le budget de l'Union.

Au-delà du lieu, le terme parlement désigne le siège du pouvoir législatif, c'est-à-dire du ou des organes qui élaborent, discutent et votent les lois. Suivant les pays et les constitutions en vigueur, le parlement est constitué d'une ou plusieurs assemblées.

LE SYSTÈME MONOCAMÉRAL OU BICAMÉRAL

Dans les systèmes monocaméraux (une seule chambre), les députés, réunis en assemblées nationales, votent seuls la loi. Dans les systèmes bicaméraux (deux chambres), beaucoup plus fréquents, deux assemblées, issues du suffrage universel et siégeant séparément, votent les lois en apportant chacune leurs modifications au projet de loi d'origine. Ainsi, en France, les lois sont élaborées par l'Assemblée nationale et le Sénat. Ces deux chambres forment ce que l'on appelle le Parlement. Il en est de même en Grande-Bretagne (où les lois sont votées par la Chambre des communes et la Chambre des Lords), en Allemagne (Bundestag et Bundesrat), aux États-Unis (Chambre des représentants et Sénat)... Les députés et les sénateurs français sont des élus du peuple. Toutefois, les députés sont élus au suffrage universel direct

alors que les sénateurs sont élus au suffrage indirect (collège de grands électeurs).

PARLEMENT OU GOUVERNEMENT

Les pouvoirs respectifs des parlements et des gouvernements sont définis par les constitutions.
Traditionnellement, le Parlement discute et vote les lois qui lui sont soumises par l'exécutif. Il propose des lois ou amende les projets qui lui sont présentés et ratifie les traités que le pouvoir exécutif a signés avec des puissances étrangères. Sa décision la plus significative est, chaque année, le vote du budget de la nation. Le Parlement a également un rôle de contrôle du pouvoir exécutif. L'Assemblée nationale peut voter des motions de censure pour renverser le gouvernement si elle considère qu'il ne gère pas le pays comme elle le souhaite. De même, le président de la République peut dissoudre l'Assemblée nationale lorsqu'il estime que l'opinion publique a évolué et que les élus du peuple ne sont plus représentatifs de la volonté populaire à un moment donné.

LE CONGRÈS

En France, les deux chambres d Parlement, l'Assemblée nationale et l Sénat, se réunissent en congrès Versailles pour prendre des décision particulièrement importantes telle que, par exemple, la révision de l Constitution. Aux États-Unis, le term Congrès désigne l'ensemble des deu assemblées : Chambre des représen tants et Sénat.

patrimoine

C'est un bien que l'on tient de ses ascendants et que l'on souhaite pouvoir laisser à sa descendance. Le patrimoine peut être familial, national ou même mondial.

Voir aussi : ONU

Le patrimoine mondial est constitué de monuments, de villes anciennes, mais aussi de jardins ou de sites naturels. Une Convention du patrimoine mondial a été créée par l'Unesco en 1972. Elle est chargée de répertorier et de protéger ces trésors de l'humanité. Une mission où il est difficile de contenter tout le monde…

UNE SÉLECTION DRACONIENNE

Les pays proposent des sites à la Convention du patrimoine mondial, qui est libre d'accepter ou non. Ils mettent en avant des monuments qui glorifient leur histoire nationale. Pour figurer sur la liste, il faut présenter un intérêt unique. Même si la Convention récupère 1 % de la contribution des pays membres à l'Unesco, elle n'a pas réellement les moyens d'aider les États à entretenir les sites et se contente le plus souvent de former des experts et d'envoyer du matériel. L'inscription est donc surtout honorifique.

UN PATRIMOINE MENACÉ

La Convention a établi une liste rouge des sites en danger. Mais figurer sur cette liste n'est pas synonyme de sauvegarde : c'est ainsi que la vieille ville de Dubrovnik, en Croatie, a été détruite à 40 % par les Serbes en 1991.

Les menaces sont multiples : entre les ravages du temps, la pollution, les guerres et les pillages, on a quelques raisons de s'inquiéter pour l'avenir de ces joyaux de l'humanité. L'invasion des visiteurs et les aménagements touristiques sont également un danger pour la conservation du patrimoine.

LES DERNIÈRES INSCRIPTIONS

Le 5 décembre 1996, la commission intergouvernementale de l'Unesco a inscrit au patrimoine mondial le dôme d'Hiroshima (Genkaku) et le Canal du midi.

Ainsi, le Canal du midi rejoint d'autres sites français comme le Mont-Saint-Michel, le pont du Gard, le palais de Versailles et les grandes cathédrales gothiques.

• **471 sites de 105 pays des cinq continents font partie du patrimoine mondial.**
• **5,5 millions de personnes visitent la tour Eiffel chaque année.**
• **Le sauvetage d'Assouan a coûté 35 millions de dollars à la communauté internationale.**

UN SAUVETAGE EXTRAORDINAIRE

Des temples comme ceux d'Abou Simbel et de Philae ont été sauvés des eaux grâce à un programme financé par l'Égypte, les États-Unis et l'Unesco. Le chantier dura trois ans, de 1963 à 1966. Les 1 036 blocs de pierre constituant Abou Simbel furent découpés à la tronçonneuse, numérotés, transportés, puis remontés sur une falaise artificielle à l'identique et selon leur orientation initiale.

pays en voie
de développement

*Le terme « pays en voie de développement »
désigne les nations les plus pauvres de la planète. Leurs économies ont un point commun :
elles ne produisent pas assez de richesses pour
subvenir aux besoins élémentaires de leur
population.*

Voir aussi : dialogue Nord-Sud, ONG, ONU

• **Les 20 % de la popu-
lation mondiale les
plus riches disposent
de 80 % du revenu
mondial, tandis que les
20 % les plus pauvres
se partagent 1 % du
revenu mondial.**
• **Dans les pays les
plus pauvres, on vit
en moyenne jusqu'à
48 ans, dans les pays
les plus riches, jusqu'à
73 ans.**

Environ 130 États, sur les 192 que
compte la planète, sont considérés
comme des pays en voie de développement. L'industrie y est très peu
développée. La population est mal
nourrie, mal logée, et souffre de l'absence de soins et d'hygiène. L'éducation
est réservée aux plus riches.

Une agriculture insuffisante
Les pays en voie de développement
(PVD) ne possèdent ni les industries
ni les technologies qui permettent
de fabriquer des produits élaborés.
Leurs ressources proviennent, pour
l'essentiel, de la vente de produits
bruts : les matières premières.
La Bolivie produit de l'étain, la
Côte-d'Ivoire du cacao, la Zambie
du cuivre, l'Égypte du coton…
Depuis les années 60, le prix de la
plupart de ces matières premières a
fortement baissé, aggravant encore
la situation de ces pays.
L'agriculture reste la principale activité des pays en voie de développement. Pourtant elle ne suffit pas à
les nourrir. Les terres sont souvent
consacrées à une seule culture destinée à l'exportation : le thé, le café
ou le tabac. Les PVD doivent donc
acheter des denrées alimentaires
aux pays riches pour nourrir leur
population.

Un développement à 2 vitesses
Les 47 pays les plus pauvres du
tiers-monde sont appelés les « pays
les moins avancés ». Dans les PMA,
situés pour la plupart en Afrique
noire, le niveau de vie des habitants
a baissé de 20 % de 1980 à 1990.
En revanche, en Asie, quatre pays
ont réussi leur développement :
Taiwan, la Corée du Sud, Hong
Kong et Singapour. Désignés sous le
nom de « dragons », ces pays sont
aujourd'hui capables de construire
leurs propres machines, mais aussi
des aciers de haute qualité, des
ordinateurs, des vêtements de
luxe… L'Indonésie, la Malaisie et la
Thaïlande tentent de suivre cet
exemple.

AIDES PUBLIQUES ET PRIVÉES

Par l'intermédiaire des organismes de
l'ONU en particulier, les États les
plus riches aident les PVD. En parallèle, plus de 5 000 organisations privées prennent en charge une grosse
partie de l'aide humanitaire. La force
de ces ONG réside dans leur rapidité
d'intervention. Elles font appel à la
générosité des habitants des pays
riches en organisant des campagnes
médiatiques.

UN CONCERT CONTRE LA FAIM

Band Aid, le « concert du siècle contre la faim », a été le premier geste public donné par des artistes pour une cause humanitaire. Le 13 juillet 1985, dans le stade de Wembley à Londres, Bob Geldof (organisateur, en 1969, du fameux concert de Woodstock) regroupe une dizaine de stars de variétés internationales pour un concert retransmis dans 140 pays. Band Aid permit de rassembler 100 millions de dollars pour lutter contre la famine en Éthiopie.

• **L'Afrique subsaharienne, qui compte 520 millions d'habitants, soit 10 % de la population mondiale, ne représente que 2 % du PIB et 1,7 % des exportations.**
• **6 pays d'Afrique se partagent le triste record du taux d'alphabétisation le plus faible de la planète : dans ces pays, moins de 25 % de la population sait lire et écrire.**

LE PIÈGE DE LA DETTE

Pour se doter d'industries compétitives, les pays en voie de développement ont emprunté de l'argent aux pays riches. Incapables de rembourser, ils se sont retrouvés dans le cercle vicieux de l'endettement : plus un pays est pauvre, plus il tarde à rembourser, plus sa dette augmente, puisque chaque mois les intérêts s'ajoutent à celle-ci. Devant ces difficultés, les pays riches peuvent décider d'effacer une partie des dettes ou de rééchelonner celles-ci, c'est-à-dire de différer le remboursement. La Pologne, l'Égypte et le Nicaragua ont ainsi obtenu des réductions de 50 %.

L'AIDE AUX PAYS EN VOIE DE DÉVELOPPEMENT

Dans les années 60, les pays riches se sont engagés à transférer chaque année 1 % de leur produit national brut vers les pays en voie de développement. Le Japon, les États-Unis, la Suède, le Danemark et la Norvège sont les pays qui consacrent le plus d'argent aux pays en voie de développement.

pays
non-alignés

Pendant la guerre froide, de nombreux pays refusent de s'engager dans la rivalité Est-Ouest, qui oppose l'URSS et les États-Unis. Le mouvement des pays non-alignés naît de ce refus, en 1955, à la conférence de Bandung en Indonésie.

Voir aussi : G7, ONU, pays en voie de développement

- **En 1955, les 29 pays non-alignés réunis à Bandung représentent 55 % de la population de la planète. Mais ils ne disposent que de 8 % de ses richesses.**
- **En 1996, les pays non-alignés sont au nombre de 108.**

- **Léopold Sédar Senghor, le président du Sénégal indépendant, dit de la conférence de Bandung : « C'est la mort du complexe d'infériorité des peuples de couleur. »**

La conférence de Bandung pose les grands principes du neutralisme : les non-alignés refusent de calquer leur politique sur celle des États-Unis ou de l'URSS, ils condamnent le système des « blocs », le colonialisme et affirment leur droit à l'autodétermination et au développement. Ils deviennent ainsi le porte-parole des pays du tiers-monde.

UN TROISIÈME BLOC ?

Créé par l'Indien Nehru, l'Égyptien Nasser et le Yougoslave Tito, le mouvement des non-alignés s'élargit rapidement aux pays africains décolonisés et aux nations en voie de développement d'Amérique latine.

C'est au cours de la conférence de Belgrade de 1961 que les critères du non-alignement ont été définis. Cette conférence marque la naissance officielle du mouvement.

Les chefs d'État se réunissent régulièrement et adoptent des résolutions. À partir des années 60, leur influence grandit de façon spectaculaire au sein de l'ONU.

Mais le neutralisme est une position difficile à tenir. Le mouvement est divisé entre les pays qui penchent à l'Est, comme l'Égypte, et ceux qui penchent à l'Ouest, comme le Pakistan.

Par ailleurs, trop de pays non-alignés violent de façon délibérée les grands principes énoncés à Bandung (respect des droits de l'homme, égalité entre tous les peuples, refus de recourir à la force, non-ingérence dans les affaires d'un pays voisin…).

En fait, les non-alignés ne forment pas un « troisième bloc » mais un groupe uni par des intérêts économiques et un passé de peuples colonisés.

> **"Ils deviennent ainsi le porte-parole des pays du tiers-monde"**

DE NOUVELLES REVENDICATIONS

Depuis l'effondrement du bloc communiste en 1989-1990, le non-alignement a perdu de sa pertinence. Les revendications ont changé.

Au sein de l'ONU, les pays non-alignés s'opposent désormais à l'entrée de l'Allemagne et du Japon au Conseil de sécurité. Ils craignent que les Nations unies ne deviennent une annexe du G7 et revendiquent une place au Conseil de sécurité.

peine
de mort

Un pays sur deux dans le monde prononce des condamnations à la peine capitale. Depuis son abolition fin 1995 en Espagne et en Belgique, la peine de mort n'existe plus dans aucun pays de l'Union européenne. En revanche, le nombre de condamnations prononcées et d'exécutions réalisées est en très forte hausse en Chine et aux États-Unis. L'État de New York a rétabli la peine de mort en 1995.

La peine de mort est une condamnation à l'exécution capitale prononcée à l'issue d'un procès. Elle est pratiquée sous différentes formes. De nombreuses associations réclament son abolition.

Voir aussi : droits de l'homme

LES COULOIRS DE LA MORT SE REMPLISSENT

56 personnes, un nombre record, ont été exécutées aux États-Unis en 1995. Ce chiffre devait être doublé en 1996 et 3 500 condamnés attendent leur exécution dans les prisons. Ils sont regroupés dans des unités spéciales appelées « couloirs de la mort ». Les États du Sud sont ceux où l'on exécute le plus. En Alabama, depuis peu de temps, les condamnés à mort sont enchaînés les uns aux autres. 98 % des détenus sont des hommes et la moitié sont noirs. Il existe plusieurs modes d'exécution aux États-Unis : l'injection d'un produit mortel, l'électrocution, la chambre à gaz, la pendaison et le peloton d'exécution. Les Églises américaines condamnent avec fermeté ce retour en force de la peine de mort dans leur pays, approuvé cependant par la majorité de l'opinion publique.

DES CHIFFRES EN HAUSSE

Au printemps 1996, la Chine a lancé une grande campagne pour lutter contre le vol, la délinquance et la criminalité. Des milliers de personnes ont été arrêtées et des centaines exécutées, jusqu'à plusieurs dizaines par semaine. Généralement, les condamnés sont fusillés et les frais de l'exécution sont facturés à leur famille. En Arabie Saoudite aussi, le nombre d'exécutions a considérablement augmenté. Dans ce pays, les accusés qui risquent la peine de mort n'ont pas le droit d'être assistés par un avocat pendant leur procès. Dans leur grande majorité, les condamnés sont décapités au sabre en public.

Combien ?

En 1995, selon l'organisation Amnesty International :
• 4 165 personnes ont été condamnées à mort dans 79 pays.
• 2 931 personnes au moins ont été exécutées dans 41 pays.
• En Arabie Saoudite, au moins 192 personnes, dont 7 femmes, ont été exécutées.

Quand ?

• En France, la dernière exécution eut lieu en 1977. La peine de mort a été abolie par la loi du 9 octobre 1981.

CE QUE JE FAIS-LÀ...

IL Y EN A PAS BEAUCOUP QUI LE FERAIENT

pensée
unique

Pensée dominante en économie, défendue par les gouvernements de presque tous les pays d'Europe, et qui a pour but de lutter contre la crise grâce à une reprise de la croissance.

• **Milton Friedman.** Cet économiste américain, prix Nobel d'économie en 1976, est l'un des pères de la pensée unique. Grand défenseur du libéralisme, il prône avant tout le contrôle du volume de la monnaie. D'après lui, son expansion modérée et régulière est le meilleur soutien à la croissance.

• **Jean-François Kahn.** Journaliste français, il a dénoncé la pensée unique qui, selon lui, ne s'appliquerait plus seulement à l'économie. L'opinion serait ainsi « formée » par une poignée de décideurs-penseurs, qui nous dicteraient la seule façon de penser possible dans tous les domaines.

Après les années de prospérité que l'on a appelées les trente glorieuses (1945-1974), les deux chocs pétroliers de 1974 et 1979 ont marqué le retour du monde dans la crise. Est alors apparue une idéologie libérale qui, malgré ses promesses, n'a pas permis de résoudre les grands problèmes actuels. Elle pourrait se résumer en un mot : rigueur !

DES PRINCIPES RIGIDES

C'est dans les années 80 que la pensée unique a commencé à s'imposer, en Europe surtout, désireuse de se constituer en communauté économique forte. Cette idéologie s'articule autour de quelques grands principes : moins d'intervention de l'État et donc privatisation des grandes entreprises, lutte contre l'inflation, baisse des taux d'intérêt, réduction des déficits publics, baisse des impôts, allégement des contraintes pour les entreprises afin de faciliter la création d'emplois. Dans la pensée unique, l'économie prime sur le politique : c'est le marché, la concurrence qui régulent l'économie, et non les États.

QUELLE ALTERNATIVE POSSIBLE ?

Certains gouvernements ont essayé de sortir de la pensée unique, mais ils se sont heurtés à une réalité incontournable : la création de la monnaie unique européenne en 1999. Pour y parvenir, chaque pays doit donc combattre l'inflation et s'aligner sur la monnaie la plus forte. Malgré les promesses, cette politique n'a pas réussi, pour l'instant, à enrayer la crise. Mais après l'échec des autres idéologies et en l'absence de toute alternative, elle apparaît comme la seule voie possible actuellement.

piratage

Le piratage consiste à voler une production intellectuelle en la reproduisant sans payer de droits. Le piratage informatique consiste à copier un logiciel ou des données sans autorisation et à s'introduire illégalement dans un ordinateur.

Voir aussi : Internet, puce, virus

"...le piratage est aujourd'hui puni de peines de prison ferme"

Un logiciel installé sur deux serait un logiciel piraté. De nombreuses sociétés sont victimes de fraudes sur leurs ordinateurs. Le piratage informatique coûte chaque année des milliards de dollars aux entreprises.

CONTREFAÇON DE LOGICIEL

Il est facile de copier un logiciel informatique. L'opération est la même que pour réaliser une copie de sauvegarde. Tels des verrous sur les portes, les systèmes de protection les plus sophistiqués ne sont jamais efficaces à 100 %. En raison de cette simplicité, de nombreux utilisateurs d'informatique, amateurs ou professionnels, n'hésitent pas à pirater des logiciels plutôt que de les acquérir légalement. Cette pratique marque un mépris pour les auteurs et représente un manque à gagner pour les éditeurs de programmes. Après avoir longtemps bénéficié d'un flou juridique, le piratage est aujourd'hui puni de peines de prison ferme.

« CYBERDÉLINQUANCE »

Le piratage consiste également à s'introduire illégalement dans un ordinateur ou un réseau informatique pour copier ou bouleverser des données, introduire des virus ou même détourner de l'argent. Cette nouvelle forme de délinquance, pratiquée par les « hackers » (bidouilleurs) et les « crackers » (pirates), est appelée « cyberdélinquance ». Elle augmente avec le développement d'Internet qui permet de frauder à distance. Le clavier et la souris ont remplacé le pied-de-biche des cambrioleurs d'antan ! Les entreprises victimes de ces intrusions hésitent souvent à porter plainte par peur d'une mauvaise publicité.

C'est pour parer aux piratages informatiques que le Français Roland Moreno a inventé la carte à puce en 1975. Il lui faudra plus de dix ans pour convaincre les banquiers et les financiers de l'intérêt de son invention.

Combien ?

- **160 000 intrusions**, chaque année, dans les ordinateurs du Pentagone (Défense américaine). Les attaques émanent de jeunes bidouilleurs, d'anarchistes ou d'agents étrangers, quand ce n'est pas une combinaison des trois.
- **Coût de la fraude informatique à l'industrie mondiale du logiciel : 13 milliards de dollars par an.**
- **87 000 emplois** pourraient être créés en Europe si le taux de piratage était réduit de moitié.
- **2 ans de prison ferme et 1 million de francs d'amende :** c'est ce que risque, en France, un pirate de logiciel selon la loi du 5 février 1994.

plan social

Un plan social est mis en place par une entreprise en difficulté qui souhaite recourir à une opération de licenciement collectif. Le but est de limiter les mises à pied et de favoriser le reclassement des salariés.

Voir aussi : chômage, licenciement, mondialisation, retraite

• **Aux États-Unis, la firme de télécommunication ATT a licencié 40 000 personnes en janvier 1996.**
• **En cas de difficultés, les entreprises allemandes ont, davantage que leurs homologues françaises, tendance à sauver l'emploi quitte à sacrifier la productivité et les investissements.**

Dans les entreprises employant au moins 50 salariés et connaissant des difficultés, l'employeur doit établir un plan social comprenant les mesures qui doivent permettre de limiter le nombre de licenciements : conventions de conversion, propositions de reclassement, création d'activités nouvelles, mesures de réduction ou d'aménagement du temps de travail. Ce plan social est soumis aux salariés (le plus souvent par le biais du comité d'entreprise) et à l'administration (Direction départementale du travail). L'absence, ou l'insuffisance, de plan social peut entraîner l'annulation de la procédure de licenciement.

UN TRAUMATISME INÉVITABLE

Les plans sociaux concernent généralement un nombre important de salariés. Les personnes licenciées sont bien sûr les premières victimes, mais elles ne sont pas les seules. Certaines villes ou régions souffrent des plans sociaux ; ainsi, au début des années 80, le nord et l'est de la France furent bouleversés par la disparition de leurs secteurs traditionnels d'activité (mines, sidérurgie, textile…). Quand la moitié des salariés d'une ville perdent leur emploi, c'est l'aménagement du territoire qui est mis à mal.

Dans l'entreprise elle-même, les employés qui restent perdent un peu de confiance envers leur employeur.

L'ENTREPRISE CITOYENNE

On reproche beaucoup aux entreprises de licencier dès que leur situation se dégrade, sans vraiment chercher de solution alternative. Les patrons répondent que le but d'une société est de produire des valeurs et non pas de créer des emplois. Les entreprises qui consentent à des sacrifices pour sauver l'emploi sont appelées « entreprises citoyennes ».

MOULINEX : UN C.E. MOUVEMENTÉ

Le 18 juin 1996, la direction de Moulinex, grande marque française d'électroménager, présente au comité central d'entreprise un plan social détaillant, site par site, les 2 100 suppressions d'emploi prévues (objectif : zéro licenciement). Tout l'arsenal disponible des mesures sociales est déployé : départs en préretraite, aménagement du temps de travail, reclassements, mobilité, etc. Des délocalisations sont prévues au Mexique, en Irlande, et des sites entiers seront fermés à Mamers et à Argentan (Orne).

Les PME/PMI forment un groupe très hétérogène : de l'entreprise unipersonnelle à la PMI de 500 salariés, leur situation est bien entendu très différente.

Par leur taille, les PME/PMI sont réputées plus fragiles que les grandes entreprises. Elles représentent au moins 95 % des entreprises dans le monde et occupent donc une place très importante.

GRANDEUR
ET SERVITUDE DES PME

Les petites entreprises sont, par définition, plus souples que les grandes multinationales. Elles peuvent réagir rapidement aux changements du marché. Mais elles sont moins solides. Elles ont peu d'argent en réserve, ce qui les rend vulnérables dès qu'un client tarde à payer : 50 % des PME françaises disparaissent dans les trois ans qui suivent leur création.

De plus, si elles veulent emprunter de l'argent auprès des banques, elles le font souvent à des conditions moins avantageuses que les grandes entreprises.

Les PME (petites et moyennes entreprises) sont des entreprises qui emploient moins de 500 personnes. Les PMI sont leur équivalent dans l'industrie (petites et moyennes industries).

DAVID FACE À GOLIATH

Les petits commerces, qui sont des PME, ont le plus grand mal à résister à la concurrence des grandes surfaces (50 % des commerces parisiens de détail ont disparu en dix ans). Les PME exportent moins que les grandes entreprises, dont elles assurent souvent la sous-traitance.

LA BATAILLE DE L'EMPLOI

54 % des effectifs industriels européens travaillent dans des entreprises de moins de 500 salariés. Dans ces « petites entreprises » où chacun se connaît, on hésite à licencier. En 1994, malgré une croissance inférieure à celle des grandes entreprises, les PME/PMI ont moins réduit leur personnel.

• **En Italie, les PME représentent une part très importante du tissu industriel (64 % des effectifs, 60 % du chiffre d'affaires).**
• **98 % des entreprises japonaises emploient moins de 500 salariés.**
• **En Allemagne ou au Japon, les petites entreprises sont deux fois plus aidées que les grandes.**

• **En France, les PME représentent 65 % des effectifs salariés (dont plus de la moitié dans des entreprises de moins de 50 salariés).**

politiquement
correct

D'origine américaine, le mouvement « politiquement correct » s'est donné pour mission de chasser du vocabulaire tous les mots jugés offensants pour certaines catégories de la population.

Voir aussi : harcèlement

Quand on est politiquement correct, on ne parle pas des Indiens, mais des « Américains de souche ». Ce mouvement de moralisation du langage a été introduit aux États-Unis dans les années 60 par des universitaires et des partis de gauche. Le principe était de défendre minorités et opprimés en rectifiant les préjugés de langage et de culture de l'homme blanc.

L'AMÉRIQUE EST « PC »

Les premiers bénéficiaires du PC (on prononce « pici », pour *politically correct* en anglais) ont été les Afro-Américains (ex-Noirs) et les Américains de souche (ex-Indiens) qui étaient les deux grands sujets sensibles du pays. Vinrent ensuite les femmes, à l'initiative des groupes féministes, puis les groupes ethniques, les homosexuels et les handicapés. Au début des années 80, le phénomène a pris une ampleur incroyable dans toute l'Amérique du Nord : sous la pression du public, écoles, universités et entreprises soutiennent le mouvement, la presse et les maisons d'édition pèsent soigneusement leurs termes et les administrations établissent des listes de mots officiellement « corrects ».

"Le projet initial de défense des minorités opprimées n'a-t-il pas dévié vers une autre forme d'intolérance ?"

HISTOIRE DE BUFFLES...

Une nuit d'été, un étudiant de l'université de Pennsylvanie, né en Israël, n'arrivait pas à dormir, un groupe de femmes faisant du chahut sous les fenêtres de son dortoir. Exaspéré, il finit par les traiter de « bufflesses », traduction littérale du mot hébreu « behema », utilisé couramment en Israël pour gronder les enfants. Le hic, c'est que ces femmes étaient noires et se plaignirent d'avoir reçu des injures racistes. L'université finit par proposer un compromis : les poursuites contre l'étudiant seraient levées à condition qu'il accepte de reconnaître sa faute et d'être rééduqué au cours d'un « programme pour vivre dans un environnement comprenant diverses communautés ».

EUROPE DU NORD, EUROPE DU SUD

Depuis quelques années, le politiquement correct a fait une apparition remarquée en Europe. Le phénomène est beaucoup plus sensible dans l'Europe du Nord, au Royaume-Uni ou en Scandinavie, que dans les pays latins comme la France, l'Italie et l'Espagne. Mais ce nouveau langage a gagné petit à petit tous les textes officiels.

UNE NOUVELLE CHASSE AUX SORCIÈRES

Un débat de fond s'est instauré depuis quelque temps sur les dérapages possibles du politiquement correct. Le projet initial de défense des minorités opprimées n'a-t-il pas dévié vers une autre forme d'intolérance ? Aux États-Unis, ce thème ultrasensible, qui donne lieu à des affrontements incessants entre partis politiques, finit par paralyser certaines institutions comme l'école ou l'université. Une véritable chasse aux sorcières s'est ouverte sur les campus, où des professeurs sont renvoyés pour propos jugés racistes ou sexistes.

PETIT LEXIQUE DU POLITIQUEMENT CORRECT

On ne dit plus :
• Indien, mais « Américain de souche » ;
• Esquimau, mais « Inuit » ;
• Latino-Américain, mais « Hispanique » ;
• secrétaire, mais « assistante » ;
• balayeur, mais « technicien de surface » ;
• bonne à tout faire, mais « employée de maison » ;
• sourd, mais « malentendant » ;
• gros, mais « personne possédant une image corporelle alternative ».

L'EUROPE ET LE POLITIQUEMENT CORRECT

Avant le traité de Maastricht, le mot « convergence » était largement utilisé dans tous les documents émanant de la Communauté européenne. Il désignait très clairement les efforts que chaque pays aurait à faire pour se rapprocher de ses partenaires communautaires. Au moment de la rédaction du traité, ce terme fut brutalement chassé de tous les textes officiels au profit du mot « harmonisation » considéré comme plus positif, car moins évocateur de sacrifices, d'efforts et de renoncements.

pollution

La pollution désigne l'introduction dans un milieu (air, eau ou sol) d'une substance physique, chimique ou biologique qui entraîne une dégradation ou une destruction de ce milieu.

Voir aussi : couche d'ozone, déchets, écosystème, nappe phréatique

Les pluies acides naissent de l'oxydation de deux polluants : le dioxyde de soufre et les oxydes d'azote rejetés par la combustion du pétrole ou du charbon. Ces polluants se transforment alors en acides nitriques ou sulfuriques qui retombent avec les précipitations et attaquent la végétation.

Les polluants peuvent être liquides, solides ou gazeux. La gravité d'une pollution dépend de la quantité des substances rejetées. Cette pollution peut être accidentelle ou quotidienne.

L'AIR POLLUÉ

Plus de 6 milliards de tonnes de gaz carbonique (CO_2) sont rejetées chaque année dans l'atmosphère. Le CO_2 provient de la combustion du charbon, du gaz naturel et du pétrole destinés à la production d'énergie. D'autres substances contenues dans les bombes aérosols ont été interdites (ce sont les CFC) car elles attaquent la couche d'ozone qui protège la Terre contre les rayons du soleil les plus nocifs.

La concentration de polluants dans l'air provoque également une pollution immédiate. C'est le cas des pluies acides, qui contribuent au dépérissement des forêts, ou de la circulation automobile soupçonnée d'avoir des effets sur la santé.

Afin d'enrayer le phénomène, l'Europe a rendu le pot catalytique obligatoire sur les véhicules neufs afin de limiter les quantités de gaz rejetés.

L'EAU DOUCE EN DANGER

Une substance peut n'être polluante qu'à forte dose. C'est le cas des nitrates présents naturellement dans les sols et dans l'eau. Les nitrates sont nécessaires à la vie car ce sont des engrais. Mais les quantités rejetées dans les cours d'eau par les égouts, les déjections des élevages de porcs ou de volailles, ou encore les engrais utilisés dans l'agriculture provoquent des alertes régulières à la pollution de l'eau du robinet.

Avec les nitrates, les phosphates sont également responsables de l'eutrophisation des milieux aquatiques, c'est-à-dire qu'ils nourrissent exagérément la végétation et provoquent un développement anarchique d'algues qui finissent par mourir. En pourrissant, ces végé-

PLEIN LES YEUX ET LES OREILLES

La pollution peut également être sonore ou visuelle. Le bruit est l'un des fléaux les plus insupportables dénoncés par les habitants des grandes villes. En France, on estime que six millions de personnes vivent dans des zones où le bruit est supérieur aux limites acceptables. Les paysages sont aussi des espaces menacés par le béton des grandes villes, la multiplication des panneaux publicitaires et le bitume des voies routières.

Produits polluants déversés par an dans la mer du Nord :
- **30 000 tonnes d'hydrocarbures ;**
- **77 millions de tonnes de boues ;**
- **100 000 tonnes de sous-produits de l'industrie chimique ;**
- **1,5 million de tonnes d'azote ;**
- **100 000 tonnes de phosphore.**

taux consomment l'oxygène de l'eau et entraînent la mort par asphyxie des poissons. Les phosphates étaient utilisés dans les lessives comme agents anticalcaire. Malgré leur interdiction, certains détergents en contiennent encore.

Les eaux souterraines sont également contaminées par les retombées atmosphériques de poussières et de gaz qui peuvent s'infiltrer dans le sol.

Les déchets polluants produits par les sites industriels atteignent non seulement l'eau, mais aussi le sol et le sous-sol.

MARÉES NOIRES ET BALEINES

L'ampleur d'une pollution dépend également du milieu dans lequel elle est rejetée. Les océans ont été pendant longtemps considérés comme des puits sans fond à l'abri de toute menace. Mais ils sont au bord de l'indigestion. Les scientifiques ont retrouvé des traces de métaux lourds dans des analyses de peau de cétacés, baleines et dauphins. C'est la preuve que la pollution ne disparaît pas.

Les océans sont le théâtre de pollutions spectaculaires : les marées noires. Très médiatisés, ces accidents sont pourtant moins nocifs que les millions de tonnes rejetées chaque année dans les océans par les industries et les réseaux d'égouts des agglomérations. Les baigneurs connaissent cette pollution au goudron qui tache les serviettes et les maillots de bain, ou encore les rejets d'égouts qui entraînent une interdiction de se baigner pour cause de pollution microbienne.

préservatif

Adjectif devenu nom commun désignant un dispositif en caoutchouc destiné à se protéger soit d'une maladie, soit d'une grossesse. Il existe des préservatifs masculins (appelés condom ou capote) et des préservatifs féminins (diaphragme).

Voir aussi : MST, sida

NF signifie « norme française », un sigle obligatoire pour prouver que les préservatifs sont conformes à des normes de qualité et de sécurité très strictes.

Aujourd'hui, lorsqu'on parle de préservatif, on fait référence à la capote anglaise. Cette gaine de caoutchouc que l'on applique sur le pénis en érection apparaît comme le seul moyen efficace de se protéger du sida.

LA SEULE PROTECTION FIABLE

Dans les années 50, avant l'apparition de la contraception féminine, le préservatif était employé pour éviter tout risque de grossesse. Avec la libération sexuelle et l'apparition de la pilule, il semblait tombé en désuétude, avant que le sida ne le remette tristement au goût du jour : on ne répétera jamais assez que, en cas de rapport sexuel avec un partenaire dont la séronégativité n'est pas prouvée, il est la seule protection actuellement fiable pour écarter tout risque de contamination. Il est donc indispensable de l'utiliser avant que les deux partenaires n'aient fait un test de dépistage.

LA CHASSE AUX IDÉES FAUSSES

Malgré toutes les campagnes de prévention et d'information sur le sida et pour l'usage du préservatif, il semble qu'il y ait encore quelques réticents inconscients. Un Français sur quatre seulement l'utilise. En Grande-Bretagne, environ 40 % des couples l'ont adopté, au Canada 50 % et au Japon 70 %.

Certains prétendent qu'il tue l'amour et le plaisir, qu'il est difficile à mettre, qu'il est signe de méfiance envers le partenaire. Autant d'idées fausses contre lesquelles il faut lutter. Le préservatif n'empêche ni l'amour ni le plaisir, il est facile d'emploi et il est le signe, au contraire, d'un grand respect pour son (sa) partenaire et pour soi-même. Faut-il encore d'autres arguments pour convaincre de la nécessité de mettre un préservatif ? Il permet de se protéger de toutes les MST (maladies sexuellement transmissibles) et c'est un contraceptif qui dispense de prendre la pilule.

prime time

Selon les pays, le prime time s'étale entre 18 et 22 h. En France, on le situe entre 20 h 30 et 22 h, en Grande-Bretagne, entre 19 et 21 h.

C'est en prime time que s'exerce avec le plus de force la pression publicitaire. À grand renfort de spots, les chaînes se livrent une guerre sans merci pour séduire le public le plus large et engranger le maximum de recettes.

UNE CONCURRENCE EFFRÉNÉE

Les chaînes se battent pour acquérir les droits des meilleurs programmes auprès des producteurs. Un réseau puissant peut très bien acheter les droits de diffusion de certaines séries génératrices d'audience sans pour autant les diffuser, seulement pour « assécher le marché » et éviter leur présence sur une autre chaîne. Autre technique habituelle de la concurrence : annoncer un

Terme anglais utilisé dans le monde entier pour désigner le moment où le plus grand nombre de téléspectateurs sont assis face à leur poste de télévision.

Voir aussi : Audimat, JT, publicité, télévision

film « leurre », de peu d'intérêt, et au dernier moment, programmer un film beaucoup plus accrocheur.

L'ENVOLÉE DES PRIX

Diffuser certains sports est à la fois un enjeu d'audience et un enjeu d'image. À chaque négociation, les prix montent de façon spectaculaire. Image et audience sont également liées aux animateurs stars, ce qui leur permet de négocier des contrats exorbitants. Il y a quelques années, les meilleurs programmes de prime time, à côté du sport, étaient les films et les variétés. Aujourd'hui, le succès est souvent assuré avec des séries et téléfilms produits nationalement.

D'après le magazine américain *Forbes* :
• **Ophra Winfrey** est l'animatrice de talk show la plus riche des **États-Unis.** Sa fortune est évaluée à **1,7 milliard de francs.**
• **David Letterman,** qui anime un show sur **CBS,** a gagné 150 millions de francs en 1994.

privatisation

Vente d'une entreprise publique (nationale) à des acheteurs privés, pour des motifs politiques ou économiques. On parle aussi de dénationalisation.

Voir aussi : nationalisation

• **Selon un rapport officiel, portant sur dix entreprises nationalisées en 1982 et privatisées en 1986-1988, l'État a été globalement gagnant : il a investi 31,7 milliards de francs dans leur nationalisation et a récupéré 54,2 milliards (vente des entreprises et dividendes versés, auparavant, par celles qui étaient bénéficiaires).**
• **Entre 1986 et 1988, l'État a encaissé 67 milliards lors d'opérations de privatisation (Saint-Gobain, Paribas, TF1...). En 1993 : 44 milliards (BNP, Rhône-Poulenc...). En 1994 : 27 milliards (Elf Aquitaine, UAP...). En 1995 : 20 milliards (Seita, Usinor-Sacilor, Péchiney...).**
• **En 1995, 45 pays ont privatisé des sociétés.**

Les privatisations ont démarré en Grande-Bretagne au début des années 80, sous l'impulsion du Premier ministre conservateur, Margaret Thatcher. Le mouvement s'est ensuite propagé, en s'adaptant aux situations locales. En Europe de l'Est, il a suivi la chute des régimes communistes.

Dans les pays en voie de développement, certaines privatisations ont été imposées par les institutions internationales (Banque mondiale, etc.) en échange de leur aide.

LE POIDS DE LA CRISE ÉCONOMIQUE

Deux motifs peuvent pousser un gouvernement à privatiser. Le premier est idéologique : selon les libéraux, les entrepreneurs privés sont, par nature, meilleurs gestionnaires que l'État, qui doit intervenir le moins possible. C'est l'argument brandi par Margaret Thatcher en Grande-Bretagne pour dénationaliser à tour de bras. Avec un résultat mitigé. La privatisation des chemins de fer a désorganisé le réseau et celle de la distribution de l'eau s'est traduite par une forte hausse des prix pour le consommateur anglais... et une nette augmentation des profits des entreprises concernées.

Le second motif est budgétaire : vendre des entreprises permet à l'État de récupérer de l'argent tout en faisant des économies, puisqu'il n'a plus à renflouer des sociétés souvent déficitaires. Avec l'aggravation de la crise économique, cette motivation strictement financière a pris le pas sur les autres, notamment en France.

L'EXEMPLE FRANÇAIS

Les privatisations démarrent en France avec le retour de la droite au pouvoir, en 1986 (gouvernement Chirac). Il s'agit d'abord de marquer une rupture avec la politique de nationalisations menée par les socialistes en 1981-82, mais aussi de remplir les caisses de l'État. Les deux tiers des recettes des privatisations serviront ainsi à rembourser la dette de l'État, le reste étant consacré aux entreprises demeurées dans le secteur public. La deuxième vague de dénationalisations, lancée en 1993 (gouvernement Balladur), répond aux mêmes préoccupations.

Aujourd'hui, la situation a changé. Toutes les entreprises en bonne santé ayant été vendues, il s'agit désormais de se débarrasser des autres. Quitte à payer. Ainsi, depuis 1995, le gouvernement consacre plusieurs dizaines de milliards de francs à des entreprises qu'il entend renflouer avant de les privatiser : Air France, Thomson...

prix Nobel

Depuis sa création en 1901, le Nobel représente la plus haute distinction que l'on puisse recevoir. Il a une forte valeur symbolique, en particulier le prix Nobel de la paix qui récompense souvent une personnalité luttant pour les droits de l'homme.

Récompense attribuée chaque année aux personnes ayant le plus contribué au bienfait de l'humanité. Il existe six catégories de prix Nobel : physique, chimie, médecine, économie, littérature et paix.

Voir aussi : droits de l'homme, médias

LE RÊVE D'ALFRED

Si le Suédois Alfred Nobel (1833-1896) a passé sa vie à faire des recherches sur la dynamite, c'était en poursuivant son rêve : celui de découvrir une substance aux effets si dévastateurs qu'elle rendrait la guerre impossible. Faute d'y être arrivé de son vivant, il demandait dans son testament que son immense fortune soit placée en valeurs mobilières sûres dont les revenus seraient distribués chaque année à ceux qui, comme lui, auraient travaillé à améliorer la condition humaine.

QUAND LES NOBEL SE RÉUNISSENT

En 1988, à l'initiative d'Elie Wiesel, prix Nobel de la paix 1986, et de François Mitterrand, 75 prix Nobel se sont réunis pour réfléchir ensemble aux « Menaces et Promesses à l'aube du XXIe siècle ». Leurs conclusions recommandent le respect de l'équilibre écologique, la tolérance et le respect des différences culturelles, biologiques, philosophiques et spirituelles. Ils insistent également pour que l'éducation soit une priorité absolue. Et soulignent que, si la télévision et les nouveaux médias constituent bien un moyen essentiel d'éducation pour l'avenir, celle-ci doit aider à développer l'esprit critique face à ce que diffusent les médias.
Mais qui se souvient aujourd'hui de toutes ces recommandations des Nobel ?

• **La Croix-Rouge internationale est la seule à avoir obtenu trois fois le prix Nobel de la paix.**
• **Marie Curie reçut le prix Nobel de physique (1903) et celui de chimie (1911).**
• **Chaque lauréat se voit décerner une médaille, un diplôme et un chèque d'une valeur pouvant aller jusqu'à 6 millions de francs.**

Arafat, Rabin et Peres reçoivent le prix Nobel de la paix en décembre 1994.

protectionnisme

Le protectionnisme est une politique qui vise à protéger les produits nationaux en limitant l'importation des concurrents étrangers.

Voir aussi : Union européenne

- **En 1995, les droits de douane, qui frappent les produits importés, ont rapporté 158,8 milliards de francs à l'État français.**
- **Les États-Unis sont le premier acheteur et le premier vendeur au monde : ses importations représentent 12 % des importations mondiales, et ses exportations 13 %.**

Pour protéger ses produits nationaux, un État instaure des droits de douane et multiplie tests techniques ou normes de « sécurité ». Ainsi, il peut augmenter artificiellement le prix d'une marchandise importée et rendre compétitifs des produits nationaux qui ne l'étaient pas. Théoriquement, cette barrière douanière devrait dissuader les importations qui mettent en péril un secteur de production national.

PLUS DE FRONTIÈRES EN EUROPE

Dans la Communauté européenne, les biens et services circulent librement, sans droits de douane, et toute pratique protectionniste est considérée comme déloyale. Toutefois, pour rester compétitifs et ne pas subir de discriminations commerciales, des industriels étrangers à l'Union européenne importent massivement des composants pour les assembler dans un pays européen. Le produit fini est alors considéré comme européen. C'est ce que l'on appelle l'investissement direct. Des entreprises asiatiques fabriquent ainsi des voitures, des téléviseurs ou des ordinateurs européens. Aux États-Unis, le premier constructeur automobile est une marque japonaise !

Pour dissuader les importateurs, des États peuvent aussi décider de faire passer des tests techniques aux produits importés. C'est ainsi que le Japon fait bouillir toutes les eaux minérales qu'il importe !

DROITS DE DOUANE

L'abandon des frontières commerciales entre les Quinze s'est accompagné de la création d'un tarif extérieur commun : les pays de l'Union pratiquent tous le même tarif douanier vis-à-vis des pays tiers. Or, ce tarif extérieur commun est supérieur aux droits de douane pratiqués par la plupart de ces pays avant l'Union douanière. Dans un sens, l'Union européenne a fait reculer le protectionnisme en supprimant les obstacles commerciaux entre pays européens. Mais on peut aussi considérer que l'ancien protectionnisme national a été remplacé par un protectionnisme à l'échelle européenne.

ACHETER FRANÇAIS ?

Le consommateur peut préférer un produit importé, s'il est de meilleure qualité, moins coûteux ou s'il n'existe pas de production domestique. Aujourd'hui, la France ne fabrique plus de téléviseurs ; les entreprises nationales ne font qu'assembler des appareils asiatiques.

psy

La « psy » prend en charge toutes les pathologies regroupées sous le terme de « maladies mentales » : dépression, névrose, psychose, troubles psychosomatiques, psychasthénie, etc.

Ce terme, qui vient du grec « psyché », l'âme, est passé dans le langage courant pour désigner tout ce qui concerne l'étude et le traitement des maladies mentales.

DU FOU À L'ALIÉNÉ

C'est en 1802 que le terme de « psychiatrie » est utilisé pour la première fois sous la plume d'un médecin allemand. Bien sûr, de tout temps, les médecins ont traité les troubles mentaux, mais aucune spécialité médicale n'était destinée à guérir particulièrement ce genre de maladie. On se contentait le plus souvent d'enfermer les « fous », les « insensés ». Il faut donc attendre le XIXe siècle pour qu'apparaisse la médecine « aliéniste », le fou devenant un « aliéné », ce qui est déjà un progrès. Puis apparaîtra la psychiatrie qui va rechercher des causes à tous ces « dérangements » de l'esprit.

TROUBLES EN TOUT GENRE

Les malades concernés par cette médecine ne sont pas uniquement les « fous », comme on les a longtemps appelés. Ce sont des êtres qui souffrent. Cela recouvre des symptômes et des maladies très divers regroupés en névroses et psychoses : paranoïa, phobies, mélancolie, épilepsie, schizophrénie, mégalomanie, amnésie, etc.

LES TRAITEMENTS

Ils sont multiples. Pendant longtemps, on s'est contenté d'enfermer dans des asiles les individus considérés comme aliénés, et donc inaptes à vivre en société. Le début du XXe siècle marque des avancées spectaculaires dans ce domaine avec les travaux de Carl-Gustav Jung et de Sigmund Freud. Ce dernier fonde une nouvelle discipline, la psychanalyse, qui introduit la notion d'inconscient et consiste à pratiquer l'investigation des processus psychiques profonds d'un individu pour traiter les troubles mentaux. En 1952 apparaissent les médicaments psychotropes. Dans les années 60, David Cooper et Ronald Laing, deux psychiatres anglais, lancent le courant antipsychiatrique.

Quand ?

• **1938** : on pratique les premiers électrochocs.
• **1952** : apparition des médicaments psychotropes.
• **1957** : découverte des antidépresseurs.

Combien ?

• **3 300 psychologues** scolaires suivent, en France, des enfants scolarisés repérés pour leurs problèmes psychologiques.
• **78 millions de boîtes de tranquillisants et 100 millions de boîtes de somnifères** sont vendues chaque année en France.

UN PSY, DES PSYS...

• **Les psychiatres** sont des médecins spécialisés. Ils peuvent pratiquer ou non la psychanalyse ou la psychothérapie et sont les seuls habilités à délivrer des médicaments.
• **Les pédopsychiatres** sont les psychiatres qui s'occupent des enfants.
• **Les psychanalystes** ne sont pas forcément des médecins, mais ils doivent avoir suivi une psychanalyse eux-mêmes et être agréés par l'une des nombreuses associations (ou écoles) de psychanalystes.
• **Les psychologues** ne sont pas médecins, mais leur discipline est considérée comme une science. Ils interviennent souvent dans des structures collectives (écoles, entreprises...) et peuvent pratiquer des évaluations.

pub

Abréviation courante du mot publicité, la pub est une forme de communication destinée à rendre intéressants et séduisants auprès du public produits, marques ou personnes.

Voir aussi : Audimat, communication, marketing, marque, télévision

Le BVP (Bureau de la vérification de la publicité) a pour mission de conseiller, de contrôler les message publicitaires… En 1995 près de 20 000 campagnes lui ont été présentées.

Toujours prête à surprendre, la pub met en scène des stars loin de leur univers habituel : l'athlète Carl Lewis ou la top-model Cindy Crawford (Citroën), le comédien Gérard Depardieu (Barilla), les footballeurs Papin ou Cantona (Bic)…

Née en Europe au début du siècle dernier, la publicité (action de rendre publiques des informations commerciales) a pris toute sa dimension aux États-Unis après la Seconde Guerre mondiale avec le boom économique, la mise en concurrence des produits devant des consommateurs à convaincre et à séduire, et l'apparition de nouveaux moyens de communication comme la radio et la télévision, qui sont venus s'ajouter à ceux traditionnellement utilisés, c'est-à-dire la presse et l'affichage.

Les messages publicitaires simples (le nom, le prix), les formules ou slogans faciles à restituer, les affiches conçues par des artistes peintres ou illustrateurs ont laissé progressivement la place à des communications plus élaborées qui font appel à toutes les formes d'art et de techniques contemporaines.

DU MARKETING ET DES IDÉES

Aujourd'hui, de l'annonce immobilière à la campagne électorale d'un homme politique, de la promotion d'une lessive à celle d'un yaourt, du lancement d'un film à celui d'une voiture ou d'une campagne gouvernementale d'intérêt général, la publicité est omniprésente. Elle est devenue une science économique autant qu'une technique ou un art. Avant de réaliser les films ou les annonces, elle s'informe des besoins ou des attentes des consommateurs par le biais d'enquêtes ou d'études de marché. Afin de donner un avantage gagnant au client dont ils ont la charge, les publicitaires élaborent

une « stratégie » qui décide des arguments à mettre en avant auprès d'un public déterminé (la cible) en utilisant les moyens les plus efficaces pour toucher celui-ci (les médias). La publicité peut faire appel à la raison, à l'émotion, à l'humour, à la dramatisation, au rêve… selon les sujets. Pour atteindre son but, elle doit aussi convaincre, surprendre, séduire. Elle doit avoir des idées. On parle de créativité publicitaire.

LES MÉDIAS

On peut voir les films (ou « spots ») de pub à la télévision, qui est son vecteur de communication, c'est-à-dire son premier média. La pub est d'ailleurs pour les chaînes la principale source de revenus. Les investissements sont liés à l'indice d'écoute, l'Audimat, qui déterminera le coût que devront payer les annonceurs pour être vus avant, après ou au milieu d'une émission. La publicité a la même fonction économique pour la presse quotidienne, magazine, spécialisée ou non. Elle est également présente à la radio, sur les réseaux d'affichage en ville, sur les routes, autour des stades… Elle existe sur les lieux mêmes de vente ou dans les boîtes à lettres (publicité directe).

LA PUBLICITÉ EST SPECTACLE

Si la pub a pris une telle importance (trop aux yeux des publiphobes qui la jugent manipulatrice), c'est qu'elle a, en plus de son rôle économique évident, endossé une fonction culturelle. Condamnée à être en phase avec son public, elle se nourrit de l'air du temps, et récupère ce qui plaît quand ce n'est pas elle qui le crée de toutes pièces. Elle propose des images qui, par leur qualité ou leur sophistication, rivalisent avec celles des livres ou des films à grand spectacle. Elle imagine des slogans ou des formules qui rentrent parfois dans le langage courant, met dans les oreilles de chacun les musiques qui peuvent devenir des « tubes », fait appel à la participation de vedettes du sport ou du spectacle pour augmenter son impact. Elle est ainsi devenue une forme d'art commercial populaire qui a ses collectionneurs, ses critiques, son festival et ses stars.

Une réglementation encadre dans tous les pays du monde la vérité de ce qui est dit, le danger que peut présenter la publicité pour des produits jugés néfastes à la santé publique (alcool et tabac) ou encore l'utilisation jugée abusive des enfants ou des femmes.

- **Slogan** : phrase courte qui attire le spectateur par sa valeur d'« accroche » ou de « signature » d'une annonce, d'une affiche ou d'un film. Mais ce terme populaire n'est plus très employé et on lui préfère le mot « message ».
- **Créatif** : c'est l'un des métiers de la pub. Indépendant ou dans une agence de publicité, le créatif est chargé de mettre en images et en mots la stratégie commerciale, donc de trouver des idées et des messages et de suivre leur réalisation jusqu'à leur parution dans les médias.
- **Réclame** : faire de la réclame, signifie en argot « travailler dans la publicité » ; « c'est de la réclame » porte un jugement négatif sur de la publicité vulgaire, simplette ou promotionnelle, c'est-à-dire sans finesse et sans respect du consommateur.

DE GRANDS PUBLICITAIRES

Aux États-Unis, David Ogilvy et Bill Bernbach ont imaginé des campagnes qui ont permis à des grandes marques telles VW ou Coca-Cola d'être connues dans le monde entier et de construire leur image et le capital de sympathie qui ont participé à leur succès. En France, on connaît surtout Marcel Bleustein-Blanchet (1906-1996), véritable père de la publicité nationale, et Jacques Séguéla, le « fils de pub », qui, en imaginant campagne et slogan (« la force tranquille »), a contribué à faire élire François Mitterrand à la présidence de la République en 1981.

puce

Insecte sauteur ayant donné son nom aux circuits intégrés électroniques, ainsi qualifiés en raison de leur petite taille.

Voir aussi : ordinateur, télévision

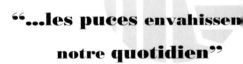

"...les puces envahissent notre quotidien"

• **2 300 :** c'était le nombre de transistors compris dans le premier microprocesseur de l'histoire de l'informatique, le 4004 d'Intel, inventé en 1971, capable d'exécuter 60 000 opérations par seconde.

• **5,5 millions :** c'est le nombre de transistors miniaturisés dans un microprocesseur Pentium Pro capable d'effectuer 500 millions d'opérations par seconde actuellement !

Les puces sont présentes à l'intérieur des ordinateurs, mais aussi des téléphones, des voitures, des cartes de crédit ou des machines à laver. Une puce peut contenir plusieurs millions de transistors miniaturisés.

UN CIRCUIT INTÉGRÉ

Une puce est une lamelle de silicium (matériau semi-conducteur) intégrant des composants électroniques (transistors, diodes, résistances, etc.) miniaturisés et assemblés entre eux.

Il existe plusieurs types de puces : simples circuits électroniques, mémoires (ROM, RAM, DRAM…), microprocesseurs, etc.

LE ROYAUME DE LA MINIATURISATION

Les premières puces ont vu le jour en 1959. Depuis, elles ne cessent de se perfectionner. De la taille d'un ongle ou d'un timbre-poste, elles

LA LOI DE MOORE

En 1965, le physicien Gordon Moore prédit que le nombre de transistors intégrés dans une puce doublerait chaque année tandis que le prix baisserait de moitié. Même si la période est passée à 18 mois, cette loi s'est toujours vérifiée. Elle devrait se confirmer pendant encore au moins dix ans.

contiennent toujours plus de composants. Dans un téléphone mobile, par exemple, une seule puce suffit à assurer quasiment toutes les fonctions, le boîtier ne sert qu'à manipuler l'appareil.

L'INVASION DES PUCES

Avec le développement de l'électronique, les puces envahissent notre quotidien. Elles permettent de stocker des informations (numéros de comptes bancaires ou unités téléphoniques sur les cartes à puce, par exemple) et de programmer des appareils tels que téléviseurs, chaînes hi-fi, magnétoscopes, fours électriques ou répondeurs.

LA PUCE ANTIVIOLENCE

Devant la protestation des associations de consommateurs, les Américains ont conçu une puce antiviolence dont ont parle beaucoup en Europe. Cette puce intégrée au téléviseur prévoit cinq niveaux de « censure » en fonction d'indications fournies par les diffuseurs. Les parents fixent ensuite un niveau à ne pas dépasser. Quand l'enfant veut regarder un programme « suspect », le téléviseur peut lui refuser l'accès.

punk

Les punks se distinguent d'abord par une tenue vestimentaire volontairement dégradée : vêtements déchirés, bottes paramilitaires, colliers de chiens, épingles de nourrice, cheveux teints aux couleurs criardes avec des coupes extravagantes (crête iroquoise, etc.). La première vocation des punks est de provoquer.

Ce mot d'origine anglaise, signifiant « voyou », « raté » ou « inférieur », fut donné à un mouvement politique et musical né en 1975 en Grande-Bretagne.

Voir aussi : rap, skinhead

NO FUTURE !

La pensée punk est tout entière contenue dans ces deux mots : *no future*, « pas d'avenir », ni pour l'individu, ni pour la société. Les institutions sont rejetées, ainsi que tout espoir ou projet pour demain. La philosophie punk se résume à ceci : puisque tout est pourri, puisqu'il n'y a rien à espérer du monde, il ne reste plus qu'une chose à faire : vivre vite et mourir jeune. Bien que toute action soit jugée inutile, la musique reste le moyen d'expression privilégié de ce malaise.

Généralement violent envers lui-même (abus d'alcool, consommation de drogues, etc.), le punk peut le devenir envers les autres. Ainsi le « pogo » ou danse punk consiste à se jeter les uns sur les autres en s'échangeant des coups. Quant au punk rock, il s'agit là d'une musique au rythme basique (deux accords maximum) et ultra-rapide. Bref, tout ce qui touche le punk doit être *destroy* (détruit, dégradé). Cette vision de l'existence et ce goût musical sont partagés par les skinheads.

UN ÉPHÉMÈRE QUI DURE

Officiellement, le mouvement punk est né et mort avec les Sex Pistols, groupe créé en 1975. Les leaders du groupe, Johnny Rotten (*rotten* veut

dire « pourri ») et Sid Vicious (*vicious* signifie « vicieux ») inspireront toute une génération avec leur tenue vestimentaire, leurs propos anarchistes et leur musique violente. Le groupe disparaît en 1978 avec le suicide par overdose de Sid Vicious avant de se reformer en 1996 pour une « tournée de l'amour du lucre ».

UNE INFLUENCE RENAISSANTE

D'autres groupes reprendront le flambeau, donnant une tonalité plus intellectuelle et plus politique à leur discours, tel The Clash (années 80). Générateur d'un renouveau musical, le punk accouchera du mouvement New Wave avec des groupes tels que New Order. On retrouve aujourd'hui son influence dans le rap et le rock américains : Rage Against The Machine, Ministry, etc.

Dans la famille punk : le père, la mère et l'enfant !

QI

Le QI (quotient intellectuel) est l'un des instruments permettant de mesurer le développement intellectuel de l'enfant ou de l'adolescent.

Il y aurait un surdoué pour 10 000 enfants. D'ailleurs, on parle aujourd'hui plus volontiers d'enfants intellectuellement précoces. 33 % d'entre eux savent lire avant 5 ans. Toujours en éveil et cherchant des réponses à toutes les questions qu'il se pose, un enfant précoce peut sombrer dans l'échec scolaire s'il n'est pas reconnu.

Le quotient intellectuel est calculé en faisant le rapport entre l'âge « mental », mesuré par des tests, et l'âge réel de l'enfant. Le chiffre obtenu est multiplié par 100. Il représente un indice d'avance ou de retard par rapport aux aptitudes intellectuelles attendues chez un enfant à un âge donné. Un enfant dit normal devrait avoir un QI de 100, puisque son « âge mental » correspondrait à son âge réel. Malheureusement pour les amoureux des maths, les choses ne sont pas si simples !

LES TESTS DE QI

Les tests d'efficience intellectuelle mesurent l'intelligence. Ils reposent sur des épreuves de langage sauf chez des enfants ayant un gros retard intellectuel. Pour ceux-là, les tests utilisent des activités.

Les tests de performance, eux, apprécient la capacité à accomplir certains gestes, certaines réalisations, en utilisant du matériel concret et non des réponses verbales. L'emploi de ce genre de mesures de l'efficience intellectuelle est réducteur et même parfois dangereux car il ne permet pas d'apprécier les véritables capacités d'un individu à faire face à telle ou telle situation. On réalise parfois des tests de personnalité en complément de la mesure du QI.

DÉFICIENTS ET SURDOUÉS

Lorsque le QI se situe entre 50 et 70, on parle de retard mental léger ; entre 35 et 49, de retard moyen ; entre 30 et 34, de retard sévère et en dessous de 20, de retard profond. Au-dessus de 140, on parle de surdoué. Il n'existe que 3 classes scolaires expérimentales et publiques en France pour les surdoués ayant un QI de 130 à 160. On y couvre le programme primaire en trois ans, au lieu de cinq dans les classes pour enfants « normaux ».
La notion de QI est parfois étendue aux adultes, notamment en pathologie. Elle correspond alors à une simple mesure de l'efficience intellectuelle.

ARTHUR LE SURDOUÉ

En 1991, Arthur Raniandrisva a publié ses mémoires, *Mon école buissonnière* à l'âge vénérable de 14 ans, alors qu'il venait de terminer brillamment une maîtrise de maths pures à l'université. Cet enfant peu ordinaire (QI : 170) qui a passé son BEPC à 9 ans et son bac à 11 ans, n'est jamais allé à l'école ; ses parents se sont chargés de son éducation.

racisme
racket
radio
radioactivité
rap
rave
référendum
retraite
réunification
révisionnisme
RMI

racisme

Idéologie fondée sur la croyance qu'il existe une hiérarchie entre les différents types humains, justifiant ainsi la domination d'un groupe sur les autres.

Voir aussi : antisémitisme, apartheid, génocide, néonazisme

Le **MRAP** (Mouvement contre le racisme, l'antisémitisme et pour la paix) et la **LICRA** (Ligue internationale contre le racisme et l'antisémitisme) sont deux associations très actives dont le rôle est de prévenir les comportements racistes et de dénoncer les abus. Grâce à elles, plusieurs affaires ont été portées devant les tribunaux.

Bien que l'article Ier de la Déclaration universelle des droits de l'homme affirme que « tous les êtres humains naissent libres et égaux en dignité et en droits », il ne suffit pas à enrayer le racisme qui continue de prospérer dans nos sociétés dites développées. Par extension, le racisme désigne aujourd'hui toute forme de discrimination envers un groupe social. On parle ainsi de racisme anti-jeunes ou de racisme anti-vieux.

L'ALIBI DE LA SCIENCE

C'est l'écrivain Gobineau qui, dans son *Essai sur l'inégalité des races humaines,* a le premier affirmé, discours scientifique à l'appui, que la race blanche pure, la race aryenne, était supérieure aux autres. Dès 1870, les thèses de ce Français connurent un grand retentissement, en Allemagne notamment. On sait ce que Hitler en fit par la suite.

Les théories racistes prétendent que l'intelligence, le degré de développement, dépendent de la couleur de la peau et que tout est permis pour assurer la suprématie de la race supérieure sur les races inférieures, responsables de tous les maux de la société. Faut-il préciser qu'il n'est pas de théorie scientifique valable justifiant le racisme ? La biologie et la génétique démontrent que les types humains sont différents, mais ces différences ne sont pas discriminatoires.

CONTRE LE RACISME ORDINAIRE

Tous les peuples peuvent être un jour ou l'autre victimes du racisme. Au Japon par exemple, jusqu'au XIXe siècle, les religieux blancs furent interdits de peur que, sous leur influence, la population puisse croire à l'existence d'un autre dieu que le dieu officiel, l'empereur lui-même. Aux États-Unis, en réaction contre le racisme qui réduisait les Noirs à l'esclavage, certains ont opposé un racisme anti-blanc. C'est le cas de Malcolm X et aujourd'hui de Louis Farrakhan, leader noir musulman qui multiplie les appels à la haine raciale contre les Blancs.

S'il semble que le pire ait été atteint sous Hitler avec l'extermination des Juifs, il convient de rester extrêmement vigilant face à la résurgence du racisme « ordinaire », la xénophobie, qui tend à désigner l'étranger, quel qu'il soit, comme un ennemi potentiel, facteur de trouble et de désordre économique.

racket

Le racket est un délit. Il consiste à obliger une personne à donner de l'argent ou des biens en utilisant le chantage, l'intimidation ou la violence.

Voir aussi : mafia

Le racket est un procédé souvent utilisé par la mafia dans les pays où elle sévit. Obligés de laisser une part de leurs bénéfices aux mafieux, les commerçants en sont les principales victimes. S'ils refusent, leurs vitrines sont cassées et leurs clients menacés. Ces dernières années, cette délinquance s'est développée sous une nouvelle forme : à la sortie des écoles, de plus en plus souvent, de très jeunes voyous rackettent les élèves.

LE RACKET SCOLAIRE

Selon une étude française réalisée en 1995 par des proviseurs, 2 500 établissements scolaires sur 7 000 sont victimes de l'insécurité. Le racket est un phénomène en hausse (1 142 faits constatés en 1994, contre 629 en 1990). Les élèves, en particulier les 12-16 ans, sont d'abord obligés de donner leur montre ou leur blouson, puis ils doi-

vent chaque semaine fournir en moyenne de 200 à 500 francs à des bandes de délinquants, souvent à peine plus âgés. Les enfants volent alors de l'argent à leurs parents pour pouvoir payer ceux qui les rackettent.

LA LOI DU SILENCE

Intimidés ou directement menacés, les victimes ont peur de dénoncer leurs racketteurs. Les policiers et les juges éprouvent donc les plus grandes difficultés à lutter contre cette forme de délinquance. C'est pour cette raison qu'au cours de l'année 1996, le ministère de l'Éducation nationale a mené une campagne pour sensibiliser les élèves. Un film vidéo incitant les enfants à se confier à leurs parents a été diffusé dans les collèges et plus particulièrement dans ceux de Seine-Saint-Denis, l'un des départements les plus touchés par le racket.

• **Le racket est puni sévèrement** : de 10 ans de prison à la réclusion criminelle à perpétuité si les victimes ont subi des tortures.
• **En 1995, un jeune Noir de Los Angeles** fut condamné à dix ans de prison pour avoir racketté deux enfants dans une pizzeria. Il leur avait demandé une part de pizza. Cette peine particulièrement sévère fit scandale, car on considéra qu'elle était sans commune mesure avec le délit, même si l'acte commis était répréhensible.

LE SYNDICAT DU CRIME AU JAPON

La mafia est particulièrement puissante au Japon. Elle dispose, pour faire régner sa loi, de 3 000 « boryokudan », des brigades très violentes, et regroupe 90 000 « yakusa » appartenant aux syndicats du crime. On considère qu'au moins 40 % des patrons de grandes entreprises japonaises ont été rackettés par la pègre qui affiche un chiffre d'affaires florissant : 225 milliards de francs.

radio

La radio ou radiodiffusion est la transmission de signaux sonores par le biais des ondes hertziennes. Aujourd'hui, elle peut également être transmise par le câble et le satellite.

Voir aussi : câble, satellite

RADIOS LOCALES : JUSQU'OÙ IRA-T-ON ?

JE ME PARLE À MOI

ET JE FAIS 100% D'AUDIENCE

• **Le RDS** (*Radio Data System*) permet la recherche permanente du meilleur émetteur pour la station désirée et améliore le confort d'écoute.
• **Le DAB** (*Digital Audio Broadcasting*) va permettre d'envoyer, en même temps qu'un son de qualité laser, un message sur un écran.

La radio vient de fêter son centième anniversaire. C'est en 1896 que Guglielmo Marconi dépose son premier brevet de télégraphie sans fil (TSF). Mais elle s'est surtout développée dans les années 30. Le bouleversement est considérable : l'immédiateté et le direct entrent dans les foyers. La radio trône au beau milieu du salon, comme le fera plus tard la télévision.

DE LA MODULATION DE FRÉQUENCE AU NUMÉRIQUE

En Europe, le développement de la radio s'est accompagné d'un cauchemar : son utilisation à des fins de propagande par les nazis. Mais elle fut en même temps la voix de la résistance (« les Français parlent aux Français »).

Radio d'État, alors qu'elle est privée aux États-Unis, elle connaît une nouvelle liberté technique, puis politique (depuis une quinzaine d'années) avec la modulation de fréquence (FM) qui multiplie les possibilités d'émission. Aujourd'hui, grâce à l'apparition du numérique, il semble qu'il n'y ait plus de limite au nombre des radios possibles.

DES RADIOS POUR LES JEUNES

On les croyait tous devant la télé ou leurs jeux vidéo… mais ils ont l'oreille collée contre leur radio préférée ! Ils zappent sur la modulation de fréquence pour écouter leurs airs favoris, passent leurs soirées à appeler tel ou tel animateur pour parler de leurs problèmes, participer à des jeux, etc. Certains, comme le Doc sur Fun Radio, répondent aux questions que l'on n'ose pas poser aux parents. Les auditeurs se répondent, se donnent des conseils. Le ton est léger, le langage familier et direct. Quelques stations se partagent les faveurs des adolescents sur la FM : NRJ, la plus ancienne, Fun Radio et Sky Rock, et Radio Nova pour les « branchés ».

LA RADIO DE LA HAINE

Le génocide au Rwanda a fait pr[è] d'un million de victimes entre mars [et] juillet 1994. Kantano Habimana org[a] nisait depuis le micro de la radio d[es] 1000 collines, station des extrémiste[s] hutus, des chasses à l'homme, tra[quant] les Tutsis ou les Hutus modéré[s]. Une de ses victimes, qui a survéc[u] raconte qu'il s'exprimait de manière [si] drôle au cours de ses appels [au] meurtre, que l'on avait envie de rir[e] comme s'il s'agissait d'un jeu.

radioactivité

La radioactivité est un phénomène naturel dû à la propriété de certains éléments chimiques, tels l'uranium et le radium, de se transformer en d'autres éléments suite à la modification du noyau de l'atome. On distingue la radioactivité naturelle, présente dans la nature, et la radioactivité artificielle provoquée sur des corps naturellement stables.

LA DÉCOUVERTE
En 1896, Henri Becquerel découvrit la radioactivité. Pierre et Marie Curie furent à l'époque pratiquement les seuls chercheurs à s'y intéresser. Ils finirent par isoler, le 6 juin 1898, le polonium, une substance 300 fois plus active que l'uranium, puis le radium,. Ils démontrèrent que les rayonnements émis résultaient uniquement des propriétés de la substance elle-même, autrement dit de l'atome.
En 1934, Irène et Frédéric Joliot-Curie découvrirent la radioactivité artificielle. Cette découverte aux multiples applications civiles et militaires devait révolutionner les sciences et techniques du XXe siècle.

LES APPLICATIONS
La radioactivité connaît de nombreuses applications scientifiques : elle permet de détecter certaines

La radioactivité désigne la propriété que possèdent certains éléments de se désintégrer et de se transformer en émettant des rayonnements électromagnétiques.

Voir aussi : déchets, nucléaire, Tchernobyl

malformations internes (radiologie), de soigner certains cancers (bombe au cobalt), mais, mal utilisée, elle peut provoquer la destruction des cellules vivantes et même la mort.

LES RAYONNEMENTS
Ayant la propriété d'ioniser la matière qu'ils traversent, c'est-à-dire d'arracher des électrons aux atomes rencontrés sur leur trajectoire, les rayonnements peuvent être dangereux pour les êtres vivants. C'est la raison pour laquelle il faut s'en protéger.
Trois types de rayonnements ont été mis en évidence :
• les rayons alpha, chargés positivement et peu pénétrants (noyaux d'hélium) ;
• les rayons bêta, chargés négativement (électrons) ;
• les rayons gamma, de même nature (électromagnétique) que la lumière et les rayons X mais plus pénétrants et plus énergétiques.

• **On dit d'une personne qu'elle a été irradiée lorsque celle-ci s'est trouvée sur le trajet des rayonnements émis par une source radioactive.**
• **On dit d'une personne qu'elle a été contaminée lorsqu'elle a fixé des substances radioactives en se trouvant dans un milieu où elles se sont répandues.**
• **L'activité radioactive se mesure en becquerels. La radioactivité se mesure en rems.**

rap

Le rap est un genre musical créé par les Noirs américains dans les ghettos de New York à la fin des années 70. Le mot vient de l'anglais « to rap » (frapper).

Voir aussi : synthétiseur

CHANTEUR DE RÂPE

• On peut citer, parmi la profusion de formations rap, quelques groupes importants comme Public Enemy, LL Cool J, Run DMC, les Beastie Boys (groupe de rap blanc), Ice Cube, Ice T, De la Soul, Snoop Doggy Dog, Coolio…

Le rap s'est fait connaître en 1979 avec le morceau *Rapper's delight*, du groupe Sugarhill Gang, qui devint un tube mondial. Depuis, le rap n'a cessé d'évoluer : il est aujourd'hui un élément incontournable de la culture américaine.

LA MUSIQUE DES GHETTOS NOIRS

Sur des rythmes dansants, les rappeurs parlent en rimes plus qu'ils ne chantent et décrivent la vie quotidienne des Noirs établis dans les quartiers pauvres des cités américaines. La musique est composée par des disc-jockeys qui, au départ, assemblaient des passages rythmiques de différents disques à l'aide de deux platines, pour créer un son. Aujourd'hui, ils utilisent des instruments plus perfectionnés comme les synthétiseurs et les sampleurs.

Expression musicale du mouvement hip hop, le rap est né dans ces quartiers abandonnés par les Blancs que l'on appelle ghettos (le Bronx à New York, Compton à Los Angeles). Avec le rap, les Noirs expriment leurs conditions de vie. Reviennent sans cesse des thèmes comme la pauvreté, la sexualité, la drogue, la violence urbaine, les conflits ethniques ou la brutalité policière. Comme la musique, les paroles peuvent être brutales.

Aussi, aux États-Unis, on trouve parfois sur les disques l'autocollant *parental advisory explicit lyrics* qui met en garde l'acheteur lorsque les paroles sont trop violentes.

Le rap, courant musical à part entière, est porteur d'espoir pour la communauté noire américaine : auparavant, dans les ghettos, le trafic de drogue semblait l'un des seuls moyens d'échapper à la misère. Aujourd'hui, le rap en est devenu un autre.

LE GANGSTA RAP

Le *gangsta rap* est l'un des courants les plus violents du rap, né à Los Angeles au milieu des années 80. Les gangsta rappeurs sont souvent sexistes, évoquent la drogue, les bagarres entre bandes rivales, certains appellent à la violence sur les policiers ! Un des représentants du gangsta rap, Snoop Doggy Dog, eut d'ailleurs des problèmes avec la justice lorsqu'il fut accusé de complicité de meurtre en 1993. Le gangsta rap ne fait pas l'unanimité et certaines personnalités, comme le cinéaste Spike Lee, dénoncent sa violence extrême.

LE RAP FRANÇAIS

C'est Radio Nova qui, au milieu des années 80, a fait connaître le rap en France. Aujourd'hui, de nombreux groupes de rap chantent dans la langue de Molière : les plus connus sont NTM, MC Solaar, Ministère A.M.E.R. (tous issus de la banlieue parisienne) et le groupe marseillais IAM, lancé en 1993 par son fameux tube *Je danse le MIA*.

rave

De l'anglais « to rave » (délirer), le mot désigne une soirée où l'on danse sur de la musique techno.

Voir aussi : drogue, techno

Les raves sont apparues en Europe du Nord au milieu des années 80. À l'origine, elles étaient organisées clandestinement dans des lieux tenus secrets, en général dans des parcs, squats, péniches ou encore des hangars désaffectés.

Aujourd'hui, elles ont également lieu dans des discothèques ou des châteaux privés.

UN VOCABULAIRE POUR INITIÉS

L'élément essentiel des raves est la musique techno. En dansant sur ces rythmes rapides, les « ravers » cherchent à accéder à la transe, un état d'exaltation qui transporte l'individu hors du monde réel. Pour avoir accès à une rave, il faut posséder un « flyer », petit prospectus illustré qui annonce les soirées. Le style du flyer permet de connaître le type de la rave qui est proposée : si le flyer est gothique et sombre,

par exemple, la soirée s'annonce hardcore (version violente de la techno), s'il est coloré et psychédélique, la soirée sera plutôt « transe de Goa » (style plus mystique)…

Plusieurs serveurs Internet permettent désormais de connaître les dates et lieux des raves du monde entier.

UN PHÉNOMÈNE INQUIÉTANT

Le phénomène rave, aujourd'hui mondial, suscite l'inquiétude. Le danger majeur est la consommation de drogues tels que les amphétamines, le LSD, l'ecstasy. À cela s'ajoutent des problèmes de bruits et de nuisances liés au grand nombre de personnes rassemblées.

Aujourd'hui, les pouvoirs publics tentent d'interdire certaines raves et ordonnent des descentes de police « surprises », comme en France en juillet 1996 où 1 300 participants ont été contrôlés par 400 policiers.

• **10 000, c'est le nombre de personnes rassemblées à la rave Universal Tribal Gathering organisée en Angleterre en 1993.**
• **3 jours, c'est la durée de la rave Mysteryland en Hollande.**
• **Sur 5 000 « ravers » interrogés, 500 avouent avoir parcouru plus de 5 000 km pour assister à une rave !**

• **Aux Pays-Bas, des testeurs d'ecstasy ont été installés à l'entrée des raves pour vérifier la qualité des pilules vendues. En effet, leur nocivité peut avoir des conséquences dramatiques sur la santé des consommateurs.**

L'ECSTASY

Également appelé **MDMA**, c'est un dérivé de l'amphétamine souvent utilisé par les psychiatres américains dans les années 70 pour ses effets désinhibiteurs (il « lève les blocages ») et d'« hypersensibilité », donnant envie « d'aimer tout le monde ». Ses effets neurologiques sont variables en fonction des sujets : ils peuvent aller de la sensation de liberté et de bien-être à la crise de paranoïa. Il n'est pas un aphrodisiaque, mais provoque une perte de la notion de temps, et peut faciliter des conduites sexuelles à risque (oubli du préservatif…). Sa consommation est illégale aux États-Unis et en France.

référendum

Le référendum est la procédure par laquelle le peuple décide directement, par un vote, de l'adoption ou du rejet d'une mesure.

Voir aussi : abstention, Constitution, démocratie, élections, gouvernement, parlement

Quelques référendums célèbres :

• **28 septembre 1958 :** adoption de la **Constitution de la Ve République.**

• **8 avril 1962 :** accords d'**Évian** reconnaissant l'**indépendance de l'Algérie.**

• **28 octobre 1962 :** élection du **président de la République au suffrage universel direct.**

• **27 avril 1969 :** sur la **régionalisation** et la **réforme du Sénat.** La réponse négative entraîne le départ du **général de Gaulle.**

• **23 avril 1972 :** entrée de la **Grande-Bretagne** dans le **marché commun.**

• **20 septembre 1992 :** le **traité de Maastricht** est approuvé.

Le pouvoir exécutif remet au peuple la responsabilité de décider par le suffrage s'il est bon d'appliquer telle ou telle mesure, de décider telle ou telle loi.

DÉMOCRATIE ET RÉFÉRENDUM

La procédure du référendum est exceptionnelle : elle permet au peuple de décider sans l'intermédiaire de ses représentants. C'est l'instrument clé de ce que l'on appelle la souveraineté populaire, c'est-à-dire la souveraineté directe du peuple non représenté. Cette procédure présente un certain danger, car si elle est à l'initiative du pouvoir exécutif, elle lui permet de contourner le Parlement pour conduire sa politique. On peut imaginer que, dès qu'une loi à laquelle le gouvernement est favorable risque de ne pas passer au Parlement, le gouvernement essaie de l'imposer par référendum. C'est pourquoi la Constitution française de 1958 a restreint les domaines possibles du référendum : révision de la Constitution, lois sur des matières précises, etc.

RÉFÉRENDUM OU PLÉBISCITE ?

Si le résultat du référendum est négatif lorsque le gouvernement propose sa démission, le référendum se substitue à l'élection : c'est un plébiscite. C'était la manière de gouverner de Napoléon III sous le Second Empire. Assuré de trouver des réponses positives aux questions qu'il posait, Napoléon III ne cessait de recourir au référendum pour ruiner tous les espoirs de l'opposition.

De grandes décisions en Europe ont cependant reposé sur le référendum : rattachement de la Savoie à la France en 1860, séparation de la Suède et de la Norvège en 1905, retour de la Sarre en Allemagne en 1935, malgré le traité de Versailles : le référendum est une arme politique extrêmement efficace.

retraite

Le salarié, employé, ouvrier touche un salaire dont la somme est inscrite sur son bulletin de paie. Le retraité, quant à lui, perçoit une pension.

Vieillir dans la sécurité est le souhait de tout homme, mais tous n'ont pas la chance de bénéficier d'une retraite. Dans les sociétés traditionnelles, c'est la famille qui assurait la survie des anciens. Dans le monde moderne, seuls les pays riches sont en mesure de prendre en charge économiquement les personnes âgées au terme de leur vie active. On appelle actives les personnes dont l'âge, compris entre 16 et 65 ans, leur permet de travailler.

PRÉLÈVEMENT OU ÉPARGNE : DEUX FAÇONS DE PRÉLEVER LES RETRAITES

Le premier système consiste à prélever sur chaque bulletin de salaire une cotisation dont le produit est affecté au versement des retraites. Les actifs d'aujourd'hui paient pour les actifs d'hier, et leurs enfants feront de même pour eux.

La seconde solution consiste à permettre le paiement des futures pensions en économisant pendant la vie active. Les entreprises sont incitées à mettre de côté une partie des rémunérations qu'elles versent à leurs salariés. Ceux-ci peuvent aussi être encouragés à épargner individuellement pour leurs vieux jours (assurances vie, compléments de retraite, etc.).

SOLIDARITÉ OU INDIVIDUALISME

L'épargne fructifie pendant toute la vie professionnelle et permet à son

Après une période de formation, puis de travail, s'ouvre une dernière étape qui marque la fin de la vie professionnelle. C'est la retraite.

Voir aussi : épargne, espérance de vie, Sécurité sociale

détenteur de partir à la retraite soit avec un pécule, un capital, soit avec une rente qui sera versée périodiquement.

Le premier système, celui de la répartition entre générations, est plus particulièrement en vigueur dans les pays latins. Le second, celui de la capitalisation, est utilisé dans les pays anglo-saxons. Dans un cas, on parie sur la solidarité. Dans l'autre, on fait plutôt confiance à l'individualisme.

Avec la baisse de la démographie, l'allongement de l'espérance de vie et la montée du chômage, les pays qui privilégient la répartition s'interrogent sur la pérennité du paiement des pensions dans les années à venir. Ils sont de plus en plus tentés de s'inspirer du second système.

QUI PAIERA NOS RETRAITES ?

À l'approche de l'an 2000, les actifs craignent le chômage et s'inquiètent pour leurs vieux jours. Tout indique qu'il n'y aura pas suffisamment d'actifs pour payer les retraites en 2025. Cette donnée met en péril le système classique dit de répartition. Le système de la capitalisation ne peut pas, quant à lui, garantir une bonne retraite à ceux qui perçoivent de bas salaires au cours de leur vie professionnelle.

Le nombre de retraités ne cesse de croître. Dans les pays développés, il y a une quinzaine d'années, sur 10 personnes actives, on recensait 2 retraités. On en compte maintenant près de 3 ; en 2030, ils seront 5.

réunification

Le terme « réunification » est employé pour désigner la réunion de la république fédérale d'Allemagne (RFA) et de la république démocratique allemande (RDA), le 3 octobre 1990.

Voir aussi : Bundestag

• **L'Allemagne réunifiée est devenue, économiquement, un des pays les plus puissants du monde, bien que la réunification ait un prix très élevé.**

• **Elle compte désormais 82 millions d'habitants, 16 Länder (États) au lieu de 10, et sa superficie s'est accrue d'un tiers (357 000 km^2).**

• **Certains pays divisés à l'occasion de conflits armés ont procédé à leur réunification comme le Viêt-nam en 1975. D'autres, comme la Corée, sont toujours séparés.**

Après la Seconde Guerre mondiale, les quatre principaux vainqueurs occupent le territoire allemand. La tension entre l'URSS, d'une part, dont les troupes stationnent à l'est du pays, et les États-Unis, la France et la Grande-Bretagne, d'autre part, qui occupent la partie occidentale, menace la paix.

La guerre froide

Les risques permanents d'un nouveau conflit entre le monde communiste et le monde occidental engendrent la guerre froide. L'occupant soviétique contribue à installer un régime communiste à l'Est : c'est la création de la RDA. Mais l'exode des Allemands de cette zone, notamment à Berlin, amène les Soviétiques à construire un mur de béton qui partage la ville en deux (1961).

De leur côté, les Occidentaux soutiennent la RFA, tant sur le plan économique que militaire : sous l'égide de l'OTAN, des dizaines de milliers de soldats américains stationnent à l'ouest du « rideau de fer », tandis que sont installés d'innombrables missiles Pershing, coiffés d'ogives nucléaires et tournés vers l'Est.

La véritable fin de la guerre, 50 ans plus tard

Pendant quarante ans, la RFA connaît une prospérité économique spectaculaire. En 1989, l'effondrement des régimes communistes favorise le départ de dizaines de milliers d'Allemands de l'Est qui rallient la RFA. En un an, la chute du mur de Berlin, des élections libres et un accord économique achèveront de rapprocher les deux frères ennemis. Le Parlement (Bundestag) ratifie la réunification. La nouvelle Allemagne retrouve à peu près ses frontières d'avant-guerre.

révisionnisme

C'est le courant de pensée qui prétend faire la « révision » de l'histoire de la Seconde Guerre mondiale, en contestant l'importance des crimes commis par les nazis, et en particulier l'extermination systématique des Juifs, la Shoah.

Voir aussi : antisémitisme, néonazisme

Pour les révisionnistes, la Shoah serait une imposture historique inventée pour légitimer la création de l'État d'Israël. C'est une nouvelle forme de l'antisémitisme.
Manifestation ultime du révisionnisme, le négationnisme nie purement et simplement l'existence des chambres à gaz.

LES CHAMBRES À GAZ
EN QUESTION
Pour démontrer que la Shoah n'a pas existé, les révisionnistes se concentrent sur le symbole que sont les chambres à gaz. Ils affirment qu'aucune preuve de leur existence n'a été apportée et en déduisent que les nazis n'avaient pas la volonté d'exterminer systématiquement les Juifs. D'autres révisionnistes moins extrémistes se contentent de minimiser l'importance de la Shoah et contestent le nombre des Juifs morts en déportation (officiellement 6 millions).

UN COURANT D'IDÉES
QUI PROGRESSE
Le révisionnisme est né dès la fin de la guerre, avec les livres de Maurice Bardèche, puis de Paul Rassinier. Mais les révisionnistes furent particulièrement actifs dans les années 70, avec la publication de plusieurs ouvrages français et étrangers.

Depuis 1980, les ouvrages des révisionnistes français sont publiés par la Vieille Taupe, une librairie d'« ultra-gauche », ce qui souligne des convergences idéologiques troubles entre des factions de l'extrême droite et de l'extrême gauche françaises sur le terrain de l'antisionisme. En 1996, la polémique a été vivement relancée en France par la parution d'un ouvrage du philosophe Roger Garaudy à qui l'abbé Pierre, l'homme le plus populaire de l'hexagone, a apporté son soutien dans un premier temps.

QUE FAIRE CONTRE
LE RÉVISIONNISME ?
Les révisionnistes n'ont pas d'arguments scientifiques valables, ce qui n'empêche pas leurs thèses de faire leur chemin dans l'opinion. Des livres, tracts, brochures, vidéocassettes sont commercialisés par le biais d'un réseau international. La presse, qui a donné une tribune aux révisionnistes, a joué un rôle contesté. Certains pays, comme la France en 1990, ont voté des lois pour punir le délit de « négation de crime contre l'humanité ».

• En 1980, Robert Faurisson, universitaire lyonnais, fait connaître les thèses révisionnistes au grand public.
• En 1990, Michel Noir, alors maire de Lyon, exige la démission de Bernard Notin, universitaire ayant signé un article révisionniste.

• Les thèses révisionnistes sont relayées par plusieurs mouvements d'extrême droite, en France mais aussi en Allemagne, en Grande-Bretagne, en Espagne, en Italie et aux USA.

"C'est une nouvelle forme de l'antisémitisme"

RMI

*En France, la loi garantit le RMI, revenu mini-
mum d'insertion, aux personnes de plus de
25 ans sans ressources.*

Voir aussi : chômage, fracture sociale, SDF

"Le RMIste s'engage à s'insérer dans la société..."

• **En 1994, le RMI a
coûté 32 milliards
de francs, 26 milliards
étant à la charge de
l'État et 6 milliards
à la charge des
départements.**
• **42 000 personnes
inscrites au RMI en
janvier 1992 ; 8,6 %
des allocataires avaient
trouvé un emploi en
1996.**
• **60 % des RMIstes
font l'objet d'un suivi
social.**

Face à la montée de la crise et au nombre croissant de chômeurs de longue durée non indemnisés, le RMI est destiné à aider les personnes les plus démunies et à faciliter leur réinsertion sociale.

Depuis quand ?

Le RMI, créé en 1988 à l'initiative du gouvernement de Michel Rocard, est géré par les caisses d'allocations familiales. Pour bénéficier du RMI, il faut être sans ressources, avoir 25 ans minimum (sauf si l'on a des enfants à charge), déposer une demande auprès des services sociaux ou des associations caritatives et s'engager à s'insérer dans la société.

Jusqu'en 1996, un jeune de moins de 25 ans sans revenu pouvait toucher le RMI, quelles que soient les ressources de ses parents. Désormais, les parents et grands-parents qui peuvent lui venir en aide, notamment en l'hébergeant et en le nourrissant, sont tenus de le faire.

Le montant du RMI

En 1996, en métropole, le RMI s'élève à 2 374,50 francs pour une personne seule sans enfant et 3 561,75 francs pour une personne seule avec un enfant ou pour un ménage sans enfant. Pour chaque enfant à charge supplémentaire, l'allocataire du RMI reçoit un complément. Le montant du RMI en métropole est supérieur à celui versé dans les départements d'outre-mer.

QUI SONT LES RMISTES ?

En janvier 1996, près de 950 000 RMIstes touchaient ce revenu minimum d'insertion en métropole, et 106 000 dans les territoires d'outre-mer. Le portrait type du RMIste est un homme seul de 35 ans, en majorité ouvrier. Un RMIste sur trois a moins de 30 ans. Son niveau de formation est généralement faible (90 % ont un niveau inférieur au bac). Si l'on compte les enfants et les conjoints, il y avait, en 1994, 1 800 000 RMIstes en France. Près d'un RMIste sur dix est sans domicile (SDF) ou mal logé. Quatre sur dix sont hébergés par des proches, quatre sur dix sont locataires. Seuls 4,5 % des RMIstes sont propriétaires de leur domicile.

satellite
scanner
Schengen
   voir **Union européenne**
scoop
SDF
sectes
Sécurité sociale
Serbie *voir* **Balkans**
séropositif *voir* **sida**
service national *voir* **armée**
service public
   voir **fonctionnaire**
shuttle
sicav *voir* **Bourse**
sida
Silicon Valley
   voir **ordinateur**
sitcom
skinhead
sondage
spéculation
sponsor
star system
stupéfiants *voir* **drogue**
sunnites *voir* **islam**
surdoué *voir* **QI**
surpopulation
sursis
syndicat
synthétiseur

satellite

Le mot satellite vient du latin « satelles » qui signifie « garde du corps ». C'est pourquoi on appelle ainsi les corps qui gravitent autour d'une planète.

Voir aussi : météo, shuttle, télécommunication

On classe les satellites artificiels selon les fonctions qu'ils remplissent. Par exemple :

• **Transmission des émissions radio et télévision :** satellites de communication ou satellites relais.

• **Connaissance et évolution du climat :** satellites météorologiques comme les Météosat.

• **Connaissance de la position géographique d'un bateau :** satellites de navigation utilisés par les bateaux civils ou militaires.

• **Surveillance d'un territoire :** satellites d'observation à usage civil (Spot) ou militaire.

• **Missions scientifiques diverses :** satellites scientifiques, comme le télescope Hubble qui permet d'observer des astres sans être gêné par l'atmosphère.

Le satellite tourne autour de son astre suivant une trajectoire appelée orbite. La durée mise par un satellite pour parcourir son orbite est toujours la même. On la nomme période de révolution du satellite. Certaines planètes possèdent des satellites naturels. Les satellites artificiels sont envoyés dans l'espace par l'homme.

LES SATELLITES NATURELS

Un cortège de neuf planètes principales (Mercure, Vénus, la Terre, Mars, Jupiter, Saturne, Uranus, Neptune et Pluton) tourne autour du Soleil. Ce sont des satellites naturels du Soleil. Si Mercure et Vénus n'ont pas de satellites connus, la Terre en possède un (la Lune), Mars deux, Jupiter seize et Saturne dix-huit. La planète Uranus en compte quinze, Neptune huit, et Pluton un.

Il existe aussi des milliers de petites planètes, ou astéroïdes, et des petits corps glacés, les comètes, qui tournent autour du Soleil. L'ensemble de tous ces corps constitue le système solaire.

LES SATELLITES ARTIFICIELS

Les hommes savent lancer des engins spatiaux destinés à tourner autour de la Terre ou d'autres astres du système solaire. Ce sont les satellites artificiels. Leurs orbites sont prévues et calculées à l'avance. Ils jouent un rôle fondamental car ils élargissent les possibilités techniques ou scientifiques de l'homme.

LE LANCEMENT DES SATELLITES

Pour satelliser un engin, on peut le lancer au moyen d'une fusée porteuse à plusieurs étages. Elle conduit l'engin à l'altitude souhaitée et le propulse sur l'orbite prévue. Ou bien on utilise la navette spatiale américaine (shuttle). Les satellites artificiels sont de toutes tailles, de quelques kilogrammes à plusieurs tonnes, et de toutes formes. Plus de 4 000 ont été lancés depuis Spoutnik 1, le 4 octobre 1957.

SATELLITES GÉOSTATIONNAIRES

Ce sont des satellites de télécommunications. Ces satellites font un tour en 24 heures, comme la Terre sur elle-même ; ils sont donc toujours au-dessus du même point et paraissent immobiles pour un observateur terrestre. Ils servent de relais permanent pour les communications intercontinentales. Ainsi, une communication téléphonique entre Paris et Pékin va « monter » jusqu'au satellite et « redescendre » vers la Chine.

scanner

*Le scanner est un appareil qui permet l'explo-
ration à distance de l'intérieur du corps
humain ou de toute autre matière solide. En
anglais, « scanner » signifie « examinateur ».*

scanner médical
révéler les secrets
chés d'une momie
yptienne.

présenter des zones sombres et claires, révélant la structure de la main en négatif.

Le scanner utilise également les rayons X, mais seules les images situées dans une tranche sélection-née sont lisibles, cent fois plus pré-cises que par la radiographie clas-sique. On peut changer le plan comme on le souhaite. C'est l'ordi-nateur qui permet de le sélectionner.

DES IMAGES EN TRANCHES

On peut donc, grâce au scanner, photographier un organe tranche par tranche. Les prises de vues sont reconstituées sur un écran. Elles sont très précises et révèlent des détails de petite dimension. Lorsqu'un organe est atteint par une maladie, une tumeur cérébrale par exemple, le médecin peut loca-liser la zone malade sur l'écran et intervenir avec une grande préci-sion sur la zone à traiter. Ce pro-cédé permet ainsi l'inspection de tout corps solide.

Inventé en 1972
par G.-N. Hounsfield,
le scanner est aujour-
d'hui utilisé dans de
multiples secteurs.
• **En médecine,**
il permet de lire à
l'intérieur du corps.
• **En graphisme,** il
permet de numériser
des images ou du
texte.
• **Dans l'industrie,**
il aide à détecter
les défauts à l'intérieur
d'une pièce métallique.
• **À la douane,**
il inspecte l'intérieur
des bagages.
• **Dans la distribution,**
il sert à lire les prix
sur les étiquettes
(les codes barres).

Comment connaître la répartition des fruits à l'intérieur d'un cake ? Si l'on coupe une tranche au hasard, on risque d'être déçu : pas assez ou trop de fruits. Il faudrait avoir à l'avance une photographie du gâteau en tranches pour couper à l'endroit souhaité, ou mieux : une radiographie du gâteau entier.

L'ORDINATEUR :
PILOTE DES RAYONS X

Pour obtenir une radiographie, on utilise des rayons invisibles, très puissants, que l'on appelle les rayons X. Ils traversent la matière et, comme la lumière, ils impres-sionnent les pellicules. Pour obtenir une radio de la main, on la place sur le trajet des rayons ; les os, les muscles et les autres tissus ne se laissent pas traverser avec la même facilité par les rayons. La radio va

**"On peut donc,
grâce au scanner,
photographier un organe tranche
par tranche"**

scoop

Scoop en anglais signifie « bon coup ». Le mot désigne une information exclusive et de haute importance révélée par un média. Petit à petit, il passe dans le langage courant pour désigner n'importe quelle révélation.

Combien ?

• Les photographes de guerre, qui couvrent au risque de leur vie les conflits mondiaux, n'arrivent plus à vendre cher leur travail. Une photo exclusive se vend entre 40 000 et 300 000 francs.

• Les paparazzi (mot inventé par Fellini dans son film *La Dolce Vita* pour désigner les photographes qui harcèlent les stars) vendent une bonne histoire au moins 300 000 francs.

• D'après le quotidien *Libération*, les photos révélant en 1994 l'existence de la fille du président Mitterrand, Mazarine, auraient été achetées 500 000 francs par *Paris-Match*.

Le scoop est le moteur du journalisme. En France, *L'Événement du Jeudi* a révélé que du sang contaminé par le virus du sida avait été administré aux hémophiles en connaissance de cause. *Le Canard enchaîné*, journal satirique, s'est fait une spécialité des scoops révélant les malversations des hommes politiques.

LE WATERGATE

Le scoop par excellence, ces dernières années, est la révélation du scandale du Watergate aux États-Unis. En 1974, deux journalistes du *Washington Post*, Bob Woodwoard et Carl Bernstein ont provoqué la démission du président Nixon en révélant que son comité de campagne avait mis sur écoute le quartier général du parti démocrate lors de la campagne pour les élections de 1972.

VÉRIFIER SES SOURCES

Le scoop s'obtient par une « source » bien placée, qui peut fournir des documents et des informations. Ces dernières années, les juges ont rejoint les policiers et les politiques pour faire passer dans la presse un certain nombre de scandales. Le journaliste doit se méfier des fausses informations et manipulations. La règle du métier implique une double vérification de toute information.

LA PRESSE À SCANDALE

Il existe un autre type de scoop, concernant la vie privée des stars. L'enregistrement d'une conversation téléphonique entre le prince Charles et sa maîtresse, Camilla Bowles, en Grande-Bretagne, l'arrestation de l'acteur Hugh Grant en compagnie d'une prostituée aux États-Unis, ou les photos révélant la liaison du mari de Stéphanie de Monaco avec une strip-teaseuse belge, publiées en Italie puis en Espagne, ont rapporté énormément aux paparazzi comme à la presse à scandale.

L'IRANGATE

En souvenir du Watergate, les Américains ont appelé « Irangate » le scandale révélé en 1986 : les États-Unis, qui avaient décrété un embargo sur les ventes d'armes à l'Iran, lui en vendaient clandestinement. Les bénéfices de ces ventes servaient à aider la lutte des « contras » opposés au gouvernement marxiste du Nicaragua.

Les SDF, ou « sans domicile fixe », sont des individus qui n'ont pas d'adresse régulière et se déplacent de logement précaire en foyer d'hébergement.

Voir aussi : chômage, fracture sociale, RMI

On croise des SDF chaque jour dans les rues de nos grandes villes. On apprend à ne plus faire attention à eux, tellement ils sont nombreux. Et pourtant, ces personnes ne sont pas nées marginales : elles ont été amenées à cette situation par divers événements. Le chômage est souvent à l'origine de leurs difficultés : sans travail, et donc sans revenus, elles ne peuvent plus payer leur loyer et se retrouvent ainsi à la rue. Des problèmes familiaux ou de santé ont pu accélérer leurs difficultés et expliquer leur solitude. La perte du logement est souvent la dernière étape d'un processus poussant progressivement les individus à l'écart de la vie en société.

DIFFICILE DE S'EN SORTIR

Dormant dans la rue, dans des locaux désaffectés ou hébergés temporairement dans des foyers d'accueil, les SDF doivent assurer leur survie au jour le jour. Dans de telles conditions, il est extrêmement compliqué de chercher du travail et d'espérer retrouver une vie normale. Les services sociaux de l'État peuvent apporter une aide, mais pour en bénéficier il faut entreprendre des démarches difficiles pour des personnes vivant en marge de la société. Seules les associations caritatives qui travaillent « sur le terrain » aux côtés des SDF sont capables de les guider dans cette voie.

DE NOMBREUSES ASSOCIATIONS

Les associations font un travail permanent auprès des SDF. Elles ont créé des lieux où ils peuvent dormir et manger, mais aussi parler de leurs problèmes. Les plus connues sont l'Armée du Salut, le Secours catholique et Emmaüs, qui gèrent à elles trois 50 % des capacités d'accueil. D'autres organismes, comme le Samu social ou Médecins du monde, ont ouvert des consultations médicales à destination des SDF, dépourvus de toute protection sociale.

• **L'abbé Pierre est le fondateur de l'association Emmaüs. Depuis février 1954, il n'a jamais cessé de se battre pour les plus démunis.**

• **Coluche a créé en 1985 les Restos du Cœur, qui continuent à distribuer chaque année des millions de repas gratuits.**

sectes

Une secte est un groupement religieux ou philosophique minoritaire organisé, clos sur lui-même et créé en opposition à des idées et à des pratiques dominantes.

En mars 1995, dans le métro de Tokyo, un attentat au gaz sarin provoque la mort de 12 personnes et l'intoxication de 5 000 autres. Shoko Asahara, fondateur de la secte Aoum et responsable présumé de cette catastrophe, est arrêté le 16 mai 1995.

À l'origine, le mot secte (du latin *sequi*, suivre) désignait simplement tout groupe dont les adeptes suivaient les mêmes principes philosophiques ou religieux. Aujourd'hui, la plupart des sectes refusent d'être désignées par ce mot et se présentent en tant qu'Église, ordre, œuvre, association, école, institut, etc. Autant d'appellations qui peuvent leur valoir le reproche de ne pas se présenter sous leur vrai jour.

UNE SURVEILLANCE ÉTROITE

On dénombre en France environ 300 sectes groupant plus d'un demi-million d'individus. Depuis le rapport Vivien, en 1985, députés et ministres se préoccupent de limiter le développement des sectes, ou plus précisément des associations religieuses qui ne respectent ni les lois ni les droits de la personne humaine.
À ce jour, les sectes sont soumises en France à deux lois : celle de 1901, qui s'applique aux associations, et celle de 1905, qui concerne les cultes. Ce dispositif pourrait être complété afin de permettre un plus grand contrôle de leur activité.

LES GOUROUS

Les églises traditionnelles ont commencé à perdre une partie de leurs jeunes paroissiens dans les années 1960-70. Le mouvement s'est accentué après Mai 68 pour gagner les partis politiques, les syndicats qui, jusque-là, encadraient les jeunes et leur proposaient des « valeurs fortes ». Une partie de la jeunesse se tourna alors vers l'Inde, le Népal, les musiques orientales et l'hindouisme. Des associations se constituèrent pour répandre en Europe les croyances orientales, ou pour les mettre en pratique dans des lieux communs de vie (communautés). Chez leurs adeptes, curiosité, mode et goût de l'exotisme ont parfois débouché sur d'autres aspirations : salut éternel, recherche de la vraie sagesse, méditation, yoga… La plupart des sectes s'inspirent de religions et de traditions très anciennes,

UNE PREMIÈRE CONDAMNATION POUR LES SCIENTOLOGUES

Pour la première fois en France en 1996, à la suite d'un procès retentissant, un tribunal a condamné 23 scientologues lyonnais pour « escroquerie et abus de confiance », à la suite du décès d'un adepte en 1988. La veuve de la victime mettait en cause les méthodes de la secte qui avaient conduit son mari au suicide. Parmi les peines prononcées, de la prison ferme et des amendes de 10 000 à 500 000 francs.

Le révérend Moon
marie 6 516 couples.
Ce sont des milliers de
fidèles, venus du monde
entier, qui ne se
connaissaient pas avant
d'être ainsi mariés par
l'église de l'Unification.

auxquelles elles ajoutent l'amour sans réserve du chef, le gourou.

Le gourou, terme hindi signifiant « vénérable », est le maître. Il enseigne ses principes religieux et son mode de vie aux adeptes d'une secte hindouiste. À la fin des années 60, des chanteurs ou des musiciens célèbres (comme les Beatles) ont vécu sous la direction spirituelle de leurs gourous. Par extension, ce nom est donné à tous ceux qui jouent un rôle de dirigeant, d'enseignant ou d'animateur dans un groupe religieux.

LES DANGERS

Accompagnée de privation de sommeil, d'une alimentation insuffisante et d'un travail excessif, la vie en communauté affaiblit la résistance et le sens critique des adeptes. Certaines sectes conditionnent leurs membres par des techniques de manipulation mentale, hypnose, extases collectives ou même drogues. La plupart séparent totalement les adeptes de leur famille et de leurs amis et s'approprient souvent leurs biens. Elles sont également accusées de participer à divers trafics internationaux et de tenir sous leur coupe certains chefs d'entreprise ou responsables politiques. Car, loin de se limiter aux jeunes en mal de références, les sectes ont aujourd'hui un pied dans le monde des décideurs : n'a-t-on pas vu des patrons faire appel à des gourous comme conseillers ou organiser d'étranges stages de dynamisation pour leurs cadres ?

Le fanatisme peut conduire à des massacres ou à des suicides collectifs :
• En 1978, au Guyana, plus de 900 personnes de la secte de Jim Jones ont trouvé la mort par empoisonnement collectif.
• En 1993 à Waco, au Texas, plus de 80 adeptes de la secte des Davidiens ont péri.
• En 1994, on a découvert 48 cadavres dans les chalets suisses de l'« Ordre du temple solaire ». Un an plus tard, 16 corps calcinés de membres de la même secte sont retrouvés dans le Vercors, disposés en cercle.

DES MILLIERS D'ADEPTES EN FRANCE

L'Américain Ron Hubbard, auteur de La Dianétique, livre où il définit « la science moderne de la santé mentale », a fondé en 1954 l'Église de Scientologie pour diffuser sa doctrine. Elle compte 40 000 adeptes en France et en revendique 8 millions dans le monde ! La Méditation transcendantale, fondée en Inde en 1958, possède des filiales nombreuses aux États-Unis, en Suisse, en France (30 000 membres déclarés en France). Le Coréen Moon a fondé en 1954 une secte visant à établir le règne de Dieu sur Terre par la lutte contre le communisme. Son Église de l'Unification est établie dans de très nombreux pays ; elle aurait 2 millions d'adhérents et s'appuie sur un empire industriel et financier considérable. En France, la secte Moon anime une quinzaine de centres et compte 1 200 adeptes.

Sécurité
sociale

Assurance collective obligatoire protégeant les personnes qui travaillent ou ont travaillé, ainsi que les membres de leur famille.

Voir aussi : impôts

Plus de 140 pays disposent d'assurances sociales, surtout pour les accidents du travail et le risque maladie. Dans les nations de tradition britannique, les pays nordiques et ceux d'Europe orientale, un système unique de sécurité sociale offre souvent la gratuité des soins. Ailleurs, comme en France, divers régimes d'assurance obligatoire coexistent. Dans les pays les plus pauvres, les assurances sociales reposent sur le volontariat.

L'expression « sécurité sociale » est apparue aux États-Unis en 1935 avec le *Social Security Act*. Pourtant, les États-Unis n'ont toujours pas de Sécurité sociale obligatoire comme en ont la plupart des pays d'Europe. Aujourd'hui, plus d'une centaine de pays disposent d'un système d'assurances sociales.

En France, depuis 1945, la « Sécu » a peu à peu élargi sa protection à presque toute la population. Les cotisations sont payées par les employeurs et les salariés, les travailleurs indépendants, les étudiants. Elles servent à verser des prestations aux assurés qui cotisent ainsi qu'à leur famille (on les appelle les ayants droit) en cas de maladie, hospitalisation, grossesse, etc.

L'ASSURANCE MALADIE

Les assurés du « régime général » des salariés français sont inscrits auprès de caisses primaires d'assurance-maladie (CPAM). Il existe aussi plus de 500 régimes spéciaux (SNCF, RATP, mines, auteurs et artistes…). Ces caisses remboursent ou prennent en charge les frais liés à la maladie ou à la grossesse. Une partie des frais reste à la charge de l'assuré, qui peut percevoir des remboursements complémentaires de la part de sociétés d'assurances mutuelles.

PRESTATIONS FAMILIALES ET RETRAITES

Les assurés perçoivent des « allocations familiales » selon le nombre et l'âge de leurs enfants. Les caisses d'allocations familiales (CAF) aident aussi les assurés à se loger.

Pour sa part, la Caisse nationale d'assurance-vieillesse (CNAV) verse chaque trimestre leur pension aux salariés retraités ainsi qu'un « minimum vieillesse » aux personnes âgées sans ressources.

LE PLAN JUPPÉ : LA CHASSE AU GASPI

En 1995, Alain Juppé, Premier ministre français, présente son plan de sauvetage de la Sécurité sociale. Ce dispositif assez complexe a pour objectif de mieux maîtriser les dépenses de santé par l'application de différentes mesures :

• Les prescriptions des médecins sont contrôlées et leurs honoraires sont gelés jusqu'à fin 1997. Des sanctions sont prévues s'ils prescrivent des traitements coûteux plutôt que des traitements standards (ou génériques) ou s'ils délivrent trop d'arrêts de travail.

• Le carnet de santé suit l'itinéraire médical de chaque Français, ce qui devrait limiter la multiplication des visites et des examens.

• Le financement des hôpitaux est régionalisé. Des « agences nationales de l'hospitalisation » sont créées. Elles décident des attributions d'équipements, contrôlent les marchés publics et peuvent décider la fermeture de certains services. Leurs directeurs sont nommés en Conseil des ministres.

COTISATIONS ET PRESTATIONS

Les cotisations constituent aujourd'hui 86 % des ressources de la « Sécu ». Elles sont complétées par des subventions de l'État (7 %) et des taxes et impôts spécifiques.

Une moitié des dépenses de la « Sécu » est affectée aux pensions de retraite. L'autre moitié se partage entre les dépenses de santé, l'action sociale, la famille et la gestion.

LE FAMEUX « TROU DE LA SÉCU »

Tout régime d'assurance, ou de prévoyance, suppose que les cotisations couvrent le montant des dépenses. Or, ce n'est plus le cas de la Sécurité sociale depuis plus de 20 ans. C'est pourquoi l'on parle du « trou de la Sécu ». La réduction du nombre des cotisants liée au chômage, l'augmentation constante des dépenses de santé, les examens de plus en plus coûteux, le recours fréquent à des médecins spécialistes sont à l'origine de ce déficit qui ne cesse de s'accroître. Il devait atteindre 180 milliards de francs en 1996. Différents plans de redresse-ment ont été tentés : des prélèvements nouveaux ont été votés, comme la CSG (contribution sociale généralisée) et le RDS (remboursement de la dette sociale), et certains soins ou médicaments sont moins remboursés qu'auparavant. Mais le trou persiste…

DES BESOINS NOUVEAUX

La « Sécu » doit faire face simultanément à de nouvelles maladies, comme le sida, et aux charges induites par le progrès de la médecine : examens précis et coûteux (échographie, scanner, IRM…), soins prolongés, accueil des personnes dépendantes ou handicapées sont autant de progrès dont elle supporte la charge.

Un nouveau « risque social » a fait l'objet d'un projet de loi prévoyant une « prestation autonomie » pour les personnes dépendantes. La responsabilité de plus en plus lourde de l'État dans le financement et la définition des « risques sociaux » ont justifié une réforme législative, votée en 1996.

Un médicament générique est un produit dont le brevet est tombé dans le domaine public ; il est donc beaucoup moins cher, à efficacité égale, qu'un médicament non générique.
Aux États-Unis, on consomme 50 % de médicaments génériques, et en France 5 % ! Il faut dire qu'aux États-Unis, 35 millions de personnes qui n'ont aucune couverture sociale recherchent les médicaments les moins chers.

shuttle

En anglais, un shuttle est un véhicule qui effectue des allers et retours. On utilise donc ce mot pour désigner à la fois les navettes spatiales et le système sur rail d'Eurotunnel.

Navette ou shuttle ? Un sujet de désaccord entre Français et Britanniques qui ont réussi à relier les deux pays, mais discutent encore du nom à donner à l'engin qui transporte passagers et véhicules sous la Manche.

"C'est un engin qui n'est ni vraiment avion, ni vraiment fusée"

UNE NAVETTE SOUS LA MER

Le creusement du tunnel sous la Manche, qui relie Calais à Folkestone, a permis à la société Eurotunnel de développer commercialement un moyen de transport : le Shuttle. Il s'agit d'une navette sur rails de 300 mètres de long, capable de transporter 200 voitures ou 35 autocars et poids lourds. La rapidité de chargement et de déchargement des trains fait de cette navette un redoutable concurrent des ferry-boats qui traversent la Manche. Le TGV Eurostar emprunte le tunnel plusieurs fois par jour pour relier Paris ou Bruxelles à Londres, de centre-ville à centre-ville. Depuis les premiers passages en mai 1995, la Grande-Bretagne n'est plus tout à fait une île.

LA NAVETTE SPATIALE : UN LANCEUR DE SATELLITE RÉUTILISABLE

À partir de 1975, après le succès des missions Apollo et de la fusée Saturne 5, les Américains fabriquent un vaisseau spatial habité, navette spatiale ou shuttle, pouvant être envoyé sur orbite mais rentrant dans l'atmosphère et se posant sur terre par ses propres moyens : l'Orbiter.

La navette décolle comme une fusée.

Creuser le tunnel a nécessité l'utilisation d'une haveuse d'un diamètre de 25 mètres.

C'est un engin qui n'est ni vraiment avion, ni vraiment fusée. De la taille d'un appareil de ligne, il a l'air un peu lourd avec son gros fuselage, ses petites ailes, son nez et son ventre foncés et un gros aileron arrière, mais il semble puissant avec ses cinq énormes tuyères. La navette décolle comme une fusée, manœuvre en orbite tel un vaisseau spatial et atterrit comme un avion. Elle se compose d'une « zone de vie » qui peut recevoir un équipage de sept personnes dans un espace de 1 000 m³.

On distingue un poste de pilotage à deux places pourvu de fenêtres. Cinq ordinateurs très puissants aident le commandant de bord au cours de ses manœuvres. Sous ce poste, il y a un large espace avec toutes les commodités (douche, toilettes, cuisine…). On communique par un sas avec la soute qui peut contenir jusqu'à trente tonnes de matériel.

UN TRANSPORTEUR, UN ATELIER DE RÉPARATIONS, UN LABORATOIRE

La principale tâche de la navette spatiale est de transporter et de placer des satellites sur orbite grâce à des bras articulés qui sortent de la soute, mais on peut aussi l'utiliser pour récupérer ou réparer des satellites : la Nasa a ainsi pu changer le miroir du satellite-télescope Hubble qui était défectueux. Composé de pilotes qualifiés mais aussi de scientifiques, l'équipage effectue des expériences et des sorties dans l'espace. Pour modifier la position de la navette, le pilote peut utiliser quarante moteurs. Une navette américaine a réussi un rendez-vous avec la station orbitale russe Mir. Les Soviétiques ont, eux aussi, réalisé une navette, appelée Bourane, en 1988.

Le tunnel sous la Manche :
- 139 projets présentés avant le début des travaux d'Eurotunnel.
- 8 millions de m³ de déblais.
- 50,5 km creusés à une profondeur moyenne de 45 mètres sous la mer.
- 27 milliards de francs : c'est le budget prévu au début des travaux.
- 86 milliards de francs dépensés au 6 mai 1994.
- 3 h : c'est la durée du trajet Paris-Londres.
- 2 h 15 : c'est la durée du trajet Bruxelles-Londres.

UN DRAME : LE DERNIER VOL DE CHALLENGER

Le premier vol de la navette Columbia eut lieu avec succès du 12 au 24 avril 1981. Pendant cinq ans, les navettes Columbia, Challenger et Discovery réussirent de nombreuses missions. Le 28 janvier 1986, devant des millions de téléspectateurs, la navette Challenger explosa 73 secondes après son décollage, provoquant la mort des sept astronautes qui étaient à bord. Cet accident, dû à un défaut d'étanchéité d'un petit joint, fut un choc terrible pour l'Amérique. Il ralentit le rythme des missions, sans toutefois les faire cesser.

sida

Le sida est le dernier stade d'une maladie du système immunitaire qui n'a aujourd'hui ni vaccin ni traitement… et qui se propage à une vitesse alarmante.

Voir aussi : hémophilie, MST, préservatif, virus

- **30 à 40 millions (dont 90 % dans les pays en voie de développement) : c'est le nombre de séropositifs que l'on prévoit pour l'an 2000.**
- **12 à 18 millions de sidéens : ce sera le nombre de malades en l'an 2000 si l'on ne se protège pas systématiquement dès aujourd'hui.**
- **À titre de comparaison, chaque année dans le monde, la tuberculose tue 3 millions de personnes. Les autres maladies infectieuses très répandues (paludisme + diarrhée) tuent, ensemble, 2 millions d'individus.**

1985 : les Français déclarent avoir pour préoccupations principales l'argent et la voiture. 1995 : ce sont le sexe et la santé qui viennent en tête. L'explication d'un tel changement tient en un mot : sida.
Ce sigle scientifique pour désigner le **S**yndrome d'**I**mmuno**d**éficience **A**cquise est désormais passé dans le langage courant.

AVOIR LE SIDA

Être malade du sida ou être « sidéen » signifie que l'on présente un ensemble de symptômes et de signes (syndromes) d'affaiblissement du système immunitaire (immunodéficience) dû à un virus

(acquis). Le système immunitaire a pour mission de protéger le corps contre les agressions extérieures. Lorsqu'il est trop faible, il ne peut plus se défendre contre les virus, bactéries, parasites, etc., et la rencontre avec l'un ou l'autre de ces agresseurs devient l'occasion du développement de maladies « opportunistes ». Le virus à l'origine du sida se nomme VIH (Virus de l'immunodéficience humaine).

ÊTRE SÉROPOSITIF

Une personne porteuse de ce virus est « séropositive » : le virus est entré dans son sang, elle peut contaminer un autre individu, mais

SEA, SEX AND SUN… C'EST FINI ! MAINTENANT ON DIT :

MAZOUT   SIDA   MÉLANÒME

BIENTÔT LA SOLUTION ?

L'AZT est aujourd'hui le produit le plus prescrit pour lutter contre le sida. Il est censé bloquer la multiplication du virus dans l'organisme, mais il n'en permet pas l'élimination définitive. D'autres antiviraux sont en cours d'évaluation. Récemment, la trithérapie (AZT + antiprotéases) a semblé plus efficace pour réduire le nombre de virus chez les patients atteints. Mais les recherches ne portent que sur quelques centaines de personnes et l'on manque de recul pour savoir si ces traitements prolongent la durée de vie des malades.

elle n'est pas malade. Cette période de séropositivité sans maladie peut durer très longtemps (8 à 10 ans, voire plus), période pendant laquelle on peut vivre de façon tout à fait normale.

Il faut alors simplement être vigilant, avoir des rapports sexuels protégés, éviter de se réinfecter et faire soigner les infections bénignes (bronchites, infections urinaires) pour ne pas compromettre l'immunité, et veiller à une bonne hygiène de vie (cesser de fumer…). Ces mesures permettent de retarder l'apparition du sida.

"Le virus
à l'origine du sida se nomme VIH"

SE SOIGNER

Il n'existe aucun traitement qui permette de guérir du sida, pas plus qu'il n'y a de vaccin contre son virus, et il n'est guère d'espoir pour que ceux-ci soient mis au point dans un avenir proche. En revanche, d'immenses progrès ont été faits dans le traitement des maladies opportunistes : on les soigne et on les prévient de mieux en mieux. Cette évolution laisse espérer que l'on pourra,

à moyen terme, vivre normalement et longtemps avec le sida.

ÉVITER LA TRANSMISSION

Avant 1986, et malheureusement encore aujourd'hui, dans certains pays pauvres qui n'ont pas de système de santé très développé, la transfusion sanguine était extrêmement contaminante. En 1995, en France et dans la plupart des pays riches, le sida ne se transmet plus que de trois façons : les relations sexuelles (le sida est une MST, maladie sexuellement transmissible), l'utilisation de seringues et d'aiguilles contaminées (par les drogués, en particulier) et la contamination materno-fœtale (d'une mère séropositive à son bébé au cours de la grossesse et de l'accouchement). Cela signifie que l'on peut parfaitement vivre avec des personnes séropositives ou sidéennes sans risque de contamination. Celle-ci peut être presque toujours évitée grâce aux préservatifs et à l'utilisation de seringues et d'aiguilles à usage unique.

C'est essentiellement parce que ces mesures n'ont pas été suivies que l'on est passé de l'observation de cas très rares de sida en 1981 à environ 20 millions de séropositifs dans le monde en 1996.

• **Chaque jour, plus de 8 500 personnes (45 % de femmes, 55 % d'hommes) contractent l'infection à VIH. Les trois quarts des cas d'infection sont imputables à la transmission hétérosexuelle.**
• **À côté des 80 000 séropositifs recensés en France (1996), on estime à 30 000 le nombre de personnes malades qui ignorent leur état.**

sitcom

Le sitcom est un genre de série télévisée à caractère humoristique. Ce mot est l'abréviation de l'expression « situation comedy » qui se traduit en français par comédie de situation.

- **Bill Cosby est devenu l'une des dix plus grosses fortunes américaines en étant à la fois acteur et producteur du *Cosby Show*. Il a gagné 115 millions de dollars en 1991, soit l'équivalent d'un salaire horaire de... 140 000 francs !**
- **Un épisode du célébrissime *Hélène et les garçons* était tourné en une journée : il coûtait 500 000 francs à produire, soit treize fois moins cher qu'un film de 30 minutes.**
- **Les soap operas s'étalent sur 700 ou 800 épisodes. Record de longévité : *Les Feux de l'amour*, soap opera américain aux 3 800 épisodes.**

Ces programmes télévisés, qui nous viennent tout droit des États-Unis, ont envahi les chaînes de télévision européennes au début des années 80. Des séries comme le *Cosby Show* ou *Arnold et Willy*, purs produits américains, ont vite été remplacées par des créations européennes.

LE TOURNAGE

Plusieurs caractéristiques permettent d'identifier un sitcom : il est toujours tourné en intérieur, le décor se limite en général à une ou deux pièces d'un appartement. Dans cet univers clos évoluent des personnages que l'on retrouve d'un épisode à l'autre.

Chaque épisode raconte une petite histoire qui a un début et une fin. Il ne s'agit jamais de grands drames mais plutôt d'anecdotes de la vie de tous les jours. Par définition, un sitcom doit être drôle : il est d'ailleurs systématiquement rythmé par des rires préenregistrés qui soulignent les moments les plus amusants. Dernier élément fort important : tournés très rapidement, avec un minimum de décor, les sitcoms sont particulièrement économiques à produire. Leur succès est énorme : ils sont suivis chaque jour par des millions de téléspectateurs européens.

UN GENRE EN PERTE DE VITESSE

Il semble cependant que le public commence à se lasser de ces « produits » sans surprise et se tourne peu à peu vers des programmes que les responsables de chaîne désignent sur le nom d'« émissions de sens » telles que *Le Monde de Léa* sur TF1, ou vers des séries nouvelles au héros récurrent, comme *Navarro*, *Julie Lescaut* et *Femme d'honneur*, qui a battu un record d'audience en novembre 1996 avec 53,6 % de part d'audience.

LES SOAP OPERAS

Financées à l'origine par des marques de lessive américaines, d'où la traduction littérale « opéra pour le savon », ces séries télévisées racontent des histoires d'amour impossibles. Entrecoupés de nombreux spots publicitaires, les « soap » avaient pour but de faire rêver les ménagères afin de vendre des produits d'entretien. Ces feuilletons interminables peuvent compter 4 000 épisodes ! Citons, parmi les plus connus, *Santa Barbara* et *Les Feux de l'amour*.

skinhead

Les skinheads se définissent avant tout par un « look ». Le terme anglais signifie d'ailleurs « tête (*head*) de peau (*skin*) ». Les « skins » ont donc le cheveu ras et adoptent une mode vestimentaire aux allures militaires : jeans serrés et grosses chaussures montantes, les « doc's ». Ils écoutent un rock agressif aux paroles provocatrices, le « oï ».

LES DURS DES BANLIEUES DURES

S'il ne s'agit pas d'un mouvement unifié et organisé, on retrouve néanmoins des constantes chez les skinheads. Ce sont des individus jeunes, issus de milieux européens défavorisés, le plus souvent des banlieues des grandes cités industrielles, qui subissent durement le chômage et la violence. Les skinheads adoptent un comportement provocateur et marginal ultraviolent aggravé par l'alcoolisme et partagent avec les punks une vision désespérée de la vie. À cela s'ajoute une idéologie guerrière pour ces groupes exclusivement masculins. Ils s'organisent en bandes autour de chefs qu'ils suivent aveuglément pour mener des opérations destructrices : saccages de magasins, attaques d'autres groupes ou d'individus jugés ennemis, etc.

DES OPTIONS POLITIQUES EXTRÉMISTES

Le racisme et la haine de tout ce qui est différent trouvent chez les skinheads une forte résonance. Certains adoptent volontiers les thèses néonazies, notamment en Allemagne où ils n'hésitent pas à assassiner et à incendier des foyers d'immigrés turcs. En France, les skins suivent

Les « crânes rasés » sont apparus il y a une trentaine d'années en Angleterre avant de sévir dans de nombreuses villes européennes.

Voir aussi : hooligan, néonazisme, punk, racisme

LE LOOK DÉTEINT-IL ? SUR L'INTELLIGENCE

régulièrement les défilés du Front national, bien que ce parti nie officiellement les compter parmi ses membres ou sympathisants.

Il existe néanmoins des skinheads qui prônent des idées d'extrême gauche, ce sont les *red skins* (« skin rouges »). Ils ne se positionnent donc pas systématiquement à l'extrême droite, mais leur action est toujours radicale et violente, niant toute possibilité de faire évoluer pacifiquement la société.

LA PLAIE DES STADES

Les skinheads arrivent volontiers ivres et armés aux matchs. Ils sont presque systématiquement partie prenante des drames du foot, tel celui du Heysel en 1985, où Liverpool affrontait la Juventus de Turin : après la bataille et la panique, on compta 39 morts et 454 blessés... et le match put commencer, car on craignait des réactions violentes en cas d'annulation de la rencontre.

sondage

Les sondages sont des enquêtes réalisées pour connaître et étudier l'opinion, les choix, les goûts et les modes de vie d'une population.

Voir aussi : communication

• **Les Renseignements généraux (RG),** au ministère de l'Intérieur, sont le plus grand organisme de sondage français.
• **La Sofres, Ipsos, l'Ifop, BVA, Louis-Harris et le CSA** sont les instituts de sondages français les plus importants.

5 000 à 10 000 francs par question : c'est la somme que le client devra payer pour un sondage politique.

Les industriels souhaitent connaître les goûts du consommateur afin de mieux les satisfaire. Les hommes politiques ont besoin de connaître les attentes de l'électeur afin d'adapter leurs discours et propositions. Des instituts de sondage questionnent des personnes dans la rue, par téléphone ou à domicile. Ces « sondeurs » sont souvent des étudiants, payés selon le nombre de gens interrogés.

La personne qui répond est toujours anonyme et n'est pas payée par l'institut afin que les réponses ne soient pas faussées.

Qu'est-ce qu'une opinion ?

L'opinion est difficile à saisir. Elle peut évoluer rapidement selon les événements. Les sondeurs parlent plutôt de « photographie instantanée » de l'opinion. Il s'agit de capter avec le plus de précision possible les goûts d'un consommateur, les idées politiques d'un citoyen, ses jugements, son style et ses habitudes de vie…

Habituellement, les gens expriment leurs opinions en famille, entre amis, dans une conversation, au bureau… Les instituts de sondage savent qu'on ne dit pas la même chose en public et en privé. Ils développent des questionnaires très rigoureux pour obliger les

« sondés » à livrer le fond de leur pensée.

Échantillons représentatifs

La technique du sondage repose sur la théorie mathématique des probabilités. Il y a deux méthodes de calcul : la méthode aléatoire et celle des quotas. Si les sondeurs interrogent des personnes tirées au sort, ils utilisent la méthode aléatoire. On parle de méthode des quotas lorsque l'institut établit une liste de personnes ayant les mêmes caractéristiques que l'ensemble de la population ou que la cible visée : même sexe, même métier, même âge, mêmes revenus…

LES SONDAGES SE TROMPENT-ILS ?

Le sondage n'est pas une science exacte. Les instituts mettent en garde leurs clients contre les erreurs mathématiques ou les nuances d'interprétation. Sur un échantillon de 1 000 personnes interrogées, on considère qu'il y a au moins 1 à 2 % d'erreur. Il faut par exemple tenir compte des personnes qui ont refusé de répondre à une question, car l'abstention est la manifestation d'une conviction. Difficile aussi d'évaluer les brusques changements d'opinion des personnes sondées.

spéculation

Dans le langage économique, la spéculation est une opération commerciale qui consiste à anticiper la variation des prix afin d'en tirer un bénéfice.

Voir aussi : Bourse, délit d'initié

Imaginons qu'une personne spécule sur le blé. L'été, au moment de la récolte, il y a abondance de céréales sur le marché : l'offre étant forte, le prix du blé est faible. L'hiver, il y a moins de blé, mais la demande des consommateurs reste, en principe, la même : le cours des céréales augmente. Le spéculateur achète du blé au moment où le prix est au plus bas pour le revendre plus tard à un prix plus élevé : il réalise ainsi un profit. Cependant, il ignore à quel point le prix du blé va augmenter. Cela dépend de facteurs imprévisibles, comme le volume de la récolte ou le goût des consommateurs. Il peut arriver que le profit du spéculateur ne recouvre pas les frais qu'il a engagés pour stocker et conserver le blé. En somme, la spéculation comporte toujours une part de risque.

« la spéculation comporte toujours une part de risque »

LES DOMAINES DE LA SPÉCULATION

La spéculation peut porter sur toutes les choses qui ont une valeur monétaire. On peut spéculer sur la monnaie elle-même, en anticipant les fluctuations des cours : lorsque le spéculateur pressent qu'une monnaie va être dévaluée, il la vend contre une autre qui paraît plus stable. Le domaine privilégié de la spéculation, c'est la Bourse : le cours des biens financiers varie très rapidement, ce qui permet de réaliser d'énormes profits en un petit laps de temps. Enfin, la spéculation touche toutes sortes de biens réels, des œuvres d'art aux immeubles en passant par les timbres-poste.

En France, de nombreux groupes bancaires se sont lancés dans la spéculation immobilière à la fin des années 80, époque où les prix augmentaient, ils ont acheté des immeubles ou financé leur construction. Un mauvais pari car les prix de l'immobilier ont chuté entraînant de lourdes pertes pour ces banques.

• **Georges Soros, un spéculateur américain, aurait gagné 5,5 milliards de francs en vendant des livres sterling, avant que la monnaie anglaise ne soit dévaluée, en septembre 1992.**

• **C'est en spéculant sur le yen, à Singapour, que Nick Leeson a entraîné la faillite de la banque anglaise Barings en 1995.**

sponsor

« Sponsor » est un mot anglais qui signifie parrain. En français, il désigne une entreprise qui finance un événement sportif ou culturel.

Voir aussi : publicité

• **Chaque année, la BNP investit 10 à 15 millions de francs pour sponsoriser les Internationaux de France de Roland-Garros.**
• **Le groupe LVMH (Louis Vuitton-Moët-Hennessy), leader dans l'industrie du luxe, a financé une partie de l'exposition Picasso et le portrait à Paris. On estime sa participation à 3 millions de francs.**

Quand des groupes industriels sponsorisent des événements culturels, on parle de mécénat.
• **Coca-Cola France et la Société Générale y consacrent chacun 10 millions de francs par an.**

On peut parler de sponsoring ou de parrainage, ou encore de partenariat. Les trois mots désignent la même chose. Difficile d'y échapper, les sponsors sont partout ! À tel point qu'on se demande ce que l'on ferait sans eux ! Y aurait-il de la météo à la télévision sans Darty ? Des grands prix de Formule 1 sans Benetton ? Des courses à la voile sans Fleury-Michon et le Crédit agricole ? Un tour de France sans Ricard… ?

SPONSORING ET PUBLICITÉ

On pourrait penser que le sponsoring n'est pas autre chose que de la publicité. Il n'en est rien ! La publicité classique (spot à la radio, à la télévision ou encart de journal) permet à une marque de se faire connaître et de se différencier par rapport à la concurrence. Le sponsoring donne l'occasion de se « faire voir » et de faire de la publicité sans en avoir l'air, même quand c'est officiellement interdit.
À la télévision, par exemple, la publicité pour les livres est proscrite, mais, en sponsorisant le jeu « Questions pour un champion », Larousse parvient ainsi à occuper le terrain.

COMBIEN RAPPORTE LE SPONSORING ?

Lorsqu'elle passe une publicité à la télévision, une firme connaît le montant de son investissement et peut mesurer les retombées. Elle paie la réalisation du spot et les passages à l'écran. Elle observe ensuite l'impact au niveau des ventes. Si la pub est bonne, si le message est bien reçu, les ventes du produit augmentent. Avec le sponsoring, rien de semblable.
Pour convaincre une entreprise de parrainer un événement quelconque, il faut chiffrer les choses. Lui montrer la différence entre ce que lui aurait coûté un spot publicitaire et ce que lui coûte le (co)financement de tel événement ou telle manifestation.
Avec de grands événements internationaux, c'est plus facile. On sait déjà combien de temps les télévisions vont couvrir le tour de France ou les jeux Olympiques. Donc combien de temps une marque va être présente à l'antenne. Mais impossible de savoir combien de temps le JT de 20 heures va consacrer à un petit événement régional ou local, et donc combien de personnes vont apercevoir la marque.

HISTOIRE D'IMAGE

Pour être sponsor, il faut être une marque déjà connue. Elle n'a plus besoin de se faire connaître, mais cherche plutôt par ce moyen à se montrer davantage et rappeler qu'elle existe. Être présent sur un événement ou une manifestation, c'est signe qu'on est une entreprise dynamique, ouverte, préoccupée par les choses de son temps et qui vend mieux ses produits. En publicité, c'est ce qu'on appelle l'image. Et une bonne image, paraît-il, ça n'a pas de prix !

star-system

Longtemps réservé au cinéma et au spectacle, le star-system touche désormais tous les milieux : le sport, les médias et même la politique. Mais cette starisation se fait parfois aux dépens de la crédibilité de tout un milieu.

Mode de fonctionnement de certaines activités qui sont organisées autour de la notoriété d'une vedette.

LA FAUTE À QUI ?

Quand et comment est né le star-system, personne ne peut le dire vraiment, mais il semble que la télévision, bientôt relayée par les journaux, a joué un grand rôle dans son développement et surtout sa propagation à tous les types d'activité. En propulsant certaines personnalités sous les feux des projecteurs, elle contribue à en faire des vedettes dont tout le monde s'empare pour les hisser au rang de modèle universel.

Ainsi, à la fin des années 80, les journalistes françaises de télévision Christine Ockrent et Anne Sinclair ont été érigées en symboles d'une réussite féminine remarquable et exemplaire. Seules d'autres stars, telles Lady Di ou les princesses de Monaco, semblaient pouvoir leur disputer les honneurs des gazettes…

L'ARBRE QUI CACHE LA FORÊT

Star est un dur métier qui demande aux « élus » de se prêter au jeu de ces médias qui les ont créés. C'est ainsi qu'on voit des hommes politiques se faire filmer lors de leur jogging matinal…

En revanche, la star est réclamée partout et peut monnayer fort cher sa présence, que ce soit à la une des magazines, dans des publicités ou dans des soirées organisées. Elle impose sa loi… et son prix, mais, à force de se montrer, la star envahissante risque de lasser. Si elle donne l'impression de diriger le monde à elle seule, elle n'est en fait que l'arbre qui cache la forêt et masque une réalité toujours plus complexe. Elle fait de l'ombre à ceux qui exercent les mêmes métiers ou les mêmes fonctions, loin des caméras, et donne des choses et des événements une vision réductrice.

- **Éric Cantona se fait payer 1 million pour apparaître dans la publicité des rasoirs Bic… Gérard Depardieu**, lui, a **touché 7 millions pour deux spots des pâtes Barilla. Pour la même prestation, un comédien inconnu reçoit 1 500 francs.**
- **Pour parrainer le Grand Bal de l'opéra de Vienne, l'actrice Sophia Loren a obtenu 600 000 francs.**
- **Sylvester Stallone n'aurait accordé les photos de son mariage à un grand hebdomadaire que moyennant 1 million de francs.**

VOUS SAVEZ… LES STARS… SONT DES GENS COMME VOUS ET MOI

UN PEU PLUS COMME MOI QUE COMME VOUS … C'EST TOUT.

surpopulation

On parle de surpopulation lorsqu'une région ou un pays abrite trop d'habitants par rapport aux ressources naturelles et économiques.

Voir aussi : dialogue Nord-Sud, pays en voie de développement

• **La population mondiale est aujourd'hui de 5,6 milliards d'habitants. En 2015, nous serons 7,5 milliards et en 2050, près de 10 milliards.**

• **Dans 20 ans, la population aura augmenté de 720 millions, ce qui représente plus que la population africaine actuelle !**

Ce phénomène touche surtout les pays pauvres, mais ses conséquences concernent le monde entier. Comment nourrir tant de monde ? Comment permettre à chacun d'avoir accès à l'école et de trouver plus tard un travail ?

L'EXPLOSION DÉMOGRAPHIQUE

Grâce à des programmes de santé à l'échelle mondiale (vaccinations, soins, etc.), la population des pays du tiers-monde a sensiblement augmenté. Là où l'espérance de vie ne dépassait pas 40 ans, elle atteint aujourd'hui les 60 ans. Les femmes ont davantage d'enfants : près de 6, en moyenne, pour une femme

d'Afrique Noire. C'est ce qu'on appelle l'explosion démographique. Plus d'enfants, plus de personnes âgées, c'est très bien, à condition que chacun ait de quoi vivre.

LE MONDE SE MOBILISE

À la fin des années 60, fut créé le FNUAP (Fonds des Nations unies pour les activités pour la population). Son budget annuel de 240 millions de dollars sert à financer des actions (mondiales ou nationales) en matière de population. Parallèlement, l'ONU a instauré une Conférence internationale sur la population et le développement. Tous les dix ans, les représentants des gouvernements de 174 pays se réunissent pour dresser le bilan et fixer les objectifs des politiques démographiques de chacun.

VERS UN NOUVEL ÉQUILIBRE

Tous sont d'accord pour faire jouer la solidarité internationale en faveur de l'Afrique. Longtemps il y a eu ce qu'on appelait des échanges Nord-Sud. Aujourd'hui, avec la montée en puissance de certains pays d'Asie et d'Amérique du Sud, un nouvel axe Sud-Sud doit se développer. C'est un nouvel équilibre du monde qui se dessine.

UN EXEMPLE À PART

La Chine a institué la politique de l'enfant unique : un enfant par famille dans les villes, deux à la campagne, sous peine de rétorsions pécuniaires (perte d'allocations, augmentation des impôts). Elle réduit ainsi son taux de croissance démographique mais porte atteinte à la liberté des citoyens.

DU POINT DE VUE D'UN BELGE... IL Y A SUR TERRE PRÈS DE 4 MILLIARDS D'ÉTRANGERS

TANDIS QUE POUR UN CHINOIS IL N'Y EN A QUE DEUX MILLIARDS ET DEMI

Au terme d'un jugement, quelqu'un peut être condamné à une peine de prison avec sursis. Cela signifie que son emprisonnement est soit reporté, soit annulé. Mais tout le monde n'a pas droit au sursis. Il n'est accordé qu'à certaines conditions.

En droit, le sursis est un délai, la possibilité de reporter l'exécution de quelque chose à plus tard, voire d'en être dispensé.

Voir aussi : espérance de vie, sida

"Cela signifie son emprisonnement est soit reporté, soit annulé"

LE SURSIS SIMPLE

Il est réservé aux « primaires », c'est-à-dire à ceux qui n'ont jamais fait l'objet d'une condamnation auparavant. Grâce à ce sursis, le condamné est dispensé de subir la peine prononcée. Deux ans de prison avec sursis, cela signifie donc que la personne n'ira pas en prison. Quelle que soit la durée de la peine avec sursis, le condamné doit observer une conduite irréprochable pendant cinq ans. Ce délai passé, sa peine est effacée et il garde un casier judiciaire vierge : s'il commet alors un autre délit, juges et avocats ne peuvent pas savoir qu'il a déjà été condamné : il est alors considéré comme « primaire ».

Mais si, pendant son sursis, il a des problèmes avec la justice et se retrouve condamné, il doit purger sa nouvelle peine à laquelle s'ajoutera automatiquement la peine avec sursis. La peine avec sursis est donc un encouragement à la bonne conduite. Ceux qui l'ont créée, en 1891, pensaient qu'il s'agissait là d'un moyen efficace pour empêcher la récidive.

LE SURSIS AVEC MISE À L'ÉPREUVE

Il est possible seulement pour les condamnations à l'emprisonnement. Même ceux qui ont été condamnés une première fois y ont droit, à condition que leur peine ne dépasse pas 6 mois (même s'il s'agissait d'une peine de 6 mois avec sursis simple). Ils ne se rendent donc pas en prison mais sont obligés d'exécuter un travail, décidé par le tribunal, et de se présenter régulièrement devant le juge d'application des peines (le JAP), chargé de les « surveiller ». Ils doivent prévenir s'ils changent de domicile, s'ils veulent s'absenter plus de 8 jours, et demander l'autorisation de se rendre à l'étranger. Cette mise à l'épreuve est de 2 ans minimum et de 5 ans maximum. Passé ce délai, la peine est effacée et, là non plus, elle ne figure pas au casier judiciaire.

Les jeunes devant partir au service militaire peuvent reculer la date. On appelait cela un sursis d'incorporation mais depuis le **Code du Service National** de 1972, on parle de « report d'incorporation ». Si, à 18 ans, un garçon souhaite ne pas faire son service, il doit faire une demande au **Bureau du Service National.** Il pourra retarder son départ jusqu'à 22, 24, 25 ou 26 ans.

NOUS SOMMES TOUS DES SURSITAIRES !

Le sursis peut également être une sorte de répit avant un événement inéluctable, auquel on ne peut échapper. Ainsi, une personne atteinte d'une maladie incurable, comme le sida par exemple : les médecins font un diagnostic qui lui donne un certain laps de temps à vivre. On dit alors que le malade est en sursis. Mais on peut aussi considérer que nous allons tous mourir un jour et que, de ce fait, nous sommes tous des sursitaires. La seule différence, c'est que nous ne connaissons pas la durée de ce sursis !

syndicat

Association constituée par des travailleurs ou d'autres individus pour défendre des droits ou des intérêts communs.

Voir aussi : grève

Les grandes grèves en France :
• **Juin 1936 : près de 17 000 conflits avec occupations d'usines.**
• **Mai 1968 : grève générale avec occupations d'usines (à la suite des manifestations étudiantes).**
• **Printemps 1990 : grève des infirmières (qu'on appelle aussi « blouses blanches »).**
• **Automne 1995 : la SNCF et la RATP paralysent la France.**

Jusqu'à la révolution française, le syndic d'une ville représentait celle-ci devant la justice. Des syndics assurent aujourd'hui la gestion d'habitations collectives ou d'entreprises en difficulté. Le syndicat peut être aussi bien une association de villes (syndicat intercommunal), de producteurs (syndicat agricole), que de travailleurs cherchant à défendre et à étendre leurs droits (syndicats ouvriers ou de salariés).

DE LA RÉSISTANCE À LA CONCERTATION

Apparus au XIXᵉ siècle comme associations de résistance collective à un pouvoir patronal presque sans limite, les syndicats ouvriers ont contribué à la reconnaissance des droits des travailleurs dans l'entreprise, aujourd'hui fixés dans le Code du travail. Des négociations entre syndicats ouvriers et associations d'employeurs ont également défini des « conventions collectives » qui réglementent les relations employeurs-employés selon les secteurs d'emploi ou d'industrie.

Tout en défendant les salariés, leurs droits et leurs revendications, les principaux syndicats (CFDT, CGC, CGT, CFTC, FO) participent à la gestion de nombreux organismes sociaux (Sécurité sociale, assurance-chômage) et sont invités par les gouvernements aux négociations de « concertation sociale ». Ils jouent également un rôle officiel sur le plan international.

LE SYNDICAT DANS L'ENTREPRISE

Tout travailleur a le droit de se syndiquer, mais la création d'un syndicat ou d'une section rattachée à un syndicat est fonction de la taille de l'entreprise, dont dépendent aussi

LE MOUVEMENT SOCIAL DE DÉCEMBRE 1995

En novembre et décembre 1995, la SNCF et la RATP en grève ont paralysé la France. De problèmes particuliers, on est passé très vite à des revendications de toutes sortes : contre le chômage et la précarité, pour l'emploi des jeunes, contre la réforme de la Sécurité sociale. Ce mouvement prit tout le monde de court, même les syndicats qui l'ont suivi plus qu'ils ne l'ont provoqué. Cette grève qui compliqua sérieusement la vie de tous les Français était malgré tout soutenue par une grande majorité de la population. Les experts en sont encore à se demander ce qui a bien pu se passer en France cet automne-là...

les responsabilités attribuées aux représentants du personnel. Le délégué syndical défend ses adhérents en s'appuyant sur le Code du travail et les conventions collectives, et il participe de droit aux négociations avec l'employeur.

LES CONFLITS SOCIAUX

Parmi les moyens légaux dont les salariés disposent pour s'opposer à leur employeur, les plus utilisés sont la grève et le recours à l'inspection du travail ou aux tribunaux. La grève ou débrayage est un droit inscrit dans la Constitution. Elle doit être annoncée par un avertissement préalable signifié à l'employeur : le préavis.

L'inspecteur du travail est chargé de vérifier si les conditions d'embauche, d'emploi et de licenciement dans l'entreprise sont conformes au Code du travail. Dans le cas contraire, il enjoint l'employeur de se mettre en règle avec la loi, sous peine de sanctions pénales.

La plupart des litiges portés devant la justice sont jugés par le tribunal des prud'hommes, composés de représentants des employeurs et des salariés. Les employeurs peuvent porter plainte contre des syndicalistes ou des travailleurs syndiqués, s'ils estiment qu'ils ont contrevenu au Code du travail, mais ils doivent respecter des procédures spéciales s'ils veulent licencier un représentant syndical ou un délégué du personnel.

QUEL AVENIR ?

Les syndicats ouvriers français ont moins d'adhérents et sont plus dispersés que ceux des autres pays industrialisés. Ils sont périodiquement contestés pour leur faible représentativité, la politisation de certaines de leurs revendications et le pouvoir d'action excessif qu'ils auraient sur la vie économique du pays.

Lors de conflits sociaux aigus (notamment dans les transports publics), on sous-entend volontiers qu'ils « prennent en otage » la population pour défendre des intérêts corporatistes. Cependant, les syndicats jouent un rôle essentiel de « partenaires sociaux » entre la base et les dirigeants. Grâce à leur médiation, les fils du dialogue sont rarement rompus. C'est sans doute pourquoi certains employeurs payent eux-mêmes les cotisations qui permettent à leurs salariés d'adhérer au syndicat de leur choix...

• En 1936, les syndicats ont obtenu les « congés payés », synonymes de vacances d'été. Aujourd'hui, les salariés ont droit à un minimum de cinq semaines de congés payés. Les syndicats souhaitent négocier une sixième semaine.

• Le 1er mai est la fête du Travail dans le monde entier. Les syndicats de Chicago ont eu cette idée en 1884. En France, on ne travaille pas le 1er mai, mais on est payé.

synthétiseur

Sorte de superorgue électronique permettant de créer et de transformer des sons, un synthétiseur peut générer des sonorités connues (instruments, bruits, voix) ou inconnues, parfois étranges.

Voir aussi : ordinateur, techno

L'ingénieur américain Robert Moog fut le père du synthétiseur. Son instrument, le Mini-Moog, connut dès sa commercialisation (1967) un succès considérable.

Les synthétiseurs ont envahi la musique moderne depuis les années 70. Grâce à l'informatique, ils sont devenus des instruments polyvalents dont les possibilités ne cessent d'évoluer.

INSTRUMENT DE MUSIQUE OU ORDINATEUR ?

Le célèbre orgue Hammond peut être considéré comme l'ancêtre du synthétiseur. Inventé en 1935, il a introduit l'électricité comme source de production musicale, mais sans possibilité de programmation. Le Moog Modular (1964), puis le Mini-Moog (1967) furent les premiers synthétiseurs. Aujourd'hui, grâce au traitement numérique du son, les synthétiseurs modernes tiennent plus de l'ordinateur que de l'instrument de musique traditionnel.

Le premier studio de musique électronique fut créé en 1951 dans les locaux de la radio ouest-allemande. Grâce à un assemblage de filtres et de générateurs, les musiciens faisaient naître des sons qu'ils collaient ensuite sur des bandes magnétiques.

MUSIQUE ÉLECTRONIQUE

Certains musiciens comme ceux du groupe anglais Pink Floyd ou le français Jean-Michel Jarre ont largement utilisé le synthétiseur dans les années 70-80. Cette époque a été marquée par la recherche de sonorités nouvelles, faites de musiques spatiales, de bruits d'oiseaux et de machines ou de sons distordus. Aujourd'hui, le synthétiseur est omniprésent dans la création musicale, mais de manière plus discrète. Il sert à simuler la présence de violons ou de chœurs, par exemple, dans une formation restreinte. La musique techno continue toutefois à faire abondamment appel aux synthétiseurs.

D'AUTRES FONCTIONS

D'une manière générale, on parle également de synthétiseur pour qualifier tout dispositif électronique pouvant générer des éléments artificiels (exemple : un synthétiseur de parole dans un répondeur téléphonique).

Le synthétiseur est aussi un appareil utilisé en télévision, qui permet de faire apparaître sur un écran deux images de sources différentes.

"...le synthétiseur est omniprésent dans la création musicale..."

tag
tchador *voir* **islam**
Tchernobyl
techno
technocrate
télécommunication
télévision
terrorisme
thriller
Tian'anmen
top model
totalitarisme *voir* **dictature**
transfusion *voir* **hémophilie**
TVA *voir* **impôt**

UNESCO *voir* **ONU**
Union européenne
universités

tag

De l'anglais « tag », qui veut dire insigne, le tag est un graffiti, tracé ou peint, ressemblant à une signature mais souvent difficile à déchiffrer. Les tags recouvrent les murs de nombreuses grandes villes.

Voir aussi : dance, rap

En 1992, la RATP a dépensé 70 millions de francs pour effacer les graffitis dans le métro parisien. Entre 1992 et 1994, environ 400 tagueurs ont été interpellés, les sanctions allant de 3 mois à 5 ans de prison, et de 25 000 à 100 000 francs d'amende selon l'importance des dégâts.

Tels que nous les voyons sur les murs des grandes communautés urbaines, les tags sont apparus au début des années 80. Ils sont l'un des moyens d'expression du mouvement Hip Hop, qui regroupe plusieurs disciplines : musique (rap), danse (breakdance) et peinture (graffitis ou tags).

UN MOYEN DE RECONNAISSANCE

À la fin des années 60, les jeunes Noirs et Portoricains new-yorkais écrivaient leurs noms ou leurs surnoms sur les murs de la cité ou dans le métro, suivis du numéro de leur rue. Par ce moyen, ils affirmaient leur identité et faisaient voyager leur nom à travers la ville, une façon d'échapper à leur ghetto. C'était également un signe de reconnaissance pour les initiés qui, ainsi, pouvaient se dire « untel est passé par là ».

DU TAG AU GRAFFITI

Le tag a peu à peu évolué : en 1975 est apparu le wild style ; le nom est toujours là, mais les lettres grossissent et s'entrecroisent. De plus en plus stylisées, elles évoquent la calligraphie. Le tag reste proche de l'écriture mais les lettres sont, la plupart du temps, illisibles.

Au milieu des années 80, des personnages apparaissent : on passe du tag aux graffitis, aux pochoirs et aux fresques. Ces nouvelles décorations citadines se multiplient sur les stores métalliques, les panneaux d'affichage, le long des voies ferrées…

Certaines fresques peuvent mesurer jusqu'à 100 mètres de long sur 1 à 2 mètres de haut ! Les personnages représentés sont inspirés par les bandes dessinées américaines populaires.

UN ART DE LA RUE…

Certains « graffiteurs » se sont regroupés en associations et reçoivent des commandes de maisons de la culture, collèges, collectivités locales… En 1990, une fresque de 100 mètres a été réalisée sur un mur intérieur du collège Jean-Macé, près de la mairie de Clichy (Hauts-de-Seine).

… OU BEAUCOUP DE DÉGÂTS ?

Les tagueurs ne peignent pas uniquement sur les palissades et dans les terrains vagues, mais sur des immeubles, des camions, dans les wagons du métro ou du RER… Les dommages causés sont souvent importants et effacer la peinture coûte très cher : un tagueur peut causer 40 000 francs de dégâts en trois minutes…

Tchernobyl

Dix ans après l'explosion d'un réacteur nucléaire dans la centrale de Tchernobyl, les conséquences des retombées radioactives restent une source de préoccupations pour la Russie mais aussi pour tous les pays de cette zone.

Tchernobyl est le nom d'une petite ville ukrainienne, théâtre, en 1986, d'un accident nucléaire extrêmement grave.

Voir aussi : nucléaire

LE FILM DE LA CATASTROPHE

Le 26 avril 1986, à 1 heure 23 du matin, le réacteur n° 4 du site de Tchernobyl, au nord de Kiev (Ukraine), explose. Deux techniciens sont tués sur le coup. Deux ingénieurs témoins de l'incendie meurent quelques jours plus tard. À 3 heures du matin, le directeur de la centrale informe les autorités de Moscou qui ne manifestent aucune inquiétude.

Deux jours plus tard, le 28 avril, les pays scandinaves, qui enregistrent des taux de radioactivité anormalement élevés, pressentent une catastrophe et demandent des explications aux autorités soviétiques. N'ayant pas reçu de réponse, les Suédois annoncent publiquement la pollution radioactive.

Le 29 avril seulement, l'ordre est donné d'évacuer au plus vite les populations des lieux contaminés. C'est ainsi que 90 000 personnes, habitant dans un rayon de 30 kilomètres autour de la centrale, doivent s'exiler.

UN GOÛT DU SECRET
TRÈS INQUIÉTANT

Le drame de Tchernobyl démontre à quel point le goût du secret des dirigeants internationaux peut être néfaste. Les Soviétiques ont tardé à réagir au désastre. Les gouvernements occidentaux ont, quant à

eux, tenté de masquer l'ampleur de la catastrophe pour ne pas effrayer leurs populations. Ainsi, la version officielle du gouvernement français était que la France n'avait subi aucune retombée radioactive alors que tous les États limitrophes reconnaissaient la pollution radioactive présente sur leur territoire. Les commentateurs de l'époque ne manquèrent pas de rendre compte du mystérieux nuage radioactif qui s'était miraculeusement arrêté à la frontière française…

ENCORE EN SERVICE !

Après l'explosion, le réacteur n° 4 fut noyé dans une chape de béton dont la mauvaise étanchéité n'a jamais pu véritablement empêcher la fuite des éléments radioactifs.

Dix ans après la catastrophe, la centrale nucléaire de Tchernobyl n'est toujours pas fermée, et les conséquences réelles sur la santé des populations touchées par la radioactivité ne sont toujours pas connues, en particulier pour toutes les maladies à évolution lente, comme certains cancers.

• **Le 8 juin 1986, soit 12 jours après l'explosion, les autorités soviétiques annoncent que 300 personnes ont été hospitalisées à la suite d'une exposition supérieure à 100 rems.**

• **On estime entre 7 000 et 10 000 le nombre de « liquidateurs » ayant trouvé la mort pour avoir participé au nettoyage de la centrale et de ses abords.**

• **Les Français ont été soumis à une dose moyenne de 5 mrems, et de 15 mrems pour l'individu le plus exposé, soit cent fois la dose annuelle due à la radioactivité naturelle.**

"…les conséquences des retombées radioactives restent une source de préoccupations…"

techno

Abréviation du mot « technologie », techno désigne un type de musique répétitive, composée uniquement à l'aide de machines. Elle est destinée à la danse.

Voir aussi : dance, rave, synthétiseur

Le DJ est l'élément essentiel de la musique techno : il crée l'ambiance par la qualité de ses choix et de ses « mix ». Les DJ's sont de véritables stars, qui peuvent demander jusqu'à 200 000 francs pour animer une soirée ! Parmi eux, on peut citer le Français Laurent Garnier dont la réputation est internationale.

Chaque année, à la fin du mois de juillet, les rues de Berlin accueillent la Love Parade. En 1996, plus de 500 000 personnes ont participé à ce gigantesque festival techno.

Née à Detroit, ville industrielle des États-Unis, aux alentours de 1986-1988, la techno a été inventée par des disc-jockeys (DJ's) tels Juan Atkins, Kevin Saunderson et Derrick May.

Son origine est cependant plus ancienne : au milieu des années 70, le groupe allemand Kraftwerk composait déjà une musique à l'aide de synthétiseurs et de boîtes à rythmes.

UNE MUSIQUE DE TECHNICIENS

Aujourd'hui, la techno peut être définie comme une tendance « dure » de la dance. On l'écoute dans les soirées raves. Elle se caractérise par un rythme très rapide, pouvant atteindre 250 battements par minute (BPM, *beats per minute*). Ces BPM permettent d'évaluer la vitesse d'un morceau (à 50 BPM, on dort ; à 150 BPM, on danse !). Elle mélange des bruits et des rythmes. Les DJ's qui la composent mixent des sons de diverses origines : ordinateurs, synthétiseurs, platines. Les auteurs de techno ne sont donc pas des musiciens mais plutôt des techniciens. Parmi la profusion de

DES IMAGES EN MUSIQUE

La techno a désormais une mode, un graphisme créé par les video-jockeys (VJ's). L'image techno est réalisée sur des ordinateurs, à partir d'images de synthèse et de films trafiqués. Ces vidéos sont projetées sur grand écran au cours des raves.

groupes techno, on peut citer Underworld, the Prodigy, Chemical brothers, Jam & Spoon…

DES STYLES DIFFÉRENTS

La techno connaît de nombreuses variantes : la « trance », variante d'origine allemande, très rapide ; la « jungle », association du reggae et de la techno ; le « goa », un mélange un peu mystique de techno et de musiques orientales, etc. Le succès de la techno est tel que des groupes de rock font appel à des DJ's célèbres pour remixer leurs morceaux.

C'est le cas du groupe de hard rock Metallica sur son dernier album (*Load*).

"…un rythme très rapide pouvant atteindre 250 battements par minute"

technocrate

La plupart de nos grands hommes politiques, qu'ils soient de gauche ou de droite, appartiennent à cette élite issue de grandes écoles comme l'ENA, Centrale ou Polytechnique. Promus depuis toujours à un grand avenir, ces hommes sont aux commandes de la nation, aussi bien dans les institutions publiques que dans les grandes entreprises privées. On leur reproche volontiers leur méconnaissance du terrain et une approche trop technicienne des grands problèmes auxquels doit faire face la société.

DE L'ESPRIT DE CASTE AUX CHAISES MUSICALES DU POUVOIR

Les technocrates ont tendance à se coopter entre pairs. Dans certaines entreprises publiques, les postes clés seront réservés à des énarques, dans d'autres à des polytechniciens. Certains postes sont très recherchés car fort bien rémunérés, et il est courant de voir un patron d'une grande entreprise pétrolière se retrouver du jour au lendemain à la tête d'une banque ou d'une compagnie aérienne. Longtemps admirés pour leur haut niveau de compétences, souvent enviés pour le pouvoir qu'ils détiennent, les technocrates sont de plus en plus contestés dans l'opinion publique.

L'ENA : LES MEILLEURS AU SERVICE DE LA NATION

L'École nationale d'administration a été créée en 1945. Son rôle est de former des hauts fonctionnaires pour les grands corps de l'État comme l'Inspection générale des Finances, la Cour des comptes, le Conseil d'État, etc. Depuis 1992,

C'est un haut fonctionnaire qui a tendance à donner la préférence aux aspects techniques d'un problème au détriment des conséquences sociales et humaines.

l'École a été délocalisée à Strasbourg. Le candidat ayant réussi le concours d'entrée (ils étaient 57 en 1995) entame 29 mois d'études, dont 11 de stage dans l'administration ou dans les collectivités territoriales, à l'issue desquels il signe un contrat de dix ans avec l'État. Le classement de sortie détermine le choix de la carrière. Jacques Chirac, Alain Juppé, Jacques Toubon, Michel Rocard, Jean-Pierre Chevènement, Lionel Jospin et des centaines de responsables politiques sont passés par l'ENA.

Une nouvelle catégorie de technocrates a vu le jour grâce à l'Union européenne. Ils siègent dans les instances européennes ; on les appelle les « eurocrates ».

*Télé vient du grec et signifie loin. La télécom-
munication désigne tous les procédés permettant de communiquer à distance.*

Voir aussi : autoroutes de l'information, Internet, numérique, satellite

Téléphoner nous paraît un geste naturel. Pourtant la moitié de la population mondiale n'a pas accès à cette invention. On compte plus de 60 lignes pour 100 habitants en Amérique du Nord, mais moins d'une ligne pour 100 habitants dans le tiers-monde.

Téléphone, fax, répondeur, systèmes de radiomessagerie, Minitel, Internet, câble, satellites, services de visiophonie, etc., sont des moyens de télécommunication. Leur développement, au fil des années, a bouleversé nos modes de vie.

« MERVEILLE DES MERVEILLES »

C'est le 10 mars 1876 que l'Américain Alexander Graham Bell invente le téléphone. À l'époque, cette découverte est qualifiée de « merveille des merveilles ». Elle vient remplacer le télégraphe, qui ne permettait d'échanger que des messages en morse. Dès 1879, il y a déjà 27 000 téléphones en service dans le monde. Peu de choses à côté des 700 millions de lignes actuelles ! En un siècle, grâce à l'électronique, le téléphone s'est considérablement modernisé et a donné naissance à de multiples systèmes dérivés. On est loin de l'installation expérimentale de Graham Bell qui permettait de se parler seulement d'une pièce à l'autre.

COMMUNICATION MULTIFORME

Le téléphone transmet les sons sous forme d'impulsions électriques, mais il ne transporte pas que la voix. On s'en sert aussi pour la télésurveillance, la télécommande d'appareils distants, la transmission de documents écrits, etc. Aujourd'hui, toutes sortes d'installations permettent d'échanger des informations sonores ou visuelles.

SIMPLE COMME UN COUP DE FIL

Partout, les moyens de télécommunication rapprochent les hommes. Aujourd'hui, n'importe quel abonné peut dialoguer avec un parent ou un ami à l'autre bout du monde, un professionnel peut traiter nombre d'affaires sans avoir besoin de se déplacer. La baisse des coûts et la simplification d'utilisation de ces appareils en ont fait des compagnons de la vie courante. Nos habitudes ont évolué. Jadis, on utilisait surtout le téléphone pour transmettre des nouvelles importantes. Aujourd'hui, on passe un « coup de fil », on envoie un fax ou un courrier électronique par Internet pour commander une pizza ou pour « rester en contact ». Mais ces habitudes varient selon les pays : en France, on passe en moyenne huit minutes pour jour au téléphone contre vingt minutes aux États-Unis.

PLANÈTE COMMUNICANTE

Les télécommunications sont devenues indispensables à la vie moderne. Elles sont de plus en plus

TÉLÉPHONE MORTEL !

En 1996, pendant la guerre en Tchétchénie, le leader indépendantiste Djokhar Doudaïev a été tué après avoir été localisé par son téléphone mobile. Au Proche-Orient, la même année, un responsable du mouvement palestinien Hamas a trouvé la mort dans l'explosion de son téléphone mobile piégé.

cation

mondiales et mobiles. On estime qu'à l'aube du XXIe siècle, plus d'un quart de la population du globe aura besoin de se déplacer tout en continuant à communiquer avec le reste de la planète. On parle de « nomadisation communicante ». Notre Terre est « emmaillotée » dans des milliards de kilomètres de câbles et d'ondes hertziennes. Les besoins grandissants seront assurés par le développement des infrastructures au sol et l'envoi de norias de nouveaux satellites. Mais cet immense confort a aussi d'inévitables effets pervers. Si les télécommunications modernes servent à sauver des vies, elles permettent également de faire la guerre plus efficacement.

LA COMMUNICATION UNIVERSELLE
Notre société s'organise aujourd'hui massivement autour de la communi-

cation. C'est pourquoi l'on parle de « société de l'information ». Un jour, nous serons tous munis d'une sorte de « carte d'identité télécommunicante », correspondant à un numéro unique, qui nous permettra de recevoir et d'envoyer toutes sortes d'informations (sons, images et textes) à partir de n'importe quel appareil fixe ou portable. Nous pourrons alors nous déplacer tout en restant en contact avec nos interlocuteurs et nos sources d'information habituels. Le téléphone, l'ordinateur et la télévision devraient peu à peu donner naissance à une sorte de terminal unique permettant d'accéder aux « autoroutes de l'information ». Paradoxalement, le développement de ces moyens modernes de télécommunication ne risque-t-il pas de tuer une certaine forme de communication directe ?

• **Bi-bop** (de France Télécom) : téléphone portatif pour piétons qui nécessite la proximité d'une borne-relais.
• **France Télécom** : service public français de télécommunications. En 1998, le monopole de France Télécom sera supprimé et d'autres opérateurs pourront proposer des télécommunications.
• **Itinéris** (France Télécom), SFR et Bouygues Télécom : les trois opérateurs français de téléphonie mobile.
• **Numéris** (de France Télécom) : réseau numérique à intégration de services servant à la transmission de données informatiques.
• **Télématique** : terme désignant l'association du téléphone et de l'informatique. Par exemple : le Minitel.

télévision

La télévision transmet des images animées et sonorisées à distance. Cette transmission se fait par les ondes hertziennes, mais aussi désormais par le réseau câblé et le satellite.

Voir aussi : Audimat, autoroutes de l'information, câble, CNN, JT, prime time, satellite

• **97,5 % des foyers européens possèdent au moins un téléviseur et 46 % possèdent un lecteur de cassettes vidéo.**

• **Il existe en Europe 303 chaînes : 90 chaînes publiques, 213 chaînes privées et 32 chaînes à péage.**

• **28 % des foyers européens sont abonnés au câble ou au satellite (contre 62 % pour les foyers américains).**

• **Le niveau de consommation de la télévision varie d'un pays à l'autre mais, dans l'ensemble, la télévision est un média de soirée.**

La télévision est présente dans tous les foyers où elle est regardée, en moyenne, trois heures par jour et par personne. Chaînes publiques, chaînes privées, chaînes câblées, satellite... L'offre de programmes est de plus en plus grande. La « télé » a transformé la vie des gens au point qu'on la rend responsable de bien des maux : la dilution du tissu social, l'échec scolaire, la montée de la violence...

POLITIQUE ET INDUSTRIE

Aux États-Unis, la télévision qui s'est développée entre 1945 et 1955, dix ans avant l'Europe, a tout de suite été perçue comme une industrie. En Europe, elle appartenait alors à l'État qui l'utilisait pour faire passer ses messages à l'opinion, jusqu'à la créa-tion des chaînes privées qui ont totalement changé la donne.

La production d'émissions de télé coûte cher, et l'on a davantage tendance en France à acheter des programmes à l'étranger, en particulier aux États-Unis : 53 % des films diffusés sur les écrans européens sont américains. La directive européenne « Télévision sans frontières » a fixé un quota de 50 % de programmes européens, mais une directive n'est pas une loi...

CHAÎNES PUBLIQUES, CHAÎNES PRIVÉES

En Europe, les chaînes privées, financées uniquement par la publicité, se sont développées à partir des années 80. La concurrence s'est installée entre les différents réseaux pour attirer les annonceurs, surtout aux heures de plus grande écoute (le prime time), entraînant des dérives sur la qualité de programmes destinés au plus grand nombre. Les chaînes publiques, qui bénéficient de la redevance télé mais sont également autorisées à recourir à la publicité, sont entrées dans la danse.

POUR LE PLUS GRAND NOMBRE

Suivies par un petit nombre de téléspectateurs, les émissions « culturelles » ont été reléguées en fin de soirée et parfois menacées purement et simplement de disparition, au profit de programmes plus populaires, comme les émissions de variétés, les feuilletons américains, les « reality shows », etc. La concurrence entre chaînes a donné lieu à des scandales autour des rémunérations de certaines vedettes du petit écran. C'est ainsi qu'en 1996, la publication des contrats signés avec les animateurs Nagui, Jean-Luc Delarue ou Arthur ont contraint Jean-Pierre Elkabbach, président de France Télévision, à démissionner.

UNE CONCENTRATION INQUIÉTANTE

Pour préparer la télévision de demain, des mouvements de concentration importants se sont amorcés aux États-Unis : Disney a racheté le rése au ABC (pour 95 milliards de francs), Westinghouse Electric le réseau CBS, Time Warner, géant du câble et du cinéma, a repris le groupe de Ted Turner, producteur de programmes et

PARABOLES IRANIENNES

En Iran, radios et télévisions sont totalement contrôlées par l'État. Pour être informés, les Iraniens écoutent les radios internationales ou regardent les télévisions par satellite. Si les paraboles sont interdites depuis 1995, leur possession n'est pas sanctionnée : sur le million d'antennes installées avant l'interdiction, 500 000 ont été démontées, puis réinstallées à l'abri des regards. Depuis fin 96 cependant, la police intervient à Téhéran pour confisquer les antennes.

PROTÉGER LES ENFANTS

Le spectacle omniprésent de violence à la télévision a-t-il une influence sur le comportement des jeunes ? En novembre 1996, le CSA (Conseil supérieur de l'audiovisuel), organisme d'État chargé de contrôler la télévision, prend des mesures. L'objectif est de responsabiliser les parents en les mettant en garde contre les programmes que leurs enfants sont susceptibles de regarder. Pour cela, une signalétique apparaît sur l'écran (mais uniquement pendant le générique de l'émission).

Rond vert : comporte des scènes susceptibles de heurter le jeune public.

Triangle orange : interdit aux moins de 12 ans, diffusion après 22 h, émission interdite les mardis, vendredis, samedis et veilles de jours fériés.

Carré rouge : interdit aux moins de 16 ans, diffusion après 22 h 30.

propriétaire de CNN. Ces géants dominent aujourd'hui l'audiovisuel mondial et préparent la communication de l'avenir, les fameuses autoroutes de l'information.

VERS L'ÉCRAN GÉANT DU TÉLÉ-ORDINATEUR

L'évolution de la télévision n'est pas parvenue à son terme. La télévision numérique et la haute définition vont transformer radicalement son fonctionnement dans les prochaines années.

Avec le développement de réseaux comme Internet, les industriels travaillent à mêler télévision et ordinateur. Un écran, plus grand que celui que nous connaissons aujourd'hui, devrait accueillir dans l'avenir toutes les activités multimédias à usage domestique. Ainsi, un petit personnage pourra apparaître sur l'écran pour vous rappeler qu'il est temps de partir à votre cours de gym !

terrorisme

On désigne sous ce mot un ensemble d'actes de violence commis pour créer un climat d'insécurité et pour déstabiliser un État ou un groupe social.

Voir aussi : IRA, ETA, FLNC, FIS, GIA

Qui ?!

• Le Sentier lumineux, au Pérou, et les Escadrons de la mort, au Brésil, sont les groupes terroristes les plus tristement célèbres d'Amérique latine.

• Aujourd'hui, les groupes terroristes au Proche-Orient s'appellent Hamas et Djihad islamique.

• L'OLP (Organisation de libération de la Palestine) organisa, pendant de nombreuses années, sous l'autorité de Yasser Arafat, des détournements d'avion.

Le terrorisme est un phénomène récent ; contrairement aux guerres qui ont toujours existé, le terrorisme est caractéristique du XXe siècle. Il se manifeste par des attentats, des enlèvements de personnes ou des détournements d'avion et il a souvent des origines politiques ou religieuses. Les groupes terroristes ont été soutenus, ou le sont encore, par des pays comme la Syrie, l'Iran ou la Libye. Mais les pays démocratiques sont loin d'être à l'abri des méfaits de leurs propres terroristes : bande à Baader en Allemagne et Brigades rouges en Italie dans les années 70, Action directe en France entre 1982 et 1987. Les États-Unis ont également été frappés : en 1995, lors de l'attentat contre l'immeuble fédéral d'Oklahoma City (168 morts) et en 1996, pendant les JO d'Atlanta. La lutte antiterroriste est aujourd'hui une priorité dans tous les pays démocratiques.

UNE PRATIQUE TRADITIONNELLE DES MOUVEMENTS DE LIBÉRATION NATIONALE

L'acte terroriste est un acte de guerre qui ne nécessite pas une armée. Il n'exige que l'action de groupes déterminés et bien organisés. C'est pour cela que la pratique des attentats est souvent utilisée

LE TERRORISME D'ÉTAT

Certains États ont imposé aux peuples leurs doctrines en s'appuyant sur la terreur. On parle alors de terrorisme d'État lorsque le terrorisme est utilisé comme arme pour gouverner. Il en fut ainsi lors des purges de Staline en URSS, pendant la Révolution culturelle en Chine, au Cambodge sous la férule des Khmers rouges ou en Iran avec la dictature des ayatollahs.

par ces mouvements. C'est le cas de l'IRA en Irlande, de l'ETA en Espagne, du FLNC en Corse. Le terrorisme a également marqué la guerre d'Algérie (1954-1962) : au terrorisme du FLN algérien répondait celui de l'OAS, organisation opposée à l'indépendance de l'Algérie.

UN MOYEN DE DÉSTABILISATION UTILISÉ PAR CERTAINS ÉTATS

Le terrorisme de notre fin de XXe siècle est très sophistiqué. Pour concevoir, fabriquer et transporter sans se faire arrêter des explosifs de plus en plus discrets et toujours plus destructeurs, il faut beaucoup d'argent et des soutiens importants. Lors de certains attentats, notamment l'explosion du DC 10 d'UTA au-dessus du désert tchadien (1989) et celle du Boeing de la Panam à Lockerbie en Écosse

(1988), les enquêteurs mirent en cause la Libye. De la même manière, les groupes terroristes qui agissent aujourd'hui en Israël sont supposés être soutenus par l'Iran et par la Syrie. Les intérêts des groupes terroristes et de certains États peuvent parfois être les mêmes.

LE TERRORISME ISLAMISTE, VERSION MODERNE DES GUERRES DE RELIGION

Il existe aujourd'hui des groupes très minoritaires qui cherchent à faire triompher l'islam par tous les moyens, et pour lesquels les ennemis de l'islam doivent être éliminés. Ce sont ces groupes, algériens, iraniens ou autres, qui sont à l'origine des attentats les plus meurtriers de ces dernières années. Ils posent des bombes presque quotidiennement en Algérie ; ils ont agi aussi aux États-Unis en 1993, en commettant un attentat dans un des plus célèbres bâtiments de New York, le World Trade Center (6 morts), et ils

sont aussi accusés d'être responsables des attentats de l'été 1995 en France. Au Japon, la secte Aoum s'est livrée en 1995 à un attentat terroriste dans le métro en utilisant du gaz sarin. Aujourd'hui, les terroristes ne reculent devant l'utilisation d'aucune arme. On peut craindre qu'ils en viennent un jour à utiliser des armes non conventionnelles : chimiques, bactériologiques ou même nucléaires…

LES JUGES ANTITERRORISTES FRANÇAIS

À la suite des attentats de 1986, la France a créé une section spécialisée dans la lutte antiterroriste. C'est la 14e section du parquet de Paris, et les juges qui y travaillent bénéficient de protections policières renforcées.

Le magistrat le plus réputé dans ce domaine est le juge J.-L. Bruguières. C'est lui qui a en charge le dossier Carlos. Arrêté en 1994, Carlos est accusé d'avoir commis sept attentats en France entre 1974 et 1983.

Le plan Vigipirate, créé en 1991, lors de la guerre du Golfe, a été déclenché en septembre 1995 à la suite de la vague d'attentats de l'été. Ce plan a mobilisé 2 800 militaires, 12 000 policiers, 1 700 policiers auxiliaires et 1 000 élèves gardiens de la paix. Son coût a été estimé à plus d'un million de francs par jour. Maintenu jusqu'en janvier 1996, il était en veille en décembre quand a eu lieu l'attentat de Port-Royal à Paris. Il a alors été réactivé.

thriller

Film ou roman qui, littéralement, fait tressaillir (de l'anglais « to thrill »). Il se caractérise par un suspense et une tension mis au service d'une seule cause : la peur !

Jack Nicholson dans le film Stanley Kubrick, Shinir

Le gore est un film caractérisé par une surabondance d'hémoglobine. Peut-on parler de thriller gore ? Certains s'y hasarderaient sûrement, oubliant tout de même que, là où le thriller se doit d'être subtil, le gore est plutôt lourd. Le premier suggère souvent, le second montre avec complaisance et montre surtout le pire.

Entre suspense, épouvante, fantastique et science-fiction, le thriller apparaît comme un genre cinématographique et littéraire aux contours un peu flous. Mais tandis que les spécialistes se chicanent à coup de définitions, le public lui ne désire qu'une seule chose : connaître le grand frisson.

ANGOISSE ET MENACE

Le thriller, c'est avant tout du suspense, mais avec un petit quelque chose en plus : l'angoisse ! Là où le polar classique débute avec un mystère, le thriller, d'entrée de jeu, nous met souvent face à un crime, voire un massacre, proprement répugnant et insupportable. Qui l'a commis ? Pourquoi ? Et si l'on connaît le coupable, on se demande

LA VEUVE JOYEUSE

C'est parce qu'elle s'est retrouvée veuve et responsable de cinq enfants de 3 à 12 ans que Mary Higgins Clark, mère de famille sans histoire, s'est mise à écrire. Elle aurait pu choisir des romans à l'eau de rose, mais elle a préféré nous faire frissonner avec des récits haletants mettant en scène des personnages peu recommandables, prêts à toutes les horreurs. Lorsque est paru son premier livre, *La Nuit du renard*, en 1974, elle a été la première étonnée de son succès. Depuis cette date, Mary Higgins Clark, qui avoue son admiration pour Alfred Hitchcock, appartient au club des reines anglo-saxonnes du frisson. Mais quand Ruth Rendell, Patricia Highsmith, Patricia Cornwell ou Phyllis Dorothy James ont la particularité de mettre toujours en scène le même personnage, aux prises avec une intrigue différente, Mary Higgins Clark, elle, invente de nouveaux héros à chaque fois. Et à chaque fois, ça marche !

"La terreur est la plus belle émotion qu'un écrivain puisse distiller"

encore s'il va recommencer, quand et quelle sera la victime ! Dans le thriller plane une menace permanente, et chaque détail, chaque péripétie inattendue, contribuent à augmenter la tension, en nous faisant sursauter.

LES ÉTATS-UNIS, CHAMPIONS DU GENRE

Les Américains, qui, dans les années 30, ont donné ses lettres de noblesse au film policier et comptent parmi les meilleurs auteurs de romans noirs, sont aussi les plus gros producteurs de thrillers. *Le Silence des agneaux*, *Usual Suspects*,

Seven peuvent être considérés comme des thrillers, mais dans des genres assez différents. Pour tenter de les préciser, les critiques ont tendance à leur donner des qualificatifs. On parle ainsi de thriller métaphysique, de thriller urbain, de thriller sanguinolent. Et l'on continue de s'interroger : Stephen King écrit-il des thrillers ? Hitchcock en a-t-il réalisé ? Cela ne change rien à la joie des lecteurs et des spectateurs qui aiment jouer avec leurs émotions, leurs nerfs et leurs peurs, à condition que le dénouement de l'histoire leur permette de respirer.

STEPHEN KING

Il le dit lui-même : « La terreur est la plus belle émotion qu'un écrivain puisse distiller. » Fort de cette conviction, Stephen King nous glace les sangs avec une imagination qui n'a d'égale que la virtuosité, actualisant les grands mythes de la littérature fantastique : pacte avec le diable, lutte entre le Bien et le Mal, vampires et loups-garous. Ses livres sont autant de best-sellers qui sont bien souvent adaptés au cinéma par des maîtres du suspense et de l'épouvante. Brian De Palma a réalisé *Carrie* (1976), Stanley Kubrick *Shining* (1980), David Cronenberg *Dead Zone* (1983). Depuis quelques mois, Stephen King s'est lancé dans une nouvelle aventure : *The Green Mile* (en français *La Ligne verte*) est un véritable feuilleton, dont chaque épisode fait l'objet d'un livre de la collection Librio (10 francs en France). Les trois premiers volumes de cette effrayante histoire sont parus simultanément dans huit pays différents.

Combien ?

• **Mary Higgins Clark :** en vingt ans, elle a écrit 15 livres traduits en 23 langues et vendus à 250 millions d'exemplaires aux USA et 12 millions d'exemplaires en France (où le tirage moyen d'un roman est d'un million d'exemplaires). Montant de son dernier contrat avec son éditeur américain : 35 millions de dollars (180 millions de francs).

• **Stephen King :** en vingt ans, lui aussi, il a publié près de 40 romans, dont une vingtaine ont fait l'objet d'une adaptation cinématographique. Il est l'auteur le plus lu aux USA. En cinq ans, il a vendu 30 millions de livres. Ses lecteurs sont plus de 100 millions à travers le monde.

• **Au cinéma :** *Seven*, grand thriller de l'année 96, a réalisé en France près de 5 millions d'entrées. Juste derrière… *Pocahontas* de Walt Disney.

Tian'anmen

Place centrale de la ville chinoise de Pékin, où un mouvement populaire a été réprimé dans le sang au printemps 1989, Tian'anmen est devenue le symbole de la résistance à la dictature communiste.

Voir aussi : communisme

Combien ?

• **Avec ses 39 hectares, la place Tian'anmen est la plus vaste du monde. À Paris, la place de la Concorde n'en occupe que 8 et la place Saint-Marc de Venise, 1,5 !**
• **L'impuissance est de mise chez les défenseurs des droits de l'homme face à l'arbitraire qui règne en Chine. 2 050 exécutions capitales y ont été recensées, tandis que la « détention administrative » (décrétée sans jugement) frappe plus de 900 000 personnes.**

Le « printemps de Pékin » est né chez les étudiants pékinois le 15 avril 1989. Après quarante ans de régime communiste, c'était le premier mouvement démocratique dans un pays soumis à la dictature.

LES ÉTUDIANTS EN RÉVOLTE

Sur la place Tian'anmen (littéralement, « place de la Porte de la Paix céleste »), 30 000 étudiants se rassemblent sous l'œil des caméras du monde entier. Les contestataires lisent des poèmes et organisent des débats politiques. Ils protestent contre la corruption des dirigeants, demandent la liberté d'expression et la liberté de la presse. Une partie des étudiants commencent une grève de la faim. Des Pékinois leur apportent des matelas et des couvertures. Le 21 mai, c'est plus d'un million de manifestants qui se pressent sur la place.

LA RÉPRESSION

Le Premier ministre Li Peng finit par envoyer l'armée pour déloger les étudiants. Dans la nuit du 3 au 4 juin, l'armée tire sur la foule désarmée. Le bilan est de 200 morts selon le pouvoir communiste, de 3 000 morts selon d'autres sources. Dans les mois qui ont suivi, 6 000 personnes sont arrêtées pour activités contre-révolutionnaires, 40 sont condamnées à mort.
Certains dirigeants étudiants s'exilent aux États-unis ou en France, en juillet 1989. Ces dissidents créent à Paris le « Front pour la démocratie en Chine ».

Qui ?!

Au centre de la place, sont érigés le mausolée de Mao Zedong et le monument dédié aux héros du peuple.

UNE PHOTO LÉGENDAIRE

Cette photo a fait le tour du monde. Stupéfaction devant les écrans de télévision lorsqu'on assista presque en direct à cette scène : un étudiant, bien décidé à retarder l'entrée des chars sur la place, se dresse seul devant les engins pour les arrêter. Pendant quelques minutes, un étrange ballet se déroule : le char hésite, se détourne de sa route pour éviter d'écraser le jeune homme qui s'obstine à rester sur son passage. Son courage exemplaire n'aura malheureusement pas suffi à arrêter une répression sanglante.

top model

Mannequin vedette chargé de présenter les créations de haute couture lors des défilés et dont l'image est utilisée pour vendre certaines marques, dans le domaine de la mode ou de la beauté.

Riches, belles et célèbres, les nouvelles stars de notre époque ne sont plus les vedettes de cinéma mais les top models. Grâce à la publicité et aux médias, on les voit partout. Avec la délicate mission de nous prouver qu'on peut être belle sans être bête.

BEAUTÉ ET BUSINESS

Être belle est, paraît-il, un travail harassant. Il se fait donc payer très cher. 150 000 à 200 000 francs par jour pour un défilé de haute couture ! Soit le prix de la construction de cinq puits d'eau pour 250 personnes en Somalie.

Seules justifications à ces sommes astronomiques : la carrière d'un top est très dure (beaucoup de déplacements, régime alimentaire strict) et très brève (dix ans au mieux). D'autre part, les top sont employés par des agences (comme Elite, implantée dans 22 pays) qui perçoivent une commission de 40 % sur leurs salaires.

UNE COMBINAISON MAGIQUE

90-60-90 (poitrine, taille, hanches) sont les mensurations idéales pour prétendre accéder au statut de top model. On doit aussi pouvoir regarder les choses de haut : Elle McPherson, la plus grande des top models, mesure 1,83 m ; Kate Moss, la plus petite, 1,72 m. Mais il faut aussi ce que les agences appellent le « X factor » (facteur plus) et qui n'est autre que la chance.

LES DESSOUS DU RÊVE

Les top ne sont que la face lisse et dorée d'un monde impitoyable. Pour parvenir à ce statut envié, beaucoup sont prêt(e)s à tout. Certaines agences promettent ainsi de transformer des apprentis mannequins en top, moyennant une forte somme d'argent avec laquelle elles disparaissent. À trop vouloir le mirage, nombre d'incrédules ont perdu leurs économies et leurs illusions dans ce métier ingrat. La majorité des simples mannequins n'accéderont jamais au rang de star et devront aller essayer de se vendre, de casting en casting.

MARCHANDS ET POUPÉES

Les mannequins vedettes gagnent beaucoup d'argent parce qu'ils en font gagner encore plus aux marques pour lesquelles ils travaillent ! L'engouement qu'ils suscitent donne naissance à une véritable industrie : presse spécialisée (*Elle Top Model, Casting*…), studios photos, poupées Barbie à l'effigie de Claudia Schiffer ou Naomi Campbell…

- **Avec 32,5 millions de francs de revenus annuels (1994), l'Américaine Cindy Crawford est le top model le plus cher du monde. Viennent ensuite Claudia Schiffer (26 millions), Linda Evangelista et Naomi Campbell.**

- **Le « booker »** : représentant de l'agence qui fait office d'imprésario, secrétaire, confident, comptable, nounou…
- **Le « talent scouter »**, ou chasseur de têtes : individu qui parcourt le monde à la recherche des futurs top. Il recrute partout, dans la rue, sur les plages…

Union européenne

L'Union européenne désigne l'Europe des Quinze telle qu'elle se présente aujourd'hui : une entité économique et politique de quinze États.

Voir aussi : euro, pensée unique

- **Plus de 18 000 fonctionnaires européens travaillent au service de l'Union dans de nombreux organismes communautaires.**
- **L'Europe des Quinze représente 370,2 millions d'habitants.**
- **626 députés européens siègent au Parlement.**
- **Le Parlement européen se réunit une fois par mois en séance plénière au palais de l'Europe, à Strasbourg.**

Il y a 40 ans, six États se sont regroupés dans la Communauté économique européenne (CEE) parce qu'ils appartenaient au même continent et partageaient une histoire, un idéal et des intérêts communs. Au fil des années, ils ont accueilli en leur sein de nouveaux États, jusqu'à se retrouver actuellement à quinze. D'autres pays posent régulièrement leur candidature.

UNE CONSTRUCTION PAS À PAS

Après deux guerres mondiales, l'Europe, sous l'impulsion de l'Allemagne et de la France, a souhaité s'unir pour se développer enfin pacifiquement.

Cette union s'est fondée sur le commerce et l'économie. Le traité de Rome, en 1957, rassemblait la Belgique, l'Allemagne de l'Ouest, la France, l'Italie, le Luxembourg et les Pays-Bas. Il a donné naissance à la CEE, puis à la Communauté européenne (CE). En 1973, le Royaume-Uni, l'Irlande et le Danemark les ont rejoints. Puis la Grèce et, en 1986, l'Espagne et le Portugal, enfin, en 1995, l'Autriche, la Finlande et la Suède. À deux reprises, le peuple norvégien a refusé, par référendum, d'adhérer à l'Union.

Progressivement, l'Europe a évolué de l'association économique vers l'union politique. Les accords de Schengen conclus entre sept des quinze pays membres autorisent la libre circulation de leurs citoyens à l'intérieur de l'espace européen. Le marché unique, un grand marché européen sans frontières, est aussi établi. En 1992, le traité de Maastricht donne naissance à l'Union européenne (UE). Elle prévoit la création de la monnaie unique (l'euro) ainsi qu'une véritable union politique et de défense.

L'ÉLARGISSEMENT DE L'EUROPE

Le débat sur l'élargissement de l'Europe est permanent depuis 1957. Deux conditions sont essentielles pour poser sa candidature et avoir une chance d'être admis : être un État démocratique et posséder un système économique compatible avec celui de l'Union.

Après la chute du communisme, plusieurs pays d'Europe de l'Est ont souhaité adhérer. Pologne, Républi-

LES INSTITUTIONS

Au fil des années, l'Europe s'est donné quatre principales institutions pour gouverner : la Commission européenne à Bruxelles, composée de 20 membres, qui dirige l'Union européenne avec le Conseil des ministres de chaque pays, le Parlement européen qui siège à Strasbourg, la Cour de justice et la Cour des comptes, au Luxembourg.

que tchèque et Hongrie semblent en bonne voie pour intégrer l'Union au début du siècle prochain. En Méditerranée, c'est aussi le cas de Chypre, de Malte et de la Turquie.

LE TRAITÉ DE MAASTRICHT

Le 7 février 1992, le traité de Maastricht institue l'Union européenne.

Il prévoit, d'une part, l'institution d'une coopération étroite entre les États dans deux domaines nouveaux : la politique étrangère et de sécurité commune, la justice et les affaires intérieures. C'est le volet du traité dont l'application pose le plus de problèmes, la guerre de Bosnie illustrant bien, par exemple, les difficultés, pour les Quinze, de s'entendre.

D'autre part, le traité prévoit l'institution d'une Union économique et monétaire en trois étapes :

• le marché unique, effectif depuis 1992, qui prévoit l'abolition des barrières commerciales internes à l'Union ;

• la création, à Francfort, le 1er janvier 1994, de l'IME (Institut monétaire européen), embryon de la future Banque centrale européenne ;

• la sélection, en 1997, des États participant à la monnaie unique, qui devra être réalisée au 1er janvier 1999. Cette participation est conditionnée au respect de certains critères : stabilité des prix, absence de dévaluation de la monnaie au cours des trois précédentes années, maîtrise des taux d'intérêts et des déficits publics…

Comme le volet politique, le volet économique du traité pose de nombreux problèmes. Certains considèrent que ces critères sont trop sévères et peuvent avoir des conséquences néfastes sur les économies, et en particulier sur l'évolution du chômage et les problèmes sociaux qui en découlent. Le devenir des pays qui ne respecteront pas de tels critères se fait de plus en plus pressant à l'approche de la date butoir.

• **La présidence du Conseil de l'Europe est confiée à chaque État membre à tour de rôle pendant six mois.**

• **Le drapeau européen est bleu avec 12 étoiles d'or disposées en cercle. Le chiffre 12 n'a aucun rapport (contrairement aux 50 étoiles du drapeau américain représentant les 50 États) avec le nombre d'États membres : il symbolise la perfection et la plénitude.**

• **L'hymne européen a été adopté en 1972. C'est le prélude de *L'Ode à la joie* de la IXe symphonie de Beethoven, sur un arrangement réalisé par le grand chef d'orchestre Herbert von Karajan.**

université

Après le baccalauréat, qui donne accès à l'enseignement supérieur, on peut aller faire ses études à l'université. L'université est aussi un lieu de recherche.

• **75 % des Américains entre 20 et 24 ans sont scolarisés ; 40 % des Coréens du Sud poursuivent des études supérieures, contre 3 % des Nigériens.**
• **En 1987, l'université française comptait 980 000 étudiants ; en 1993, elle en a accueilli 2 millions !**

Chaque année, au mois d'août, les principaux partis politiques français organisent des universités d'été avant de faire leur rentrée politique. Dans une certaine décontraction, dirigeants et militants se retrouvent pour élaborer programmes et stratégies.

Avec l'arrivée en masse des étudiants sur ses bancs, l'université est aujourd'hui confrontée à de graves problèmes de moyens. Elle a souvent du mal à répondre aux besoins du monde du travail.

L'UNIVERSITÉ POUR TOUS

En France, chacun peut s'inscrire à l'université, à condition qu'il possède le baccalauréat ou l'ESEU (examen spécial pour les non-bacheliers). Autrefois réservée à une certaine élite sociale et masculine, l'université s'est largement démocratisée depuis trente ans et les filles sont de plus en plus nombreuses à entreprendre des études supérieures. Mais les facs ne sont pas équipées pour accueillir cet afflux d'étudiants. Tout manque : les locaux, les professeurs, le personnel, les moyens.

Le problème se pose de façon différente selon le statut de l'établissement : public, privé ou mixte. Dans les facs publiques, la tentation de relever les droits d'inscription est bien présente, mais beaucoup plus difficile à mettre en œuvre que dans le privé.

DES DIPLÔMES DÉVALORISÉS

La tradition universitaire favorise la recherche fondamentale. Dans la plupart des filières, l'enseignement reste théorique et très éloigné du monde de l'entreprise. Pour éviter le chômage, les jeunes se lancent dans des études de plus en plus longues… mais parallèlement les diplômes se dévalorisent. Le monde universitaire éprouve de vraies réticences à professionnaliser son enseignement.

LA SÉLECTION EN QUESTION

Dans les pays, comme la France, où l'accès à l'université est considéré comme un droit pour tous, l'idée d'instaurer une sélection à l'entrée peut jeter des milliers d'étudiants dans les rues. La difficulté des examens de fin d'année constitue un moyen de sélection tout aussi efficace !

DES ÉTUDIANTS CHOUCHOUTÉS

En Grande-Bretagne, à peine 22 % de jeunes d'une classe d'âge fréquentent les universités ou les *polytechnics*, établissements supérieurs d'enseignement professionnel. Le système est donc très élitiste, la contrepartie étant l'excellence de ses résultats et des conditions de vie et de travail des étudiants : ordinateurs à disposition, bibliothèques ouvertes jour et nuit, foyers agréables, suivi personnalisé de chacun par les professeurs (tutorat)… De quoi faire rêver les étudiants français !

vache folle
verlan
veto
VIH *voir* **sida**
virus
vote *voir* **élections**

Wall Street *voir* **Bourse**

vache folle

L'encéphalopathie spongiforme bovine (ESB en abrégé), appelée maladie de la vache folle, frappe les bovins de troubles nerveux et les conduit à la mort.

Voir aussi : fast-food, virus

D'autres infections alimentaires :

• **Les diarrhées à staphylocoques :** elles frappent surtout les collectivités (cantines, banquets de mariage) et sont dues à des aliments fabriqués en grandes quantités (petits fours, pâtisseries) et contaminés par un individu porteur de staphylocoques.

• **La listériose :** elle est due à une bactérie (la listeria) qui se développe dans le lait cru ; elle menace surtout les femmes enceintes (elle peut provoquer des fausses couches) et les personnes âgées.

D'autres infections alimentaires (suite) :

En mars 1996 éclate le scandale de la vache folle : cette maladie des bovins se transmettrait peut-être à l'homme et serait responsable de cas de maladie de Creutzfeldt-Jakob.

GENÈSE DE LA MALADIE

À l'origine de ce fléau, le mouton. Depuis deux siècles, certains de ces animaux développent une maladie : la tremblante (en 1991, en Grande-Bretagne, 980 cas de tremblante ont été recensés).

Dans les années 20 , on décide de nourrir les bovins (animaux herbivores s'il en est !) avec des carcasses de mouton broyées en farines censées leur apporter un supplément de protéines. Dans les années 80, on change le procédé de préparation de ces carcasses. On abaisse la température de cuisson et on supprime un solvant. Ce nouveau procédé ne détruit plus l'agent de la tremblante ; de nombreux bovins sont contaminés…

LES RAVAGES DU PRION

En 1985, au Royaume-Uni, le premier cas d'encéphalopathie spongiforme bovine est détecté. L'année suivante, des scientifiques confirment que l'ESB est une nouvelle maladie et suspectent les déchets de mouton. Les symptômes sont les suivants : la femelle produit de moins en moins de lait, l'animal devient solitaire et craintif, refuse d'obéir, donne de violents coups de pied, tremble, grince des dents, reste couché, maigrit et meurt six à huit semaines après les premiers troubles. L'agent de l'ESB est le prion, protéine qui infecte et se réplique dans le cerveau. Les pays les plus concernés sont la Grande-Bretagne et, dans une moindre mesure, la France, la Suisse et le Portugal qui achetaient la farine anglaise pour nourrir une partie de leur cheptel. Les morceaux les plus contaminés sont la cervelle, la moelle épinière (interdits à la vente), les intestins, la rate et les amygdales. De janvier à juin 96, on a recensé en Grande-Bretagne

DOCTEUR, JE SUIS UN CHAMOIS

MOI AUSSI, JE SUIS UN CHAT, MOI

161 892 cas de vaches folles.

LA MALADIE DE CREUTZFELDT-JAKOB

C'est une maladie humaine neurologique, connue depuis longtemps mais très rare jusqu'à ces dernières années. Elle se traduit par une dégénérescence du cerveau qui, en quelques mois, entraîne la mort. Jusque-là, on l'observait essentiellement chez des sujets de plus de 45-50 ans. On avait recensé plus de 30 cas chez des enfants traités par hormone de croissance humaine, provenant de sujets humains atteints. L'incubation de la maladie est longue (elle peut prendre 30 ans avant d'apparaître). Les nouveaux cas observés ces dernières années (douze en Grande-Bretagne, un au Danemark et deux en France) concernaient des sujets jeunes (moins de 40 ans). C'est à partir de ces observations qu'on a suspecté que l'ESB était transmissible à l'homme. Mais comme les prions sont des particules virales très mal connues et difficiles à étudier, les scientifiques n'ont pas encore établi avec une certitude absolue le lien entre les deux maladies.

LES DÉRIVÉS

Le problème s'étend. D'après les scientifiques britanniques, une vache folle peut donner naissance à un veau fou. L'agent contaminant pourrait se transmettre par le lait. D'autres aliments fabriqués à base de produits ovins ou bovins seraient peut-être dangereux. Des médicaments fabriqués à base de protéine animale ont déjà été retirés du marché. Les bonbons fabriqués à base de gélatine seraient a priori inoffen-

sifs à cause de la cuisson de la gélatine à 700 °C. On s'interroge aussi sur certains produits cosmétiques.

COUPABLES ET VICTIMES ?

Comment en est-on arrivé là ? Le gouvernement anglais a fait la sourde oreille depuis 1986, date à laquelle des chercheurs ont révélé la maladie. Mais de gros enjeux économiques ont étouffé leurs scrupules. D'un côté, la santé publique et ses victimes, de l'autre des industriels et certains éleveurs sous pression économique qui sacrifient parfois la qualité au rendement.

DES MESURES ENCORE TIMIDES

De nouvelles normes européennes vont entrer en vigueur. Déjà, les abats sont interdits à la vente. Des milliers de têtes de bétail ont été abattues. La commission européenne a décidé d'imposer, d'ici le 1er avril 1997, de nouvelles normes de fabrication des aliments pour animaux, afin de prévenir tout risque de transmission de l'ESB. Reste à savoir si toutes les vaches folles européennes, et surtout

• **Les salmonelloses :** ce sont des diarrhées transmises par les œufs, la mayonnaise, la viande et la volaille mal réfrigérés et insuffisamment cuits.

• **Le choléra :** le microbe provoque une violente diarrhée. Il est transmis par l'eau de boisson dans les zones où l'hygiène n'existe pas. Sa prévention nécessite, quand on se rend en pays tropical, de boire de l'eau en bouteille ou de faire bouillir celle des puits. On doit éviter de manger des fruits de mer crus dans les régions d'épidémie.

TO BE VÉGÉTARIEN OR NOT TO BE ?

La question se pose. Sans céder à la panique, cette catastrophe alimentaire devrait amener le consommateur à plus de vigilance. Les produits issus de l'agriculture biologique sont souhaitables (bœuf nourri naturellement à l'herbe). Les bouchers bio ont augmenté leur chiffre d'affaires depuis mars 1996. Devra-t-on devenir végétarien en l'an 2000 ? D'après les scientifiques britanniques, il faudra attendre 2001 avant que l'épidémie de la vache folle ne disparaisse, si toutes les mesures sont respectées. Entre-temps, les scientifiques pourront peut-être affirmer si oui ou non l'ESB est réellement transmissible à l'homme.

verlan

Forme spécialisée et structurée d'argot, le verlan repose sur le principe du renversement des syllabes du mot.

Petit lexique verlan.
- **Bizarre :** *zarbi*
- **Branché :** *chébran*
- **Femme :** *meuf*
- **Flic :** *keuf*
- **Jobard :** *barjo*
- **Laisse tomber :** *laisse béton*
- **Mec :** *keum*
- **Mère :** *reum*
- **Pourri :** *ripou*
- **Prison :** *zonpri*

Dans chaque pays du monde, il y a toujours au moins deux niveaux de langue, dont l'un opère dans les académies et l'autre, plus ludique, dans la rue. Le verlan est un procédé simple de déformation des mots d'une partie du lexique français.

À L'ORIGINE

Quelles que soient les époques et les communautés, l'argot a toujours existé : ballades en jargon jobelin du poète François Villon au XVᵉ siècle, argot des truands des années 40 que l'on retrouve dans le roman noir, loucherbem (argot des bouchers parisiens au début du siècle), javanais…

L'argot, comme toutes les langues, évolue et se démode. Il est à l'origine la langue des gueux, des mendiants et des voleurs, et sert de langage secret pour protéger les membres du groupe qui le parle. Auguste le Breton revendique l'invention du verlan en 1942 par ses amis et lui-même pour ne pas être compris par la Gestapo, et son introduction dans la littérature en 1954, grâce à son roman *Du rififi chez les hommes.*

LA SYNTAXE

Le verlan (qui veut dire « l'envers ») est une forme de langage urbain que seule la jeunesse continue à pratiquer. La règle, si toutefois règle il y a, n'est pas figée. Du renversement simple de syllabes, on peut aller jusqu'à modifier des phonèmes et changer préfixes, suffixes et syntaxe. Le verlan ne s'applique pas sur tout le vocabulaire.

LE VERLAN DÉJÀ DÉPASSÉ !

Le verlan est déjà dépassé par le parler banlieue. Question de mode ! Même si certains mots subsistent, ce nouveau langage se nourrit aussi à d'autres sources : l'arabe, la langue gitane et une multitude de suffixes d'origines diverses. Avec sa culture métisse, sa musique rap, ses tags, il peut être perçu comme une langue d'initiés et d'exclus. Son vocabulaire incroyablement créatif cible principalement la drogue, l'argent, le sexe et la bagarre. Question d'époque…

Le droit de veto donne un pouvoir considérable à celui qui le détient. Ainsi le président des États-Unis peut refuser de signer une loi votée par le Congrès. À l'ONU (Organisation des Nations unies), les pays qui possèdent ce droit peuvent totalement paralyser le fonctionnement de l'organisation.

En latin veto signifie « je m'oppose ! ». Avoir un droit de veto, c'est pouvoir s'opposer, seul, à une décision prise par une autorité compétente ou à l'entrée en vigueur d'une loi.

Voir aussi : ONU

LE VETO CONTRE L'EFFICACITÉ

À l'ONU, seuls les cinq membres permanents du Conseil de sécurité possèdent le droit de veto. Il s'agit des vainqueurs de la Seconde Guerre mondiale qui sont aussi les cinq puissances nucléaires (États-Unis, Russie, Royaume-Uni, France et Chine).

Jusqu'à la chute du bloc communiste à l'est de l'Europe en 1989, le droit de veto a été utilisé par les uns et les autres dans un esprit d'obstruction systématique. On peut presque dire que les Nations unies n'ont rien pu entreprendre avant la fin de la guerre froide.

QUELLE LÉGITIMITÉ ?

Dans une assemblée, il y a plusieurs moyens de prendre des décisions. Celles qui sont prises à la majorité ou à l'unanimité mettent tout le monde à égalité. Le droit de veto donne, lui,

un pouvoir exorbitant à celui qui le détient. Pour le détenir, il faut donc jouir d'une forte légitimité.

Ce droit de veto a été attribué par les statuts de 1945. La situation a changé depuis, et certains pays comme l'Allemagne, l'Inde ou le Japon, au vu de leurs poids économique ou démographique, commencent à revendiquer au sein du Conseil de sécurité une place au moins équivalente à celle de la France ou de la Grande-Bretagne.

EST-CE DÉMOCRATIQUE ?

En distinguant des « nations de première classe », le droit de veto est par nature antidémocratique. En effet, il permet aux membres les plus puissants d'une assemblée, et qui possèdent une légitimité bien définie (économique, nucléaire, etc.) dans une organisation, de ne pas subir la loi des membres moins puissants mais plus nombreux.

• **Monsieur Veto,** c'est le surnom donné par le peuple de **Paris** au roi **Louis XVI** à qui la Constitution de 1791 avait accordé ce droit, limité dans le temps.

• **Joseph Staline** disait que le droit de veto avait été institué à l'**ONU** pour « éviter que le Conseil de sécurité ne mette son groin de porc dans le jardin socialiste ».

• **De 1945 à 1989,** l'**URSS** a exercé son droit de veto à l'**ONU** 116 fois, et les États-Unis 62 fois.

• **Les autres puissances** y ont eu moins recours : 30 fois pour la Grande-Bretagne, 18 fois pour la France et 4 fois pour la Chine.

• **Depuis 1990,** 5 droits de veto seulement ont été opposés à l'**ONU.**

A CHAISE VIDE

En 1950, l'**URSS** boycotta le Conseil de sécurité en pratiquant la politique de la « chaise vide » pour protester contre le refus de l'**ONU** de reconnaître la Chine communiste. Les États-Unis en profitèrent pour déclencher la guerre de Corée sous l'égide de l'**ONU**, l'**URSS** n'étant pas là pour exercer son droit de veto. Il faudra attendre l'effondrement de l'**URSS** pour voir l'**ONU** parrainer une opération militaire d'aussi grande envergure, lors de la guerre du Golfe en 1991.

virus

Virus est un mot latin signifiant « poison ». Un virus est un organisme microscopique pathogène, c'est-à-dire pouvant déclencher une maladie transmissible.

Voir aussi : Internet, ordinateur, MST, piratage, sida, vache folle

Des maladies virales invaincues :
- **Le virus du sida** provoque une déficience du système immunitaire pouvant conduire à la mort. Une personne contaminée mais en bonne santé est dite séropositive.
- **Le virus Ebola** (du nom d'un fleuve du Zaïre), transmis par les singes d'Afrique, a provoqué plusieurs centaines de morts au Zaïre en 1995 et déclenché une véritable psychose internationale.
- **La maladie de Creutzfeldt-Jakob**, caractérisée par une dégénérescence cérébrale est provoquée par une protéine anormale.

Il existe plusieurs milliers de virus différents provoquant des maladies apparentes ou invisibles, parfois mortelles. Les virus s'attaquent à l'homme, aux animaux ou aux végétaux. Par extension, on a appelé virus informatiques des programmes pouvant causer des dégâts sur les ordinateurs.

LES MALADIES VIRALES

La grippe, l'hépatite, la poliomyélite, l'herpès ou le sida sont des maladies provoquées par des virus. Chez l'animal, la rage ou la peste porcine sont également des infections virales. La propriété principale d'un virus est de se reproduire à l'intérieur d'une cellule vivante.

TRANSMISSION ET VACCINS

La grippe, la rougeole ou la rubéole se transmettent par les voies respiratoires ou par contact physique. La rage et les oreillons s'attrapent par la salive. L'herpès ou le sida se propagent par contacts sexuels. Les vaccins permettent de lutter contre les virus. Ils sont fabriqués à partir du virus lui-même. Le vaccin contre la rage, par exemple, a été découvert en 1885 par Louis Pasteur qui est parvenu à isoler le virus de cette maladie transmise à l'homme par morsure d'animaux atteints. Certains virus déclenchent la fabri-

cation d'anticorps naturels immunisant le sujet. C'est pourquoi la rougeole, les oreillons ou la rubéole ne s'attrapent qu'une fois.

FOUDRE DIVINE

On arrive aujourd'hui à se prémunir de la plupart des virus, mais certains continuent de semer la terreur. Entourés d'une sorte de mystère, ils constituent l'une des grandes peurs de notre société.

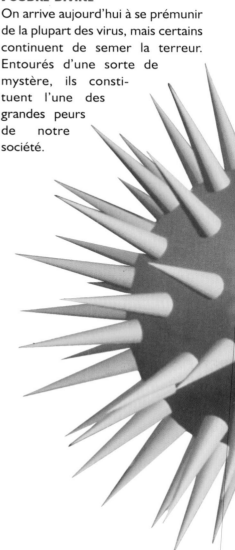

"Les virus s'attaquent à l'homme, aux animaux ou aux végétaux"

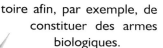

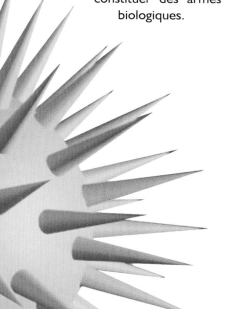

Les virus renvoient aux croyances selon lesquelles la maladie serait une punition de Dieu. Toutes les époques semblent avoir été marquées par des virus ravageurs qui n'ont disparu qu'après la mise au point de vaccins adéquats. Il est également possible de fabriquer volontairement des virus en laboratoire afin, par exemple, de constituer des armes biologiques.

VIRUS INFORMATIQUES

Certains virus s'en prennent aux ordinateurs ! Ils n'ont évidemment rien à voir avec les virus biologiques, si ce n'est qu'ils fonctionnent de manière similaire : il s'agit de petits programmes capables de s'immiscer et de se propager dans les systèmes informatiques de manière transparente, en se greffant sur d'autres logiciels, afin d'en perturber le fonctionnement.

Certains virus informatiques ont de simples effets comiques (balle de ping-pong sur l'écran par exemple), d'autres peuvent avoir des conséquences dévastatrices (effacement de fichiers, blocage du disque dur, etc.). Les virus informatiques « s'attrapent » par l'intermédiaire de disquettes contaminées (contenant des programmes piratés, par exemple) ou via des connexions extérieures comme le réseau Internet. Certains virus, appelés « bombes logiques », se déclenchent à date fixe (ils s'appellent *Vendredi 13*, *1er avril*, virus du *Père Noël*, etc.).

Les virus sont l'œuvre d'informaticiens joueurs, de pirates informatiques ou parfois même de militaires souhaitant infecter des ordinateurs ennemis. Ils peuvent faire perdre beaucoup d'argent aux sociétés qui en sont victimes et bloquer des systèmes stratégiques. Pour se prémunir ou se débarrasser d'un virus informatique, il existe des logiciels antivirus.

Quelques virus informatiques dévastateurs :
• *1er avril* : virus américain détruisant les données et bloquant les ordinateurs. Ce virus a affecté les systèmes informatiques chinois en 1995.
• *Père Noël* : virus bloquant les ordinateurs et provoquant l'inscription « Joyeux Noël » accompagnée de la mélodie *Douce Nuit*. Ce virus a paralysé les ordinateurs de plusieurs sociétés financières de Corée du Sud en décembre 1994.
• *Pathogen & Queeg* : virus cachés dans des jeux informatiques et au sein même de logiciels antivirus. Leur auteur, un Britannique de 26 ans, a été condamné à 18 mois de prison ferme en 1995 après avoir occasionné des dégâts de plusieurs millions de francs dans des entreprises anglaises.

Le virus du sida, grossi ici au microscope électronique : son aspect est aussi inquiétant que la maladie qu'il provoque.

Index

Crédits photographiques

20 : Réa/Shepard Sherbell. 25 : Gamma/Robert Deyrail. 32 : Sygma/Mathieu Polak. 44 : Sygma/Jean-Pierre Ame
51 : Réa/J.-C. Thuillier. 56 : Réa. 58 : Gamma. 82 : Réa/Lara Regan. 86 : Réa/ Tavernier. 90 : Gamma/Marco
98 : Gamma/Christian Vioujard. 100 : Sygma. 104 : Sygma/ J.-B. Vernier. 105 : Sygma/ Alain Nogues. 125 : Gamma/ Pa
Howell. 141 : Gamma/ Alain Le Bot. 148 : Cosmos/Mehau Kulik. 161 : Cosmos/ Pierre Boulat. 168 : Gamm
179 : Magnum Photos/ Paul Lowe. 188 : Gamma/ Roger Job. 190 : Gamma/Anne Nosten. 192 : Réa/Resnick. 217 : Ré
Nur-Rosen. 223 : Gamma/Georges De Keerle. 239 : Cosmos/Alexander Tsiaras. 242-243 : Gamma. 246 et 247 : Cosmo
272 : Sygma/ *Shining* de Stanley Kubrick. 274 : Magnum Photos/ Stuart Franklin. 284 : Réa/ Antoine Devouard.

Imprimé en Belgique par Casterman, S.A., Tournai.
Dépot Légal : Février 1997; D.1997/0053/54